Springer
Berlin
Heidelberg
New York
Barcelona
Budapest
Hongkong
London
Mailand
Paris
Santa Clara
Singapur
Tokio

Elemente einer
betriebswirtschaftlichen
Entscheidungslehre

Werner Dinkelbach · Andreas Kleine

Elemente einer betriebswirtschaftlichen Entscheidungslehre

Mit 49 Abbildungen
und 26 Tabellen

Springer

Prof. Dr. Werner Dinkelbach
Universität des Saarlandes
Fachbereich Wirtschaftswissenschaft
Postfach 151150
D-66041 Saarbrücken

Dr. Andreas Kleine
Universität des Saarlandes
Fachbereich Wirtschaftswissenschaft
Postfach 151150
D-66041 Saarbrücken

Die Deutsche Bibliothek - CIP-Einheitsaufnahme

Dinkelbach, Werner:
Elemente einer betriebswirtschaftlichen Entscheidungslehre : mit 26 Tabellen / Werner Dinkelbach ; Andreas Kleine. - Berlin ; Heidelberg ; New York ; Barcelona ; Budapest ; Hongkong ; London ; Mailand ; Paris ; Santa Clara ; Singapur ; Tokio : Springer, 1996
(Heidelberger Lehrtexte : Wirtschaftswissenschaften)
ISBN-13: 978-3-540-61569-9 e-ISBN-13: 978-3-642-61474-3
DOI: 10.1007/978-3-642-61474-3
NE: Kleine, Andreas:

ISBN-13: 978-3-540-61569-9 Springer-Verlag Berlin Heidelberg New York

SPIN 10545638 42/2202-5 4 3 2 1 0 – Gedruckt auf säurefreiem Papier

Vorwort

Das Treffen von Entscheidungen gehört zu den besonderen Obliegenheiten, die jedem verantwortungsbewußten Menschen eigen sind. Dies gilt in besonderem Maße für alle Menschen, die als Führungskräfte in unter marktwirtschaftlichen Bedingungen arbeitenden Unternehmen mit dem Treffen von Entscheidungen beschäftigt sind. So kommt es, daß das Thema „Entscheidung“ unter verschiedenen Aspekten in unterschiedlichen Disziplinen stets aktuell und von wissenschaftlichem Interesse ist. In dieser Schrift geht es um die Analyse von Entscheidungsproblemen (Entscheidungssituationen), in denen ein Individuum, im folgenden Entscheidungsträger genannt, oder eine Gruppe von Individuen eine Wahl zwischen zwei oder mehreren sich gegenseitig ausschließenden Alternativen treffen kann oder muß, wobei die Entscheidungsträger gewisse Zielsetzungen (Zielvorstellungen) zugrunde legen. Es besteht nicht primär die Absicht, spezielle praktische Entscheidungsprobleme zu lösen – was auch immer dies im einzelnen heißen mag –, sondern einem Entscheidungsträger Wege aufzuzeigen, wie er seine Entscheidungsprobleme strukturieren und analysieren kann. Mit dieser Publikation werden die Versuche fortgesetzt, die Grundbestandteile einer betriebswirtschaftlich orientierten Entscheidungslehre weiter zu homogenisieren, d.h., die gemeinsamen Strukturen ihrer Modelle und deren Lösungsprinzipien zu verdeutlichen, um damit Zusammenhänge aufzuzeigen, die die bisherige Lehrbuchliteratur weniger betont hat.

Wenn es in diesem Beitrag um die Strukturierung und Analyse von Entscheidungsproblemen geht, dann werden die Ausführungen notwendigerweise einen theoretischen Charakter haben, ohne damit Bausteine einer

Entscheidungstheorie im engeren Sinne zu sein. Aus diesem Grunde heißt es im Titel „Entscheidungslehre“ anstatt Entscheidungstheorie.

Eine Entscheidungslehre läßt sich relativ abstrakt entwickeln, indem zwar beispielsweise von Alternativen gesprochen wird, ohne jedoch diesen Alternativen konkrete Inhalte zu geben. Da in diesem Buch jedoch alle größeren Demonstrationsbeispiele einen betriebswirtschaftlichen Hintergrund haben, ist im Titel von einer „betriebswirtschaftlichen“ Entscheidungslehre die Rede.

Die Ausführungen selbst stellen einen Kompromiß zwischen der Vollständigkeit der heranzuziehenden Einzelaspekte und der Intensität der Darstellung im einzelnen dar. Mit dem Wort „Elemente“ im Titel wird zum Ausdruck gebracht, daß der Leser kein vollständiges Kompendium erwarten möge, daß er jedoch Elemente finden wird, die für eine betriebswirtschaftliche Entscheidungslehre konstitutiv sind.

Dieser „Lehrtext“ nimmt eine Zwischenstellung zwischen einer Monographie und einem Lehrbuch ein. Monographische Passagen finden sich in mehreren Abschnitten, in die neuere Ergebnisse integriert sind oder in denen bereits bekannte Ergebnisse neu interpretiert oder neuartig kombiniert werden. Um eine moderne Entscheidungslehre auch an die Studierenden, insbesondere der Betriebswirtschaftslehre, heranführen zu können, haben wir uns bemüht, die größeren Beispiele sehr ausführlich unter dem Gesichtspunkt von Lernhilfen zu gestalten, so daß auf diese Weise auch von Eigenschaften eines Lehrbuches gesprochen werden kann.

Gegenstand des ersten Kapitels sind deterministische Entscheidungsmodelle mit einer Zielfunktion. Hier soll u.a. verdeutlicht werden, daß es sich bei diesen – sehr einfachen – Modellen nicht nur um reine, d.h. maschinell lösbare, Rechenprobleme handelt. So entziehen sich geeignete Operationalisierungen von Zielen unter Verwendung von Zielvariablen oder die Heranziehung geeigneter Nutzenfunktionen einer von den subjektiven Vorstellungen des Entscheidungsträgers unabhängigen Analyse.

Im Rahmen der Vektoroptimierung werden im zweiten Kapitel multikriterielle Entscheidungsmodelle, d.h. solche mit mehreren, simultan zu analysierenden Zielfunktionen, eingeführt. Neben Kompromißmodellen nehmen Effizienzbetrachtungen einen relativ breiten Raum ein; diese dienen insbesondere auch der Vorbereitung der nachfolgenden Kapitel.

Das dritte Kapitel hebt die bisher unterstellte Voraussetzung der vollkommenen Information auf und untersucht stochastische Entscheidungsmodelle, wobei in Abschnitt 3.2 stochastische Zielfunktionen in einer mehr der entscheidungstheoretischen Konvention folgenden Weise und in Abschnitt 3.3 stochastische Nebenbedingungen in einer über die traditionelle Art hinausgehenden Darstellung im Zentrum der Analyse stehen. Bei der Verbindung der Abschnitte dieses Kapitels untereinander sowie bei der Verknüpfung des zweiten und dritten Kapitels spielen neben Ersatzmodellen wieder Effizienz bzw. Dominanzbetrachtungen eine wichtige Rolle. Einige Ausführungen zu Entscheidungen bei Ungewißheit schließen dieses Kapitel ab.

Die in den ersten drei Kapiteln vorgenommene strenge Trennung von Text und Beispiel – auch durch unterschiedliche Schriftgrößen und Zeilenabstände gekennzeichnet – wird im vierten Kapitel nach einem einführenden Abschnitt 4.1, der die bisherigen Überlegungen überblicksartig zusammenführt, aufgehoben. Im Abschnitt 4.2 werden Fragen der Portfolio Selection vornehmlich entscheidungstheoretisch analysiert, und zwar nicht nur mit Hilfe des üblichen (μ, σ)-Modells, sondern auch mit den in Abschnitt 3.1 eingeführten asymmetrischen Risikomaßen und mit einem Goal Programming-Ansatz aus dem Abschnitt 2.3.3. Hier ähneln die Ausführungen einem Beratungsgespräch, in welchem Portfoliotheorie, konkretes Beispiel sowie persönliche Risikoaspekte miteinander verknüpft sind. Von ähnlicher Struktur ist der Abschnitt 4.3, der ein Zweipersonen-Entscheidungsmodell mit asymmetrischer Information in Anlehnung an die Prinzipal-Agent-Theorie zum Gegenstand hat. Entscheidungstheoretisch geht es um Zielkonflikte (2. Kapitel) sowie um stochastische Zielfunktionen und stochastische Alternativenmengen (3. Kapitel). Allgemeine und beispielhafte Ausführungen wechseln einander ab und veranschaulichen auf diese Weise eine Verhandlung der beiden Entscheidungsträger.

Um einzelne Entscheidungsmodelle beim Lesen bequemer wiederfinden zu können, befindet sich am Ende des Buches ein Modellverzeichnis. Umfangreichere Beispiele, die an mehreren Stellen wieder aufgegriffen werden, sind in einem Beispielverzeichnis mit jeweils allen Varianten aufgelistet. Auf ein Abbildungs- und Tabellenverzeichnis haben wir hingegen verzichtet. Weiterhin findet der Leser gegen Ende ein Verzeichnis ausgewählter Symbole. Ein Index schließt den Text ab.

Bei der Erstellung des vorliegenden Textes war uns Frau Karin Hunsicker eine große Hilfe. Sie hat darüber hinaus den Entstehungsprozeß des Manuskriptes mit großer Sorgfalt aktiv begleitet. Dafür sei ihr herzlich gedankt. Herr Dr. Markus Riess hat mit wertvollen Anregungen dazu beigetragen, daß Unstimmigkeiten früherer Entwürfe geglättet werden konnten. Auch ihm möchten wir herzlich danken. Darüber hinaus sind wir den Herren Jürgen Bär, Bodo Glaser, Thomas Latz und Jürgen Marx für zahlreiche Verbesserungsvorschläge zu Dank verpflichtet.

Saarbrücken, im Juni 1996

Werner Dinkelbach Andreas Kleine

Inhaltsverzeichnis

Vorwort V

1. Deterministische Entscheidungsmodelle **1**

1.1 Alternativenmengen 1

1.2 Ziele und Zielfunktionen 15

1.2.1 Ziele 15

1.2.2 Zielfunktionen 19

1.3 Entscheidungsmodelle 20

1.4 Varianten und Erweiterungen 24

1.4.1 Zielvariablen, Fixierungs-, Satisfizierungs- und Approximierungsziele 24

1.4.2 Nutzenfunktionen 29

2. Vektorielle Entscheidungsmodelle **33**

2.1 Problemstellung 33

2.2 Effizienzbetrachtungen 38

2.3 Kompromißmodelle 44

2.3.1 Zielgewichtungsmodell 48

2.3.2 Kompromißmodelle auf Grundlage von Abstandsfunktionen 52

2.3.3 Goal Programming 56

3. Stochastische Entscheidungsmodelle **62**

3.1 Entscheidungen bei unvollkommener Information 62

3.2 Entscheidungsmodelle mit stochastischen Zielfunktionen 67
3.2.1 Problemstellung 67
3.2.2 Stochastische Dominanzen 72
3.2.3 Entscheidungsprinzipien 77
3.2.4 Ersatzmodelle 82
3.2.5 Informationswert 96
3.3 Entscheidungsmodelle mit stochastischen Alternativenmengen 102
3.3.1 Problemstellung 102
3.3.2 Stochastische Dominanzen 109
3.3.3 Ersatzmodelle 115
3.4 Entscheidungen bei Ungewißheit 123

4. Erweiterungen und Anwendungen 130
4.1 Vektorielle stochastische Entscheidungsmodelle im Überblick 130
4.2 Portfolio Selection: Ein Beratungsgespräch 143
4.2.1 Einführung 143
4.2.2 Das Grundmodell nach MARKOWITZ 145
4.2.3 Asymmetrische Risikomaße 151
4.2.3.1 Verlustwahrscheinlichkeit 151
4.2.3.2 Mißerfolgserwartung 155
4.2.4 Goal-orientierte Portfolios 158
4.3 Zweipersonen-Entscheidungsmodell bei asymmetrischer Information: Eine Vertragsverhandlung 162
4.3.1 Einführung 162
4.3.2 Spieltheoretische Aspekte einer Investitionsentscheidung 163
4.3.3 Modellformulierung 166
4.3.4 Zielkonflikt 171
4.3.5 Kompromißlösungen 177
4.3.5.1 Kompromiß nach TSCHEBYCHEFF . . . 178

4.3.5.2 Klassisches Prinzipal-Agent-Modell . . 183
4.3.6 Informationssymmetrie 185

Modellverzeichnis **189**

Beispielverzeichnis **190**

Verzeichnis ausgewählter Symbole **192**

Literaturverzeichnis **194**

Index **202**

1. Deterministische Entscheidungsmodelle

1.1 Alternativenmengen

Ein *Entscheidungsproblem* oder auch eine Entscheidungssituation ist zunächst einmal durch das Vorhandensein von wenigstens zwei *Alternativen* (Handlungsalternativen, Entscheidungsmöglichkeiten, Aktionen, Strategien) gekennzeichnet, zwischen denen wenigstens ein *Entscheidungsträger* (ein Individuum, ein Unternehmen, ein Staat) eine Entscheidung (eine Wahl, eine Auswahl) treffen kann oder muß. Üblicherweise werden die zur Auswahl stehenden Alternativen zu einer *Alternativenmenge* - im folgenden als X bezeichnet - zusammengefaßt. Variablen, die angeben, ob eine Alternative zu wählen ist oder nicht bzw. mit welcher Häufigkeit eine Alternative durchzuführen ist, heißen *Entscheidungsvariablen.* Es gilt nun, einige repräsentative Alternativenmengen zu charakterisieren.

a) Bei einem mit Bezug auf die Alternativenmenge sehr einfachen Entscheidungsproblem kann man von einer ersten Alternative mit dem Namen ALT_1, die das „Tun von irgend Etwas" beinhaltet, und von einer weiteren Alternative mit dem Namen ALT_0 ausgehen, die das „Nicht-Tun von eben diesem Etwas" charakterisiert. ALT_0 heißt im übrigen auch *Unterlassensalternative.* Die Alternativenmenge für das skizzierte Entscheidungsproblem ist eine Menge X_A mit den Elementen ALT_0 und ALT_1, d.h., es ist

$$X_A = \{\text{ALT}_0, \text{ALT}_1\} = \{\text{ALT}_1, \text{ALT}_0\}.$$

Im Hinblick auf die weiteren Ausführungen ist es zweckmäßig, die Alternativenmenge X_A in eine mehr formalisierte Darstellung zu transformieren. Ordnet man der Alternative ALT_0 die Zahl 0 und der Alternative ALT_1 die Zahl 1 zu, dann läßt sich die Alternativenmenge X_A wie folgt unter Einbezug der Entscheidungsvariable x in äquivalenter Weise beschreiben:

$$X_A = \Big\{x \in \{0,1\}\Big\} = \Big\{x \in \mathbb{B}\Big\} = \Big\{x \in \mathbb{N}_0 \;\Big|\; x \leqq 1\Big\}$$

$$\text{mit} \quad x = \begin{cases} 0, & \text{falls der Entscheidungsträger } \text{ALT}_0 \text{ wählt,} \\ 1, & \text{falls der Entscheidungsträger } \text{ALT}_1 \text{ wählt.} \end{cases}$$

Ein erstes Beispiel möge das Gesagte illustrieren.

Beispiel 1.1 Anatol ist zum Präsidenten eines Vereins zur Förderung einer karitativen Einrichtung gewählt worden. Er hatte vor der Wahl einige Bedenken vorgetragen, so daß er sich nicht gezwungen sieht, die Wahl anzunehmen. Seine Alternativenmenge besteht aus zwei Elementen:

$$X_{1.1} = \Big\{x \in \{0,1\}\Big\} = \Big\{x \in \mathbf{B}\Big\}$$

$$\text{mit} \quad x = \begin{cases} 0, & \text{falls Anatol die Wahl ablehnt,} \\ 1, & \text{falls Anatol die Wahl annimmt.} \end{cases}$$

◇

b) Einem Entscheidungsträger, der etwas Bestimmtes zu tun beabsichtigt, liegen zwei Angebote vor, über die er in folgender Weise entscheiden kann: Er hat die Möglichkeit, beide Angebote abzulehnen (Unterlassensalternative), sich für das erste oder das zweite Angebot oder aber für beide zu entscheiden. Durch die zugelassenen Kombinationen steht dem Entscheidungsträger eine Alternativenmenge X_B mit vier Alternativen zur Verfügung:

$$X_B = \{\mathrm{ALT}_1, \mathrm{ALT}_2, \mathrm{ALT}_3, \mathrm{ALT}_4\}$$

$$\begin{aligned} \text{mit } \mathrm{ALT}_1 &:= \text{beide Angebote ausschlagen} \\ \mathrm{ALT}_2 &:= \text{sich für das erste Angebot entscheiden} \\ \mathrm{ALT}_3 &:= \text{sich für das zweite Angebot entscheiden} \\ \mathrm{ALT}_4 &:= \text{sich für beide Angebote entscheiden.} \end{aligned}$$

Je nach konkreter Problemstellung kann die Alternativenmenge X_B durch problemspezifische *Nebenbedingungen* (NBNB) zusätzlich beschränkt werden. Eine äquivalente Darstellung von X_B könnte wie folgt aussehen:

$$\begin{aligned} X_B &= \left\{ \begin{pmatrix} x_1 \\ x_2 \end{pmatrix} \in \{0,1\} \times \{0,1\} \;\middle|\; \text{evtl. NBNB} \right\} \\ &= \left\{ \begin{pmatrix} x_1 \\ x_2 \end{pmatrix} \in \mathbb{B}^2 \;\middle|\; \text{evtl. NBNB} \right\} \\ &= \left\{ \begin{pmatrix} x_1 \\ x_2 \end{pmatrix} \in \left\{ \begin{pmatrix} 0 \\ 0 \end{pmatrix}, \begin{pmatrix} 0 \\ 1 \end{pmatrix}, \begin{pmatrix} 1 \\ 0 \end{pmatrix}, \begin{pmatrix} 1 \\ 1 \end{pmatrix} \right\} \;\middle|\; \ldots \right\} \end{aligned}$$

$$\text{mit } x_n = \begin{cases} 0, & \text{falls } n\text{-tes Angebot abgelehnt wird,} \\ 1, & \text{falls } n\text{-tes Angebot angenommen wird} \end{cases} \qquad (n = 1, 2).$$

Beispiel 1.2 Benno überlegt, eventuell zu heiraten; er ist an Barbara und Beatrix interessiert. Seine Alternativenmenge lautet:

$$X_{1.2} = \left\{ \begin{pmatrix} x_1 \\ x_2 \end{pmatrix} \in \mathbb{B}^2 \;\middle|\; x_1 + x_2 \leqq 1 \right\}$$

$$\text{mit} \quad x_1 = \begin{cases} 0, & \text{falls er Barbara nicht heiratet,} \\ 1, & \text{falls er Barbara heiratet,} \end{cases}$$

$$x_2 = \begin{cases} 0, & \text{falls er Beatrix nicht heiratet,} \\ 1, & \text{falls er Beatrix heiratet.} \end{cases}$$

Die zusätzliche (problemspezifische) Nebenbedingung schließt die Bigamie aus, wie auch das Ledigbleiben ein. ◇

Beispiel 1.3 Nachdem Claudia das gesamte Angebot an für sie in Frage kommende Schuhe abwägend beurteilt hat, verbleiben zwei Paar in der engeren Auswahl, ein mehr sportliches blaues und ein mehr elegantes schwarzes Paar, zwischen denen sie sich nur schwer entscheiden kann. Da Claudia den Kauf von zwei Paaren nicht ausschließt, ist ihre Alternativenmenge:

$$X_{1.3} = \left\{ \begin{pmatrix} x_1 \\ x_2 \end{pmatrix} \in \mathbb{B}^2 \;\middle|\; x_1 + x_2 \geqq 1 \right\}$$

$$\text{mit} \quad x_1 = \begin{cases} 0, & \text{falls Entscheidung gegen blaues Paar fällt,} \\ 1, & \text{falls Entscheidung für blaues Paar fällt,} \end{cases}$$

$$x_2 = \begin{cases} 0, & \text{falls Entscheidung gegen schwarzes Paar fällt,} \\ 1, & \text{falls Entscheidung für schwarzes Paar fällt.} \end{cases}$$

Hier garantiert die Nebenbedingung, daß sich Claudia für ein Paar Schuhe, möglicherweise aber auch für beide Paare, entscheiden kann. ◇

Beispiel 1.4 Die DAWE AG beabsichtigt, einen Kooperationsvertrag abzuschließen, kann dies aber wegen kartellrechtlicher Rahmenbedingungen nur mit einem der zwei sich anbietenden Partner, FORTE AG und VIVA SA, tun. Die korrespondierende Alternativenmenge lautet:

$$X_{1.4} = \left\{ \begin{pmatrix} x_1 \\ x_2 \end{pmatrix} \in \mathbb{B}^2 \,\middle|\, x_1 + x_2 = 1 \right\}$$

$$\text{mit} \quad x_1 = \begin{cases} 0, & \text{falls kein Vertrag mit FORTE AG abgeschlossen wird,} \\ 1, & \text{falls Vertrag mit FORTE AG abgeschlossen wird,} \end{cases}$$

$$x_2 = \begin{cases} 0, & \text{falls kein Vertrag mit VIVA SA abgeschlossen wird,} \\ 1, & \text{falls Vertrag mit VIVA SA abgeschlossen wird.} \end{cases}$$

Wegen der speziellen Struktur dieses Beispiels hätte auch eine Darstellung der Alternativenmenge mit nur einer Entscheidungsvariablen ($x := x_1 = 1 - x_2$) die Entscheidungssituation adäquat abbilden können. ◇

c) Alle bisher betrachteten Entscheidungsprobleme sind dadurch charakterisiert, daß eine das jeweilige „Tun von irgend Etwas" beschreibende Alternative genau einmal oder gar nicht durchgeführt werden kann. Zur formalen Beschreibung derartiger Entscheidungssituationen bieten sich – wie gezeigt – Variablen an, die nur die Werte 0 oder 1 annehmen können (*Binärvariablen*). Daher spricht man auch von (0,1)- bzw. Entweder-Oder-Entscheidungen. Nunmehr werden die Alternativenmengen X_A und X_B – in Richtung auf mehr betriebswirtschaftliche Inhalte – dahingehend erweitert, daß einzelne Alternativen gar nicht, einmal oder mehr als einmal realisiert werden können. Wenn somit über die Anzahl von Gegenständen (z.B. Mengeneinheiten eines Produktes) oder über die Häufigkeit eines Tuns (z.B. Anzahl der Fahrten eines LKW auf einer bestimmten Tour) zu entscheiden ist, bietet es sich an, die Alternativen durch die natürlichen Zahlen einschließlich 0 zu repräsentieren, wobei gegebenenfalls Nebenbedingungen die Alternativenmenge beschränken. Die beschriebene Verallgemeinerung von X_A und X_B führt zur Alternativenmenge

$$\begin{aligned} X_C &= \left\{x \in \mathbb{N}_0 \;\middle|\; \text{evtl. NBNB}\right\} \\ &= \left\{x \in \{0,1,2,\ldots\} \;\middle|\; \text{evtl. NBNB}\right\}. \end{aligned}$$

Beispiel 1.5 Die ESBIS AG plant für den kommenden Monat die Anzahl der Bestellungen, nachfolgend mit x bezeichnet, für ihr Spitzenprodukt, das derzeit unter der Bezeichnung „PC-Professional“ auf dem Markt vertrieben wird. Es können maximal $\overline{\overline{x}}$ Einheiten zwischengelagert werden. Die zugehörige Alternativenmenge ist:

$$X_{1.5} = \left\{x \in \mathbb{N}_0 \;\middle|\; x \leqq \overline{\overline{x}}\right\}. \qquad \diamond$$

d) Als nächster Schritt ist die Alternativenmenge vom Typ X_C auf mehrere Dimensionen zu verallgemeinern. Bei der gesuchten Alternativenmenge setzt sich eine Alternative aus N Komponenten (N Arten des Tuns von irgend Etwas) zusammen, die jeweils gar nicht, einmal oder mehrmals realisiert werden können und über die gleichzeitig entschieden werden muß ($N \geqq 1$). Damit werden die Alternativen zu Vektoren (Punkte) $\mathbf{x}$ im nichtnegativen N-dimensionalen Raum der ganzen Zahlen. Die jeweilige Alternativenmenge ist dann vom Typ X_D mit

$$\begin{aligned} X_D &= \left\{\mathbf{x} \in \mathbb{N}_0^N \;\middle|\; \text{evtl. NBNB}\right\} \\ &= \left\{\begin{pmatrix} x_1 \\ \vdots \\ x_N \end{pmatrix} \in \mathbb{N}_0 \times \ldots \times \mathbb{N}_0 \;\middle|\; \text{evtl. NBNB}\right\}. \end{aligned}$$

Beispiel 1.6 Franziska ist für die Getränke beim geplanten Picknick verantwortlich; ihre Aufgabe besteht darin, einen Korb, der maximal 12 Flaschen aufnehmen kann, mit A-Saft, B-Saft und O-Saft, jeweils in 1-ℓ-Flaschen, zu füllen. Weiterhin ist zu beachten, daß die Anzahl der Flaschen B-Saft die der

Flaschen A-Saft nicht übersteigen darf und daß nur 6 Flaschen O-Saft zur Verfügung stehen. Es bezeichne die Entscheidungsvariable x_1 (x_2 bzw. x_3) die Anzahl der Flaschen A-Saft (B-Saft bzw. O-Saft). Damit ist:

$$X_{1.6} = \left\{ \begin{pmatrix} x_1 \\ x_2 \\ x_3 \end{pmatrix} \in \mathbb{N}_0^3 \;\middle|\; \begin{array}{rcrcrcr} x_1 & + & x_2 & + & x_3 & \leqq & 12 \\ -x_1 & + & x_2 & & & \leqq & 0 \\ & & & & x_3 & \leqq & 6 \end{array} \right\}.$$

Eine Alternative besteht hier aus einem Vektor mit den Entscheidungsvariablen x_1, x_2 und x_3. Die Anzahl der Alternativen, d.h. der Elemente von $X_{1.6}$, ist endlich. ◇

e) Zwar sind viele wirtschaftliche Alternativen nicht beliebig teilbar, wie z.B. Stückgüter, es existieren aber auch zahlreiche beliebig teilbare Alternativen, wie etwa Fließgüter, oder Alternativen, die problemlos als beliebig teilbar unterstellt werden können, so z.B. Geld. Darüber hinaus wird im folgenden grundsätzlich davon ausgegangen, daß die Entscheidungsvariablen nur nichtnegative Werte annehmen.[1] Als Alternativen kommen damit Vektoren (Punkte) $\mathbf{x}$ im N-dimensionalen Raum der nichtnegativen reellen Zahlen in Frage ($N \geqq 1$). Die entsprechende Alternativenmenge X_E hat allgemein folgendes Aussehen:

$$\begin{aligned} X_E &= \left\{ \mathbf{x} \in \mathbb{R}_+^N \;\middle|\; \text{evtl. NBNB} \right\} \\ &= \left\{ \begin{pmatrix} x_1 \\ \vdots \\ x_N \end{pmatrix} \in \mathbb{R}_+ \times \ldots \times \mathbb{R}_+ \;\middle|\; \text{evtl. NBNB} \right\}. \end{aligned}$$

Den Alternativenmengen X_A, X_B, X_C und X_D ist gemeinsam, daß ihre Elemente, d.h. die Alternativen, abzählbar sind und, sofern die Zahl der Alternativen endlich ist, in einer Tabelle einzeln aufgelistet werden können. Mit der Verallgemeinerung auf X_E ist dies nicht mehr möglich.

[1] Eventuelle Ausnahmen werden, wie aus der linearen Programmierung bekannt ist, dadurch erfaßt, daß nicht vorzeichenbeschränkte Variablen durch die Differenz zweier nichtnegativer Variablen substituiert werden können.

Die Elemente von X_E sind im allgemeinen nicht abzählbar und können nur implizit durch Nebenbedingungen definiert werden. Vornehmlich in diesem Zusammenhang nennt man Alternativen auch *zulässige Lösungen* oder zulässige Vektoren.

Beispiel 1.7 Das Familienunternehmen Hammerbach stellt die – beliebig teilbaren – Produktarten I und II her, von denen auf der installierten Produktionsanlage höchstens 18 ME in der Planungsperiode hergestellt werden können. Von Produkt I können bedingt durch einen beschränkten Faktorbestand höchstens 15 ME, von Produkt II aus gleichem Grund höchstens 12 ME in die Planungsüberlegungen einbezogen werden. Wenn x_1 bzw. x_2 die zu produzierenden Mengeneinheiten des Produkts I bzw. II angeben, dann lautet die Alternativenmenge für dieses Entscheidungsproblem:

$$X_{1.7} = \left\{ \begin{pmatrix} x_1 \\ x_2 \end{pmatrix} \in \mathbb{R}^2_+ \;\middle|\; \begin{array}{ccccc} x_1 & + & x_2 & \leqq & 18 \\ x_1 & & & \leqq & 15 \\ & & x_2 & \leqq & 12 \end{array} \right\}.$$

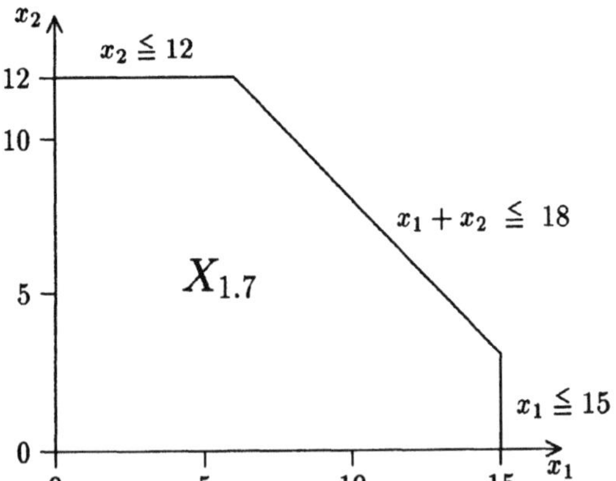

Abbildung 1.1: Alternativenmenge für die Firma Hammerbach

Die Alternativenmenge $X_{1.7}$ wird durch ein simultanes Ungleichungssystem mit 5 Ungleichungen (3 Kapazitätsbeschränkungen und 2 Nichtnegativitätsbedingungen) definiert und ist folglich zusammenhängend und darüber hinaus, wie man aus der linearen Programmierung weiß, konvex (vgl. Abb. 1.1). ◇

f) Wenn ohne weitere Zusätze von der Berücksichtigung von Nebenbedingungen die Rede ist, dann versteht man darunter im allgemeinen – was auf der einen Seite naheliegt – die simultane Berücksichtigung dieser Nebenbedingungen. Bei der linearen Programmierung etwa werden üblicherweise Nebenbedingungen in Form von *simultanen linearen Ungleichungssystemen* unterstellt. Auf der anderen Seite existieren aber auch Entscheidungsprobleme, bei denen zu realisierende Alternativen Element einer ersten Menge oder einer zweiten anderen Menge sein müssen, wobei es unerheblich ist, ob diese zwei Mengen disjunkt sind oder nicht. Um auch in diesen Fällen ein simultanes Ungleichungssystem, was letztlich für die spätere numerische Analyse von Bedeutung ist, formulieren zu können, greift man auf Binärvariablen zurück, die es ermöglichen, diese Oder-Verknüpfung adäquat abzubilden.

Es sei $X_0 \subset \mathbb{R}_+^N$ eine Menge (Grundmenge), die alle grundsätzlich zur Auswahl stehenden Alternativen enthält. $X_1, \ldots, X_J \subset \mathbb{R}_+^N$ seien irgendwelche Mengen (Zusatzmengen) derart, daß die letztendlich zulässigen Alternativen in einer oder einigen, nicht aber notwendig in allen diesen Mengen enthalten sein müssen. Die Mengen $X_0, X_1, \ldots, X_J$ werden mit Hilfe (linearer) Funktionen

$$\begin{array}{rcccl} g_{jm} & : & \mathbb{R}_+^N & \longrightarrow & \mathbb{R}^1 \\ & & \mathbf{x} & \longmapsto & g_{jm}(\mathbf{x}) \end{array} \qquad (j = 0, 1, \ldots, J;\ m = 1, \ldots, M_j)$$

wie folgt definiert

$$\begin{aligned} X_0 &= \left\{ \mathbf{x} \in \mathbb{R}_+^N \;\middle|\; g_{0m}(\mathbf{x}) \leqq 0 \ (m = 1, \ldots, M_0) \right\} \\ X_j &= \left\{ \mathbf{x} \in X_0 \;\middle|\; g_{jm}(\mathbf{x}) \leqq 0 \ (m = 1, \ldots, M_j) \right\} \quad (j = 1, \ldots, J). \end{aligned}$$

Die Menge X_F der zulässigen Alternativen wird nunmehr verbal wie folgt definiert:

> Eine Alternative $\mathbf{x} \in \mathbb{R}_+^N$ ist genau dann zulässig, wenn $\mathbf{x} \in X_0$ ist und in wenigstens $j^\square$ der J Mengen $X_1, \ldots, X_J$ liegt, wobei $j^\square$ vom Entscheidungsträger vorgegeben wird $(1 \leqq j^\square \leqq J - 1)$.

Um die Alternativenmenge X_F durch ein (lineares) simultanes Ungleichungssystem unter Einschluß von Binärvariablen $y_1, \ldots, y_J$ darstellen zu können, wird für die Funktionen g_{jm} eine obere Schranke M („big M") derart benötigt, daß gilt:

$$X_0 \cap \left\{ \mathbf{x} \in \mathbb{R}_+^N \;\middle|\; g_{jm}(\mathbf{x}) \leqq M \quad (j = 1, \ldots, J;\ m = 1, \ldots, M_j) \right\} = X_0.$$

Ersetzt man eine Nebenbedingung $g_{jm}(\mathbf{x}) \leqq 0$ durch $g_{jm}(\mathbf{x}) \leqq M$, dann wird die so ersetzte Nebenbedingung redundant und schränkt damit die Alternativenmenge des Entscheidungsproblems nicht mehr ein. Für die Binärvariablen wird vereinbart:

$$y_j = \begin{cases} 0, & \text{falls } \mathbf{x} \in X_j \quad (\text{d.h., } \mathbf{x} \in X_j \text{ sein muß}) \\ 1, & \text{falls } \mathbf{x} \in X_0 \quad (\text{d.h., } \mathbf{x} \in X_j \text{ sein kann}) \end{cases} \qquad (j = 1, \ldots, J).$$

Die Binärvariablen y_j müssen nunmehr derart mit der oberen Schranke M verknüpft werden, daß dann, wenn $y_j = 0$ ist, die Nebenbedingungen aus X_j gelten bzw., wenn $y_j = 1$ ist, die genannten Nebenbedingungen redundant sind $(j = 1, \ldots J)$. Dies führt zu der Definition der Alternativenmenge X_F, die garantiert, daß die Nebenbedingungen aus wenigstens $j^\square$ der Mengen $X_1, \ldots, X_J$ gelten:

$$X_F = \left\{ \begin{pmatrix} \mathbf{x} \\ \mathbf{y} \end{pmatrix} \in \mathbb{R}_+^N \times \mathbb{B}^J \;\middle|\; \begin{array}{rcl} g_{0m}(\mathbf{x}) & \leqq & 0 \;\; (m = 1, \ldots, M_0) \\ g_{jm}(\mathbf{x}) - My_j & \leqq & 0 \;\; (j = 1, \ldots, J; \\ & & \quad m = 1, \ldots, M_j) \\ \sum_{j=1}^{J} y_j & \leqq & J - j^\square \end{array} \right\}.$$

Würde man $j^\square = 0$ zulassen, wäre es möglich, daß alle (zusätzlichen) Nebenbedingungen $g_{jm}(\mathbf{x}) \leqq 0$ redundant sind, da dann alle y_j den Wert 1 annehmen können und damit $g_{jm}(\mathbf{x}) \leqq M$ gelten kann; dagegen hätten bei $j^\square = J$ alle (zusätzlichen) Nebenbedingungen $g_{jm}(\mathbf{x}) \leqq 0$ simultan zu gelten $(j = 1, \ldots, J;\ m = 1, \ldots, M_j)$. Beides wäre nicht im Sinn der angestellten Überlegungen, weil dies wiederum zur Formulierung konvexer Alternativenmengen führen würde.

Beispiel 1.8 Die G & N Baustoff GmbH handelt mit Baumaterialien aller Art. Sie sucht nach einer Bestellmenge x, gemessen in m^3, für Kalksplitt, wobei folgende Beschränkungen zu beachten sind. Zum einen ist die vorhandene Lagerungsmöglichkeit für Kalksplitt auf 80 m^3 begrenzt, d.h., die Bestellmenge muß in jedem Fall nichtnegativ sein und kann höchstens 80 m^3 betragen. Es gilt somit $M_0 = 1$ und

$$X_0 = \left\{ x \in \mathbb{R}_+ \;\middle|\; g_{01}(x) = x - 80 \leqq 0 \right\}.$$

Zum anderen können nur mindestens 10 m^3 angeliefert werden, oder der Bestellauftrag bleibt unerledigt. Der erste Fall läßt sich durch eine Menge X_1 mit $M_1 = 1$ wie folgt erfassen:

$$X_1 = \left\{ x \in X_0 \;\middle|\; g_{11}(x) = -x + 10 \leqq 0 \right\}.$$

Im zweiten Fall bietet sich die folgende Menge X_2 mit $M_2 = 1$ an:

$$X_2 = \left\{ x \in X_0 \;\middle|\; g_{21}(x) = x \leqq 0 \right\} = \left\{ 0 \right\}.$$

Eine Bestellmenge ist nunmehr zulässig, wenn sie in X_0 und in wenigstens einer ($j^{\square} = 1$) der $J = 2$ Mengen X_1 und X_2 liegt. Da $X_1 \cap X_2 = \emptyset$ ist, wird eine zulässige Bestellmenge genau in einer der beiden Mengen X_1 oder X_2 liegen. Als simultanes Ungleichungssystem hat die Alternativenmenge – mit $M = 80$ – folgendes Aussehen:

$$X_{1.8}^{I} = \left\{ \begin{pmatrix} x \\ y_1 \\ y_2 \end{pmatrix} \in \mathbb{R}_+ \times \mathbb{B}^2 \;\middle|\; \begin{array}{rrrrrl} x & & & - & 80 & \leqq 0 \\ -x & - & 80y_1 & + & 10 & \leqq 0 \\ x & & - \; 80y_2 & & & \leqq 0 \\ & & y_1 \; + \; y_2 & & & \leqq 1 \end{array} \right\}.$$

In diesem speziellen Fall mit $J = 2$ genügt die Einführung nur einer Binärvariablen. Mit $y := y_1 = 1 - y_2$ resultiert folgende äquivalente Darstellung der Alternativenmenge:

$$X_{1.8}^{II} = \left\{ \begin{pmatrix} x \\ y \end{pmatrix} \in \mathbb{R}_+ \times \mathbb{B} \;\middle|\; \begin{array}{rrrrrl} x & & & - & 80 & \leqq 0 \\ -x & - & 80y & + & 10 & \leqq 0 \\ x & - & 80(1-y) & & & \leqq 0 \end{array} \right\}. \quad \diamond$$

Beispiel 1.9 Bei der Firma Hammerbach (vgl. Beispiel 1.7, S. 8) könnte sich die Produktionsplanung insofern ändern, als das bei der Herstellung der Produkte I und II anfallende nicht erwünschte Nebenprodukt aufgrund einer derzeit diskutierten Verordnung über Umweltschutzauflagen, mit deren Inkrafttreten in der übernächsten Periode zu rechnen ist, vor der Entsorgung noch von umweltschädlichen Bestandteilen gereinigt werden muß. Hierzu müßte das Unternehmen ein Reinigungsaggregat beschaffen. Es werden derzeit zwei Varianten A und B auf dem Markt zum gleichen Preis, aber mit unterschiedlichen Technologien und Kapazitäten angeboten.

Beispiel	Belastungskoeffizienten (KE/NPE)		Kapazitäten
1.9	Produkt I	Produkt II	(KE)
Aggregat A	100	100	115
Aggregat B	160	70	112

Tabelle 1.1: Parameter der Reinigungsaggregate für die Firma Hammerbach

Die einzelnen Parameter der beiden Aggregate sind in Tabelle 1.1 zusammengefaßt. Pro ME des Produkts I fallen 0,05 NPE des Nebenprodukts an; bei Produkt II sind es 0,1 NPE/ME. Zu der Entscheidung über die Produktmengen käme dann noch die Entscheidung über das zu wählende Reinigungsaggregat.

Die aufgezeigten Umweltschutzmaßnahmen haben einen ergänzenden Charakter, so daß die Alternativenmenge $X_{1.7}$ als Grundmenge X_0 (mit hier $M_0 = 3$) des erweiterten Beispiels gewählt wird: $X_0 = X_{1.7}$. Die zwei Reinigungsaggregate werden ausschließlich durch ihre Kapazitätsbeschränkungen beschrieben, von denen somit entweder die von Aggregat A oder von Aggregat B wirksam ist (vgl. Abb. 1.2). Damit bieten sich an

$$X_1 = \left\{ \mathrm{x} \in X_0 \mid g_{11}(\mathrm{x}) = 100 \cdot 0,05x_1 + 100 \cdot 0,10x_2 - 115 \leqq 0 \right\}$$

$$X_2 = \left\{ \mathrm{x} \in X_0 \mid g_{21}(\mathrm{x}) = 160 \cdot 0,05x_1 + \ 70 \cdot 0,10x_2 - 112 \leqq 0 \right\}.$$

Mit beispielsweise $M = 999$ lautet die neue ergänzte Alternativenmenge $X_{1.9}$ der Firma Hammerbach:

$$X_{1.9} = \left\{ \begin{pmatrix} x_1 \\ x_2 \\ y_1 \\ y_2 \end{pmatrix} \in \mathbb{R}_+^2 \times \mathbb{B}^2 \;\middle|\; \begin{array}{rcrcrcrcl} x_1 & + & x_2 & & & - & 18 & \leqq & 0 \\ x_1 & & & & & - & 15 & \leqq & 0 \\ & & x_2 & & & - & 12 & \leqq & 0 \\ 5x_1 & + & 10x_2 & - & 999y_1 & - & 115 & \leqq & 0 \\ 8x_1 & + & 7x_2 & - & 999y_2 & - & 112 & \leqq & 0 \\ & & & & y_1 + y_2 & & & \leqq & 1 \end{array} \right\}.$$

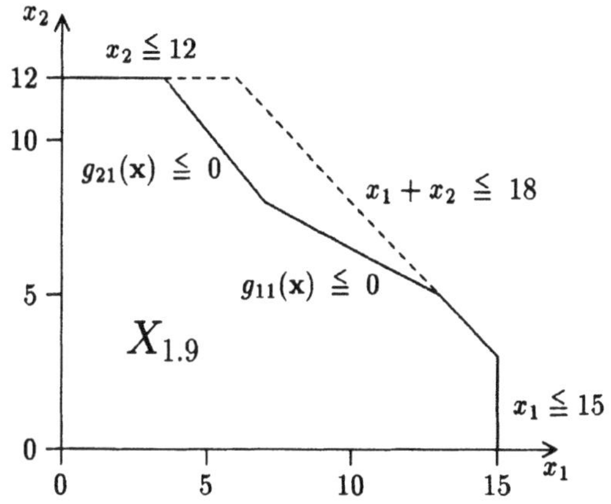

Abbildung 1.2: Ergänzte Alternativenmenge für die Firma Hammerbach

In diesem Beispiel sind die Mengen X_1 und X_2 nicht disjunkt, so daß eine Alternative aus X_0 sowohl Element von X_1 als auch von X_2 sein kann und damit auch die Binärvariablen y_1 und y_2 gleichzeitig den Wert 0 annehmen können. In diesem Fall gelten die Nebenbedingungen aus X_1 und X_2 simultan. Bei Alternativenmengen mit disjunkten Mengen X_1 und X_2 – wie bei $X_{1.8}$ in Beispiel 1.8 – ist dagegen bei allen zulässigen Lösungen mindestens eine Binärvariable positiv. Ebenso wie im Beispiel 1.8 läßt sich auch die Alternativenmenge $X_{1.9}$ in eine äquivalente Formulierung mit nur einer Binärvariablen überführen. ◇

g) Abschließend wird noch ein Typ von Alternativenmengen erwähnt, der dadurch gekennzeichnet ist, daß dessen Elemente, d.h. dessen Alternativen, Funktionen einer jeweils genau bestimmten Art sind; sie gehören somit zu einer Klasse von Funktionen mit speziellen Eigenschaften. Betrachtet man beispielsweise die Planung eines Lagers, bei dem der Lagerbestand für jeden Zeitpunkt einer Periode von $t = 0$ bis $t = T$ $(T > 0)$ zu bestimmen ist, dann können mögliche Lagerbestandsverläufe etwa durch stetige Funktionen beschrieben werden. Setzt man sowohl den Lageranfangs- als auch den Lagerendbestand gleich Null, dann könnte die angesprochene Alternativenmenge wie folgt lauten:

$$X_G = \left\{ f \in C_{[0,T]} \;\middle|\; f(0) = f(T) = 0 \right\},$$

wobei $C_{[0,T]}$ die Klasse der auf $[0, T]$ stetigen reellwertigen Funktionen bezeichnet. Entscheidungsprobleme mit Alternativenmengen dieses Typs sind Gegenstand u.a. der statistischen Entscheidungstheorie[2] und der Kontrolltheorie.[3]

Im Rahmen der *Prinzipal-Agent-Theorie* partizipieren zwei Entscheidungsträger, ein Prinzipal (z.B. der Eigentümer eines Unternehmens) und ein Agent (z.B. ein Manager dieses Unternehmens), an einem gemeinsamen, im allgemeinen unsicheren Erfolg einer Aktion (vgl. auch Abschnitt 4.3). Dieser Erfolg entsteht dadurch, daß zum einen der Agent eine Entscheidung bezüglich der durchzuführenden Aktion und zum anderen der Prinzipal eine Entscheidung bezüglich der Entlohnung des Agenten trifft, die ihrerseits das für den Prinzipal in der Regel nicht nachvollziehbare Entscheidungsverhalten des Agenten beeinflußt. Bei der Entlohnung handelt es sich vielfach um lineare Funktionen, die von mehreren Parametern abhängen, z.B. dem auszuhandelnden Prämiensatz für die Beteiligung des Agenten am Erfolg der Aktion. Die Alternativenmenge des Prinzipals ist somit beispielsweise gleich einer Klasse von bestimmten linearen Funktionen.[4]

[2] Vgl. u.a. BAMBERG 1972; BAMBERG/COENENBERG 1994, S. 127ff.; MENGES 1979.
[3] Vgl. u.a. FEICHTINGER/HARTL 1986.
[4] Vgl. u.a. KLEINE 1996; LAUX 1990; SPREMANN 1987.

1.2 Ziele und Zielfunktionen

Wenn ein Entscheidungsproblem von einem rational handelnden Entscheidungsträger zu lösen ist, dann kann dieses nicht nur durch eine Alternativenmenge, sondern muß darüber hinaus durch etwas beschrieben werden, das in irgendeiner Weise das rationale Handeln des Entscheidungsträgers zum Ausdruck bringt. Ein Entscheidungsträger - so wird hier unterstellt - handelt dann rational, wenn er ein von ihm gesetztes Ziel zu erreichen sucht. Ein *Ziel* ist die Beschreibung eines zukünftigen, gegenüber dem gegenwärtigen im allgemeinen veränderten, erstrebenswerten Zustands.[5] Die Unterlassensalternative kann im übrigen nach dieser Definition zu einem erstrebenswerten Zustand führen, der gegenüber dem gegenwärtigen Zustand unverändert bleiben soll. Da davon ausgegangen wird, daß Ziele von Entscheidungsträgern vorgegeben werden, steht hier deren Sinnhaftigkeit nicht zur Diskussion.

Im folgenden gilt es nun, die Vielfalt von Zielen zu verdeutlichen und das genauer zu beschreiben, was unter erstrebenswert im einzelnen verstanden werden kann. Die unterschiedlichen Ziele werden hier zunächst allgemein nach ihrem Charakter, in Abschnitt 1.4.1 dann unter mehr formalen Aspekten vorgestellt.

1.2.1 Ziele

Ziele mit Fixierungscharakter, im folgenden *Fixierungsziele* genannt, sind zum einen durch eine explizite Beschreibung des erstrebenswerten Zustands und zum anderen dadurch gekennzeichnet, daß sie entweder exakt oder überhaupt nicht erreichbar sind. Ein Mehr oder ein Weniger existiert nicht.

Beispiel 1.10 a) Ein Politiker verfolgt das Ziel, Ministerpräsident eines Bundeslandes zu werden; es gibt nur eine erfolgreiche Wahl oder eine verlorene bzw. keine Wahl.

[5] ZSCHOCKE 1995, S. 289ff.

b) Eine Tennisspielerin hat das Ziel, ein Spiel zu gewinnen; jedes Spiel führt entweder zum Sieg oder zur Niederlage.

c) Das Unternehmen DERB & Co. hat sich vorgenommen, seine Produktion so zu steuern, daß von einem verderblichen Erzeugnis genau so viel Einheiten hergestellt werden, wie an Aufträgen bereits vorliegen. Je nach konkreter Planungssituation wird das Unternehmen sein Ziel erreichen oder nicht.

d) Das Unternehmen Pünkt & Lich hat das Ziel, eine zugesagte Lieferung von Einkaufswagen (genau) am 15. des Monats – einen Tag vor der Eröffnung eines neuen Supermarktes – zwischen 9 und 12 Uhr auszuliefern. ◇

Das Beispiel d) unterscheidet sich von den Beispielen a) bis c) durch die Vorgabe mehrerer möglicher Zustände, die eine Zielerreichung gewährleisten. Ob die Lieferung am 15. des Monats um 9, 10, 11 oder 12 Uhr erfolgt, spielt offenbar keine Rolle. Das Ziel ist jedoch bei einer Lieferung vor 9 und nach 12 Uhr verfehlt. Die Beispiele zeigen weiterhin, daß sicherlich Entscheidungssituationen existieren, in denen gesteckte Ziele entweder exakt oder gar nicht erreichbar sind, daß aber auch Fälle denkbar sind, in denen geringfügige – einseitige oder beidseitige – Abweichungen kein allzu großes Mißgeschick bedeuten. So wird das Unternehmen DERB & Co. etwa bei geringfügiger Überproduktion in der Lage sein, die zuviel hergestellten Einheiten des verderblichen Gutes ordnungsgemäß gegen eine entsprechende Gebühr zu entsorgen. Mit dieser Bemerkung wird auf die im folgenden beschriebenen Satisfizierungs- und Approximierungsziele hingewiesen.

Ziele mit Satisfizierungscharakter, im folgenden *Satisfizierungsziele* genannt, sind zum einen durch die explizite Beschreibung eines erstrebenswerten Zustandes gekennzeichnet, bei dem es sich hier um ein *Anspruchsniveau* (aspiration level) handelt, das mindestens zu erreichen ist, und zum anderen dadurch, daß ein Mehr als das Anspruchsniveau vom Entscheidungsträger als indifferent hingenommen wird. In einer ergänzenden Variante kann auch davon ausgegangen werden, daß der Entscheidungsträger oberhalb des Anspruchsniveaus ein Mehr gegenüber einem vergleichsweisen Weniger präferiert.

Beispiel 1.11 a) Klaus hat das klar definierte Ziel, in Mathematik eine bessere Note als Kurt zu bekommen, wobei ihn die Höhe der Differenz nicht interessiert.

b) Eine demokratische Partei möchte die anstehende Wahl gewinnen. Mit einer Mehrheit von einem Sitz ist dieses Ziel erreicht, wenngleich es sich mit einer Mehrheit von 10 oder 20 Sitzen bequemer regieren läßt.

c) Zwei Wanderfreunde haben sich vorgenommen, bis (spätestens) 12 Uhr den Gipfel eines naheliegenden Berges erklommen zu haben, um dort im Berghotel das Mittagessen einzunehmen. Eine Ankunft nach 12 Uhr würde das gesteckte Ziel verfehlen, eine Ankunft vor 12 Uhr könnte zu einem Aperitif genutzt werden.

d) Das Unternehmen Kummervoll KG benötigt binnen zwei Tagen einen Kredit über mindestens 1 Mio. DM. Der Geschäftsführer ruft die Partnerbanken des Unternehmens an. Wenn sich keine Bank bereit erklärt, das Geld in der genannten Frist zur Verfügung zu stellen, ist das gesteckte Ziel mit seinen Konsequenzen verfehlt. Anderenfalls kann sich das Unternehmen eventuell für die Bank mit den günstigsten Konditionen entscheiden. ◇

Die Beispiele a) und b) machen deutlich, daß ein Anspruchsniveau als ein wichtiger Schwellenwert im Sinne einer unteren Grenze anzusehen ist, so daß es naheliegt, ein Anspruchsniveau durch eine entsprechende Nebenbedingung zu berücksichtigen. Sie zeigen aber auch, daß ein Entscheidungsträger einer möglichst großen Überschreitung dieser Untergrenze nicht abgeneigt sein muß. Im Beispiel c) ist das Anspruchsniveau entsprechend als obere Grenze zu interpretieren. Das Beispiel d) unterscheidet sich von den zuvor genannten Beispielen durch die simultane Berücksichtigung von zwei Satisfizierungszielen. Zum einen handelt es sich bei den Anspruchniveaus um eine Untergrenze, da mindestens 1 Mio. DM benötigt wird, und zum anderen um eine obere Grenze, da das Kapital kurzfristig, d.h. binnen zwei Tagen, zu beschaffen ist. Alle genannten Beispiele leiten somit auf die folgenden Extremierungsziele über.

Zu den Zielen mit Extremierungscharakter zählen zum einen die *Approximierungsziele*, bei denen abermals ein erstrebenswerter Zustand beschrieben wird, den es nun möglichst nahe – unabhängig von welcher Seite –

zu erreichen gilt. Da das Möglichst-Nahe durch eine Abstandsfunktion gemessen werden muß, sind Approximierungsziele durch reelle Zahlen zu charakterisieren. – Zum anderen sind die (reinen) *Extremierungsziele* zu nennen, die in der Betriebswirtschaftslehre von ganz zentraler Bedeutung sind. Sie werden dadurch gekennzeichnet, daß ein erstrebenswerter Zustand implizit durch Nennung von Eigenschaften beschrieben wird. So kann in einer Entscheidungssituation der erstrebenswerte Zustand von der Art sein, daß kein anderer – im Sinne des vorliegenden Extremierungszieles – besserer Zustand existiert. Der erstrebenswerte Zustand wird somit eindeutig definiert, ohne ihn im voraus explizit benennen zu können, d.h., ohne seinen numerischen Wert angeben zu können. Um die Eigenschaft eines Zustandes, besser zu sein als ein anderer, prüfen zu können, sollten Extremierungsziele durch reelle Zahlen charakterisiert sein.

Beispiel 1.12 a) Das Unternehmen DERB & Co. (vgl. Beispiel 1.10c, S. 16) lockert seine Zielvorstellungen und steuert nunmehr eine Produktquantität seines verderblichen Erzeugnisses an, die möglichst nahe an die des vorliegenden Auftragsbestandes herankommt.

b) Ferdi und Fridolin, zwei Studierende der Architektur, planen, in der vorlesungsfreien Zeit mit einem PKW eine Reise von Gifhorn nach Gibraltar zu unternehmen. Ihr Ziel ist es, die schönste Route auszuwählen.

c) Ein größerer Posten Umwälzpumpen ist von der PUMP AG von A-burg nach B-dorf zu transportieren. Da die Angelegenheit nicht dringlich ist, besteht das Ziel des Unternehmens darin, die kostengünstigste Transportmöglichkeit zu wählen.

d) Die bereits bekannte Firma Hammerbach, die zwei Produktarten herstellt und vertreibt (vgl. Beispiel 1.7, S. 8), hat das Ziel, eine Produktmengenkombination mit dem größtmöglichen Gesamtdeckungsbeitrag herzustellen und zu verkaufen. ◇

Das Beispiel a) illustriert ein Approximierungsziel mit betriebswirtschaftlichem Hintergrund. Das Beispiel b) läßt unmittelbar kein Extremierungsziel erkennen. Wie ist die schönste Route definiert? Wie läßt sich überprüfen, ob eine ins Auge gefaßte Route die schönste ist? Ferdi und Fridolin könnten beispielsweise versuchen, diejenige Route auszuwählen, die die Besichtigung von möglichst vielen Schlössern und/oder Kathedralen erlaubt. Die Beispiele c) und d) führen zu typischen betriebswirtschaftlichen Entscheidungsproblemen, die fast immer monetäre und damit reelle Zahlen zur Zielbildung anbieten.

1.2.2 Zielfunktionen

Es sind nun Kriterien zu entwickeln, mit denen geprüft werden kann, ob mit einer ins Auge gefaßten Alternative $x \in X$ das gesteckte Ziel erreichbar ist oder nicht. Dies geschieht u.a. mit Hilfe von Zielfunktionen. Hier werden die aufgeworfenen Fragen zunächst für den Fall von Extremierungszielen erläutert. Es wird davon ausgegangen, daß neben einer Alternativenmenge X eine *Zielfunktion* z gegeben ist, die die Alternativenmenge in die Menge $\mathbb{R}$ der reellen Zahlen abbildet ($z : X \to \mathbb{R}, x \mapsto z(x)$). z sei eine zu maximierende Zielfunktion; zu minimierende Zielfunktionen können durch Multiplikation mit -1 in zu maximierende Zielfunktionen umgeformt werden. Die implizite Beschreibung eines erstrebenswerten Zustandes kann nunmehr mit Hilfe der eingeführten Größen auch formal und damit präziser als die verbale Formulierung angegeben werden. Eine Alternative $x^* \in X$ mit dem Zielfunktionswert $z(x^*)$ erreicht das gesteckte Extremierungsziel, wenn keine andere Alternative $x' \in X$ existiert, die zu einem höheren Zielfunktionswert als $z(x^*)$ führt. Alle Alternativen $x^* \in X$ mit dieser Eigenschaft heißen *optimale Alternativen* (*optimale Lösungen*), die zu einer Menge X^* zusammengefaßt werden. Es ist

$$X^* := \left\{ x^* \in X \;\middle|\; \text{es existiert kein } x' \in X \text{ mit } z(x') > z(x^*) \right\}.$$

Die gewählte Definition von X^* läßt zu, daß (1.) X^* mehrelementig sein kann und (2.) die Definition auf mehrere Ziele bzw. mehrere Zielfunktionen unmittelbar verallgemeinerbar ist (vgl. Kapitel 2). Ist X^* mehrelementig, spricht man auch von *Mehrfachlösungen.* X^* heißt auch *optimale Lösungsmenge.*

Durch die optimale Lösungsmenge X^* werden zwar die optimalen Alternativen exakt beschrieben, allerdings ohne zu sagen, ob überhaupt optimale Alternativen existieren und wie sie gegebenenfalls bestimmbar sind. Wenn die Alternativenmenge X – wie z.B. bei X_A oder X_B (vgl. S. 1f.) – und damit auch die Anzahl der Zielfunktionswerte $z(x)$ endlich sind, existiert stets wenigstens eine optimale Alternative. Für die folgenden Ausführungen ist die Aussage von Bedeutung, daß bei nichtleerer kompakter, d.h. bei beschränkter und abgeschlossener, Alternativenmenge $X \subset \mathbb{R}^N$ und stetiger Zielfunktion z das Maximum wie auch das Minimum von z über X angenommen wird (Satz von WEIERSTRASS).[6] Bei unbeschränkter Alternativenmenge etwa ist dies nicht mehr gewährleistet, wie durch Beispiele in der linearen Programmierung gezeigt werden kann.

1.3 Entscheidungsmodelle

In den vorhergehenden Abschnitten wurden Alternativenmengen X und Zielfunktionen z definiert und diskutiert, die zusammen mit einer Maximierungsvorschrift zu den Bestandteilen eines elementaren *deterministischen Entscheidungsmodells* (DEM) zählen:[7]

(DEM)	$\max \left\{ z(x) \mid x \in X \right\}$

Im Hinblick darauf, daß in (DEM) nur eine Zielfunktion berücksichtigt wird, spricht man auch von einem *skalaren Entscheidungsmodell.* Die Menge

$$Z := \left\{ z(x) \mid x \in X \right\} \subset \mathbb{R}$$

heißt *Zielmenge* (Zielraum). Sofern $X \subset \mathbb{R}^N$ als kompakt und z als stetig vorausgesetzt sind, ist die Zielmenge ebenfalls kompakt. Das Maximum von Z existiert somit. Die optimale Lösungsmenge X^* läßt sich nunmehr auch in folgender äquivalenter Form schreiben:

[6] Vgl. u.a. HORST 1979, S. 4; KALL 1982a, S. 96.

[7] Zur Definition von Entscheidungsmodellen allgemein vgl. ZSCHOCKE 1995, S. 297ff.

$$X^* := \left\{ x^* \in X \,\middle|\, x^* \in \text{ argmax } \{z(x) \,|\, x \in X\} \right\},$$

d.h., x^* ist ein Argument, das $z(x)$ über X maximiert.

Schließlich bleibt die Frage, wie festgestellt werden kann, ob die optimale Lösungsmenge X^* nichtleer ist oder nicht. Diese Frage beantwortet ein Optimierungsverfahren, das im folgenden OPTIMIZER genannt wird. Bei endlicher Alternativenmenge besteht ein Optimierungsverfahren etwa aus wiederholten paarweisen Vergleichen von Zielfunktionswerten, bis ein maximaler Zielfunktionswert und damit eine optimale Lösung gefunden ist. Durch Nullsetzen der ersten Ableitung der Zielfunktion kann bei Entscheidungsmodellen mit einer Variablen und differenzierbarer Zielfunktion eine optimale Lösung ermittelt werden. Handelt es sich bei den Entscheidungsvariablen um Vektoren, können Verfahren der linearen und nichtlinearen Programmierung - mit oder ohne Berücksichtigung von Ganzzahligkeitsbedingungen - zum Einsatz kommen. Ein Optimierungsverfahren liefert eine *optimale Lösung*, bestehend aus X^* und $z^* := z(x^*)$, oder es zeigt an, daß keine optimale Lösung existiert. Daß ein Computer mit entsprechender Software bei der numerischen Lösung von Entscheidungsmodellen eine sehr hilfreiche Unterstützung bietet, sollte außer Frage stehen.

Den *Entscheidungsfindungsprozeß*, d.h. die logische wie zeitliche Abfolge der Analyse eines Entscheidungsproblems, das etwa durch (DEM) dargestellt wird, veranschaulicht die Abbildung 1.3. Der Entscheidungsträger

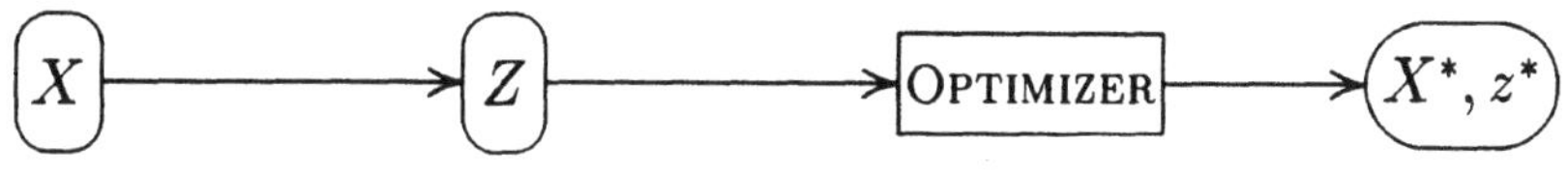

Abbildung 1.3: Entscheidungsfindungsprozeß

entwickelt zunächst aus der gegebenen Entscheidungssituation die zugehörige Alternativenmenge und darauf aufbauend die sich ergebende Zielfunktion. Nach der daraus resultierenden vollständigen Beschreibung des Entscheidungsmodells erfolgt die Bestimmung der optimalen Lösung durch den OPTIMIZER.

Hat ein Entscheidungsmodell (DEM) keine optimale Lösung, wird dies vom OPTIMIZER bei einer zu maximierenden Zielfunktion beispielsweise durch $\{X^* = \emptyset, z^* = -\infty\}$, falls keine zulässige Lösung existiert, bzw. durch $\{X^* = \emptyset, z^* = +\infty\}$ angezeigt, falls zwar $X \neq \emptyset$ ist, aber der Zielfunktionswert über alle Grenzen wächst.

Existieren zu einem Entscheidungsproblem zwei unterschiedliche Entscheidungsmodelle, dann heißen diese äquivalent, wenn beide eine optimale Lösung besitzen und sich aus der optimalen Lösung des einen Entscheidungsmodells die optimale Lösung des anderen bestimmen läßt.[8]

Beispiel 1.13 Für die PUMP AG (vgl. Beispiel 1.12c, S. 18) bestehen vier – hier nicht näher beschriebene – Alternativen, den Transport der Umwälzpumpen von A-burg nach B-dorf durchführen zu lassen. Die vorliegenden Angebote unterscheiden sich lediglich im Angebotspreis. Es sei $z(\text{ALT}_n)$ der Preis der n-ten Alternative mit

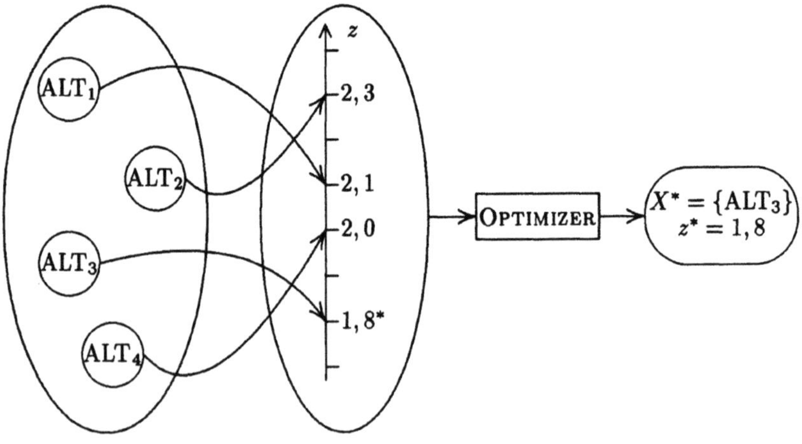

Abbildung 1.4: Entscheidungsfindungsprozeß für die PUMP AG

[8]Vgl. HAGELSCHUER 1971, S. 8.

$$z(\mathrm{ALT}_1) = 2,1\,,\;\; z(\mathrm{ALT}_2) = 2,3\,,\;\; z(\mathrm{ALT}_3) = 1,8 \text{ und } z(\mathrm{ALT}_4) = 2,0$$

jeweils in TDM. Das entsprechende deterministische Entscheidungsmodell lautet:

(DEM$_{1.13}$)	$\min\{z(\mathrm{ALT}_n)\,\vert\, n \in \mathcal{N}\}$
mit	$z(\mathrm{ALT}_n) := \begin{cases} 2,1 & \text{für } n = 1 \\ 2,3 & \text{für } n = 2 \\ 1,8 & \text{für } n = 3 \\ 2,0 & \text{für } n = 4 \end{cases}$ $\mathcal{N} := \{1,2,3,4\}$

und führt zur optimalen Lösung $X^* = \{\mathrm{ALT}_3\}$ mit $z^* = 1,8$ TDM (vgl. auch Abb. 1.4). ◇

Beispiel 1.14 Die Alternativenmenge der Firma Hammerbach wurde bereits in Beispiel 1.7 (vgl. S. 8) vorgestellt. In Beispiel 1.12d (vgl. S. 18) hat sich die Firma für eine Maximierung des Gesamtdeckungsbeitrages ausgesprochen, wobei für das Produkt I bzw. II ein Stückdeckungsbeitrag von 4 bzw. 5 GE/ME erzielt werden kann. Als Komponenten von (DEM) ergibt sich für dieses Beispiel:

(DEM$_{1.14}$)	$\max\{z(\mathbf{x})\,\vert\,\mathbf{x} \in X_{1.14}\}$
mit	$z(\mathbf{x}) = z(x_1, x_2) = 4x_1 + 5x_2$ $X_{1.14} := \left\{ \mathbf{x} \in \mathbb{R}^2_+ \;\middle\vert\; \begin{array}{rcrcl} x_1 & + & x_2 & \leqq & 18 \\ x_1 & & & \leqq & 15 \\ & & x_2 & \leqq & 12 \end{array} \right\} \quad (= X_{1.7})$

Mit diesen Angaben erhält der Entscheidungsfindungsprozeß das in Abbildung 1.5 dargestellte konkrete Aussehen. Exemplarisch sind dort vier Alternativen (zulässige Produktmengenkombinationen) auf die Zielmenge abgebildet. Die optimale Lösung lautet $\mathbf{x}^* = (x_1^*, x_2^*)^T = (6,12)^T$ mit $z^* = 84$ GE. ◇

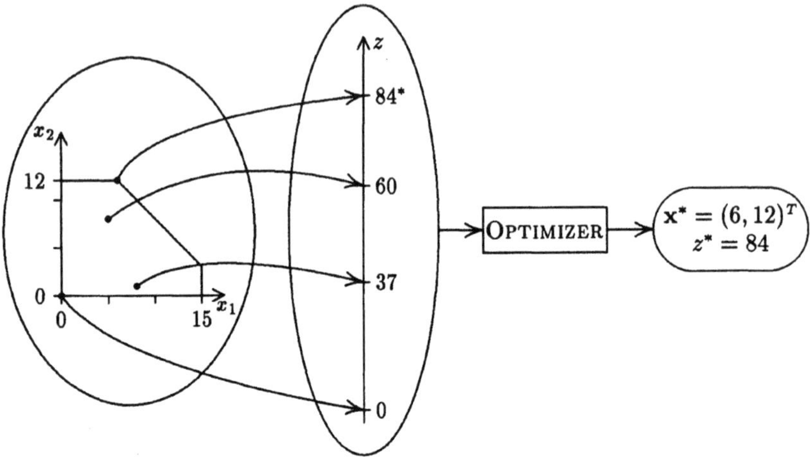

Abbildung 1.5: Entscheidungsfindungsprozeß für die Firma Hammerbach

1.4 Varianten und Erweiterungen

Bisher wurde davon ausgegangen, daß zwischen der Alternativenmenge X und der Zielmenge Z mittels der Zielfunktion z ein direkter Weg existiert, und weiterhin, daß die Zielmenge Z unmittelbar vom OPTIMIZER analysiert werden kann (vgl. Abb. 1.3, S. 21). Diese beiden Voraussetzungen werden nunmehr nacheinander aufgehoben.

1.4.1 Zielvariablen, Fixierungs-, Satisfizierungs- und Approximierungsziele

Die Fixierungs- und Satisfizierungsziele wurden bereits in Abschnitt 1.2.1 eingeführt. Gibt es Möglichkeiten, diese derart durch zu extremierende Zielfunktionen zu erfassen, daß sie auf diese Weise auch dem OPTIMIZER zugänglich gemacht werden können? Diese Frage läßt sich positiv durch Einführung einer Zielvariablen beantworten, wobei unter einer *Zielvariablen h* eine Abbildung verstanden wird, die jeder Alternative $x \in X$ eine nicht notwendig reellwertige Größe $h(x)$ zuordnet ($h : X \to H$, $x \mapsto h(x)$). Die Zielfunktion z bildet dann ihrerseits die Werte der Zielvariablen in die Zielmenge $Z \subset \mathbb{R}$ ab ($z : H \to Z$, $h(x) \mapsto z(h(x))$). Die

Alternativenmenge X wird in diesem Fall nicht direkt, sondern über H auf die Zielmenge Z abgebildet (vgl. Abb. 1.6).

Bei einem *Fixierungsziel* könnte beispielsweise die Zielvariable h die Alternativen wie folgt abbilden:

$$\begin{aligned} h: \quad X \longrightarrow H \quad &= \{\text{ NEIN, JA }\} \\ x \longmapsto h(x) \quad &= \begin{cases} \text{NEIN, falls } x \text{ das gesteckte Ziel nicht erreicht,} \\ \text{JA, falls } x \text{ das gesteckte Ziel erreicht.} \end{cases} \end{aligned}$$

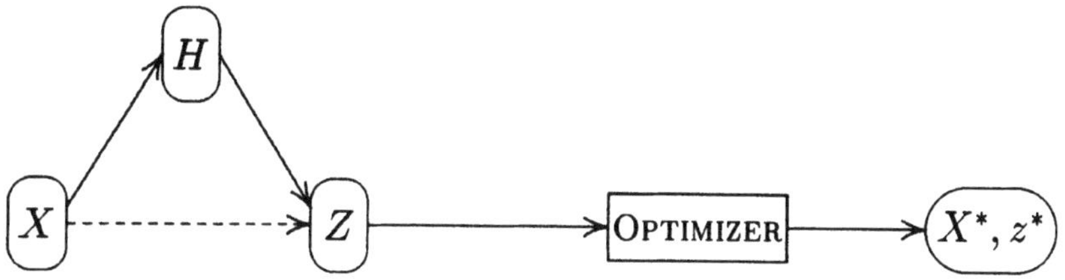

Abbildung 1.6: Entscheidungsfindungsprozeß mit Zielvariablen

In Worten: Alle $x \in X$, die das gesteckte Fixierungsziel erreichen, werden auf $h(x) = \text{JA}$ und die übrigen auf $h(x) = \text{NEIN}$ abgebildet. Diese Überlegungen sind unabhängig davon, ob das gesteckte Ziel rein verbal oder durch einen numerischen Wert beschrieben wird. Besteht der Wunsch, ein Fixierungsziel auch durch eine zu maximierende Zielfunktion z zu beschreiben, ist die Menge H beispielsweise auf die Zielmenge $Z = \{0, 1\}$ abzubilden:

$$\begin{aligned} z: \quad H \quad &\longrightarrow \quad Z \quad = \{0, 1\} \\ h(x) \quad &\longmapsto \quad z(h(x)) \quad = \begin{cases} 0, & \text{falls } h(x) = \text{ NEIN,} \\ 1, & \text{falls } h(x) = \text{ JA.} \end{cases} \end{aligned}$$

Die optimale Lösungsmenge X^*_{fix} hat beim Fixierungsziel folgendes Aussehen:

$$X^*_{fix} := \left\{ x^* \in X \;\middle|\; z(h(x^*)) = 1 \right\}.$$

Für den Fall, daß $X^*_{fix} = \emptyset$ ist, existiert keine Alternative, mit der das fixierte Ziel erreichbar ist. Anstatt $z(h(x))$ wird im folgenden auch vereinfachend $z(x)$ geschrieben, wenn aus dem Zusammenhang hervorgeht, was gemeint ist.

Beispiel 1.15 Das Unternehmen DERB & Co. beabsichtigt – wie bereits im Beispiel 1.10c, S. 16, erläutert –, von einem Erzeugnis genau die Menge zu produzieren, die durch bereits vorliegende Aufträge nachgefragt wird. Es bezeichne x die von diesem Erzeugnis herzustellende Menge, X die Menge der möglichen Produktquantitäten dieses Erzeugnisses und $\bar{x}$ den vorliegenden Auftragsbestand, so ergibt sich folgendes Entscheidungsmodell:

(DEM$_{1.15}$)	$\max\{z(h(x)) \mid x \in X_{1.15}\}$
mit	$h(x) := \begin{cases} \text{NEIN}, & \text{falls } x \neq \bar{x} \\ \text{JA}, & \text{falls } x = \bar{x} \end{cases}$ $z(h(x)) := \begin{cases} 0, & \text{falls } h(x) = \text{NEIN} \\ 1, & \text{falls } h(x) = \text{JA} \end{cases}$ $X_{1.15} := \{x \in \mathbb{R}_+ \mid \text{evtl. NBNB}\}$

Der optimale Zielfunktionswert z^* von (DEM$_{1.15}$) zeigt an, ob mindestens eine Alternative existiert, die ein Erreichen des angestrebten Fixierungszieles ermöglicht. Ergibt sich $z^* = 1$, so läßt sich der Auftragsbestand $\bar{x}$ herstellen; anderenfalls, d.h. bei $z^* = 0$, besteht keine Möglichkeit, die Produktquantität $\bar{x}$ zu fertigen, so daß in diesem Fall die Menge X^*_{fix} leer ist ($X^*_{fix} = \emptyset$). Bei (DEM$_{1.15}$) handelt es sich somit auch um eine Modellformulierung, mit der überprüft werden kann, ob und gegebenenfalls, welche Alternativen optimal im Sinne des Fixierungszieles sind. ◇

Obwohl Fixierungsziele dem Anschein nach von einfacher Struktur sind, wird ihnen in diesem Abschnitt ein relativ breiter Raum eingeräumt. Fixierungsziele sollten hier auf der einen Seite formal als Zielfunktionen in das deterministische Entscheidungsmodell (DEM) integriert und nicht – in mehr einschränkender Weise – durch Nebenbedingungen berücksichtigt werden. Auf der anderen Seite können Fixierungsziele in der dargestellten

Weise problemlos in umfangreichere Entscheidungsmodelle, insbesondere in solche mit mehreren Zielfunktionen, eingebaut werden.[9] Ähnliche Überlegungen gelten auch für die folgenden Satisfizierungs- und Approximierungsziele.

Geht man beim *Satisfizierungsziel* davon aus, daß alle Alternativen, die ein gegebenes Anspruchsniveau (einen gegebenen Wert der Zielvariablen) nicht erreichen bzw. daß diejenigen Alternativen, die das Anspruchsniveau erfüllen, jeweils als äquivalent zu betrachten sind, ist es möglich, wie beim Fixierungsziel zu verfahren. Liegt einem Entscheidungsproblem eine reellwertige Funktion $h(x)$ zugrunde, möchte ein Entscheidungsträger häufig nicht nur ein bestimmtes Anspruchsniveau $\bar{h} \in \mathbb{R}$ erreichen, sondern strebt zudem im Sinne einer zu maximierenden Zielfunktion nach einer möglichst großen Überschreitung von $\bar{h}$. Die Zielfunktion hat dann z.B. folgende Struktur ($\tilde{h} < \bar{h}$):

$$z(h(x)) := \begin{cases} \tilde{h}, & \text{für } h(x) < \bar{h} \\ h(x), & \text{für } h(x) \geqq \bar{h}. \end{cases}$$

Bei dieser Zielfunktion deutet ein optimaler Wert in Höhe von $\tilde{h}$ an, daß mit keiner Alternative das vom Entscheidungsträger vorgegebene Anspruchsniveau $\bar{h}$ erreichbar ist. Für $z^* \geqq \bar{h}$ existiert mindestens eine Alternative, die den Entscheidungsträger im Sinne des Satisfizierungszieles zufrieden stellt. Bei $z^* = \bar{h}$ erreicht der Entscheidungsträger genau das Anspruchsniveau, eine Überschreitung von $\bar{h}$ ist jedoch ausgeschlossen.

Werden dagegen alle Alternativen, die das Anspruchsniveau $\bar{h} \in \mathbb{R}$ nicht erreichen, als unzulässig angesehen und diejenigen Alternativen, für die $h(x) \geqq \bar{h}$ gilt, als zulässig mit zu maximierender Zielfunktion $z(x) = h(x)$ betrachtet, dann kann ein Satisfizierungsziel als Maximierungsziel bei möglicherweise zielbedingter Einschränkung der Alternativenmenge aufgefaßt werden. Die optimale Lösungsmenge lautet:

$$X^*_{sat} := \left\{ x^* \in X \,\middle|\, h(x^*) \geqq \bar{h}, \text{ es existiert kein } x' \in X \text{ mit } z(x') > z(x^*) \right\}.$$

[9] Vgl. u.a. DINKELBACH 1982, S. 211ff.

Der „Umweg“ über H würde bei dieser Interpretation lediglich eine eventuelle Einschränkung der Alternativenmenge implizieren. Ähnlich wie bei den Fixierungszielen kann auch bei den Satisfizierungszielen der Fall eintreten, daß bei einem zu großen Wert von $\bar{h}$ die optimale Lösungsmenge X^*_{sat} leer ist; dann ist das vom Entscheidungsträger angestrebte Ziel nicht zu verwirklichen.

Abschließend sind in diesem Zusammenhang die *Approximierungsziele* erneut aufzugreifen, bei denen das Ziel darin besteht, einen vom Entscheidungsträger vorgegebenen Wert $\bar{h} \in \mathbb{R}$ einer reellwertigen Zielvariablen möglichst nahe (approximativ) zu erreichen. Der Grad der Zielerreichung wird durch die Abweichung der Zielvariablen $h(x)$ von $\bar{h}$ erfaßt, wobei die Abweichung durch eine ***Abstandsfunktion*** (Distanzfunktion) d gemessen wird.[10] Das zu lösende Entscheidungsmodell lautet für ein Approximierungsziel

$$\min \left\{ d(\bar{h}, h(x)) \,\middle|\, x \in X \right\}.$$

Eine genaue Spezifizierung der Funktion d ist vom Entscheidungsträger vorzunehmen. Inwieweit das Ziel $\bar{h}$ erreicht werden kann, hängt von den Nebenbedingungen ab; wird es mit $x^* \in X$ genau erreicht, dann gilt: $d(\bar{h}, h(x^*)) = 0$.

Beispiel 1.16 Wenn – wie in Beispiel 1.12a, S. 18, angedeutet – die Firma DERB & Co. ihre Zielvorstellung derart modifiziert, daß möglichst genau der Auftragsbestand von dem verderblichen Erzeugnis hergestellt werden soll und eventuelle Abweichungen nach „oben“ bzw. „unten“ durch den euklidischen Abstand gemessen werden, dann resultiert folgendes im Vergleich zu ($DEM_{1.15}$) veränderte Entscheidungsmodell:

[10] Eine Funktion d $\left(d : \mathbb{R}^N \times \mathbb{R}^N \longrightarrow \mathbb{R}_+, \begin{pmatrix} \mathbf{x} \\ \mathbf{y} \end{pmatrix} \longmapsto d(\mathbf{x}, \mathbf{y})\right)$ heißt Abstands- oder Distanzfunktion, wenn für $\mathbf{x}, \mathbf{y}, \mathbf{z} \in \mathbb{R}^N$ gilt:

$$\begin{array}{llcl} (1) & d(\mathbf{x},\mathbf{y}) & = & 0 \text{ genau dann, wenn } \mathbf{x} = \mathbf{y}, \\ (2) & d(\mathbf{x},\mathbf{y}) & = & d(\mathbf{y},\mathbf{x}), \\ (3) & d(\mathbf{x},\mathbf{z}) & \leqq & d(\mathbf{x},\mathbf{y}) + d(\mathbf{y},\mathbf{z}). \end{array}$$

($DEM_{1.16}$)	$\max\{d(\bar{x}, x) \mid x \in X_{1.15}\}$
mit	$d(\bar{x}, x) := (\bar{x} - x)^2$

Nur wenn mindestens eine Alternative existiert, die zu einem Abstand von null führt, läßt sich eine mit $\bar{x}$ übereinstimmende Produktquantität herstellen; anderenfalls erweist sich die Alternative mit der geringsten Abweichung als optimal. ◇

Wie die Ausführungen zeigen, gibt es für einen Entscheidungsträger unterschiedliche Möglichkeiten, einen erstrebenswerten zukünftigen Zustand zu definieren. Dabei bringt die „Höhe" der Zielfunktions- bzw. Zielvariablenwerte die Vorteilhaftigkeit einer Alternative zum Ausdruck, so daß die eingeführten Ziele (Extremierungs-, Fixierungs-, Satisfizierungs- und Approximierungsziele) *Höhenpräferenzen* eines Entscheidungsträgers zum Ausdruck bringen. Diese sind u.a. von den sogenannten *Artenpräferenzen* zu unterscheiden, die bei Entscheidungssituationen, in denen mehrere Ziele simultan verfolgt werden, angeben, wie ein Entscheidungsträger die Ziele im Verhältnis zueinander, d.h. die relative Vorteilhaftigkeit, bewertet.[11] Beim Goal Programming, einem Ansatz zur Lösung derartiger Entscheidungsprobleme, spielen auch Satisfizierungs- und Approximierungsziele eine zentrale Rolle (vgl. Abschnitt 2.3.3).

1.4.2 Nutzenfunktionen

Bisher wurden Entscheidungsmodelle in erster Linie ausgehend vom eigentlichen Entscheidungsproblem und weniger unter Einbezug spezieller subjektiver Nutzenvorstellungen eines konkreten Entscheidungsträgers hergeleitet. Letzteres gilt insbesondere für die prototyphaft unterstellten Zielfunktionen. Die Frage ist, ob sich ein bestimmter Entscheidungsträger mit der jeweils vorgegebenen Zielfunktion identifiziert oder nicht. Es bleibt dem Entscheidungsträger unbenommen, die Werte einer Zielfunktion durch subjektive Nutzeneinheiten zu bewerten bzw. die Zielfunktion z in eine *Nutzenfunktion* (Wertfunktion) u zu transformieren

[11] Vgl. u.a. BAMBERG/COENENBERG 1994, S. 27; SIEBEN/SCHILDBACH 1994, S. 25f.

($u : Z \to U \subset \mathbb{R}$, $z(x) \mapsto u(z(x))$). Ein mögliches Motiv zur Einführung einer Nutzenfunktion ist in diesem Zusammenhang die Existenz eines Sättigungseffektes: Je höher die Zielfunktionswerte, umso weniger Nutzen stiftet die jeweils „letzte Einheit" (abnehmender Grenznutzen). Bei einer nichtnegativen Zielfunktion hat beispielsweise die Funktion $u(z(x)) = a\sqrt{z(x)}$ mit $a \in \mathbb{R}_{++}$ eine dämpfende Wirkung, während die Funktion $u(z(x)) = a - b\exp(-c\,z(x))$ mit $a \in \mathbb{R}$ und $b, c \in \mathbb{R}_{++}$ zusätzlich durch die Sättigungsgrenze a gekennzeichnet ist.[12] Der Entscheidungsfindungsprozeß verläuft für den geschilderten Fall von X über Z und U zum OPTIMIZER (vgl. Abb. 1.7).

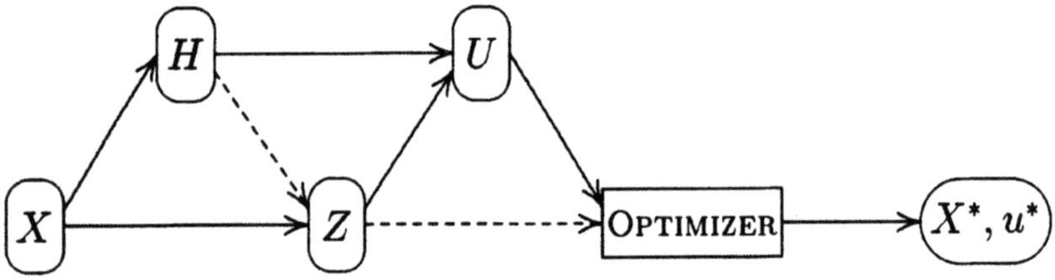

Abbildung 1.7: Entscheidungsfindungsprozeß mit Nutzenfunktionen

Eine Nutzenfunktion ist auch dann gefragt, wenn auf der Menge H der Zielvariablen (Attribute) unmittelbar keine Zielfunktion anhand des Entscheidungsproblems erkennbar ist. Dies gilt insbesondere beim Kauf von Gütern, die nur subjektiv und dann noch oft mit großen Schwierigkeiten in eine Reihung zu bringen sind, obwohl vielfach von dem „schönsten" bzw. „besten" Etwas, über das entschieden werden kann, soll oder muß, die Rede ist. Hier wäre die Kenntnis einer Nutzenfunktion hilfreich. Kann der Entscheidungsträger unmittelbar eine zu maximierende Nutzenfunktion vorlegen, bleibt das technische Problem des OPTIMIZERS, eine optimale Lösung zu finden. Sieht sich der Entscheidungsträger hierzu nicht in der Lage, muß er wenigstens, um überhaupt zu einer Lösung des Entscheidungsproblems zu gelangen, eine binäre – reflexive, transitive und vollständige – Präferenzrelation $\succeq$ auf der Menge H der Zielva-

[12]Zur empirischen Bestimmung von Nutzenfunktionen im Sinne von Wertfunktionen vgl. u.a. EISENFÜHR/WEBER 1993, S. 99ff.

riablen formulieren können.[13] Dann nämlich läßt sich unter bestimmten Voraussetzungen beweisen – was nur bei endlicher Alternativenmenge trivial ist –, daß eine reellwertige *Nutzenfunktion* (Wertfunktion) u ($u : H \to U \subset \mathbb{R}$, $h(x) \mapsto u(h(x))$) existiert mit folgender Eigenschaft für beliebige $x', x'' \in X$:[14]

$$h(x') \succeq h(x'') \Longleftrightarrow u(h(x')) \geqq u(h(x'')).$$

Mit Hilfe der Nutzenfunktion u, die infolge ihres ordinalen Charakters beliebigen positiv-monotonen Transformationen unterworfen werden kann, ist es möglich, die bezüglich eines Maximierungszieles optimalen Lösungen zu definieren sowie auch zu berechnen. Der Lösungsfindungsprozeß verläuft von X über H und U zum OPTIMIZER (vgl. Abb. 1.7). Wegen der unterstellten schwachen Präferenzrelation sind Mehrfachlösungen möglich.

Beispiel 1.17 Imke liebt schicke Kombis eines hier nicht genannten Automobil-Herstellers. Beim Neukauf hat sie eigentlich nur ein Problem: Für welche der drei Karosseriefarben (Karibikblau, Smaragdgrün, Royalblau) soll sie sich in Verbindung mit zwei Polsterfarben (Blau, Grau) entscheiden? Es sind sechs Farbkombinationen möglich, so daß die Alternativenmenge $X_{1.17}$ aus

[13] Es sei M eine beliebige nichtleere Menge.

1. Eine binäre (zweistellige) Relation R über M ist eine Teilmenge von $M \times M$. Schreibweise: $(x, y) \in R$ oder $xRy \quad (x, y \in M)$.
2. Eine binäre Relation über M heißt genau dann
   a) reflexiv, wenn xRx gilt $\quad (x \in M)$,
   b) transitiv, wenn aus xRy und yRz folgt $xRz \quad (x, y, z \in M)$,
   c) vollständig (konnex), wenn xRy oder yRx gilt $\quad (x, y \in M)$.
3. Eine binäre Relation R über M heißt Präferenzrelation, wenn R reflexiv, transitiv und vollständig ist.
   Schreibweise: $x \succeq y$, wenn $xRy \quad (x, y \in M)$.
   $x \succeq y$ bedeutet, daß y nicht x vorgezogen wird, d.h., es wird x entweder y vorgezogen oder x und y werden als äquivalent betrachtet.

[14] Vgl. u.a. DEBREU 1954; FISHBURN 1970, S. 26ff.; RAUHUT/SCHMITZ/ZACHOW 1979, S. 37ff.

den sechs Alternativen $\mathrm{ALT}_1, \ldots, \mathrm{ALT}_6$ besteht, die hier zugleich als Zielvariablen (Attribute) angesehen werden sollen. Imke sieht sich – gegebenenfalls nach Umnumerierung – in der Lage, die folgende Präferenzrelation auf der Alternativenmenge $X_{1.17}$ formulieren zu können:

$$\mathrm{ALT}_6 \succeq \mathrm{ALT}_5 \succeq \mathrm{ALT}_4 \succeq \mathrm{ALT}_3 \succeq \mathrm{ALT}_2 \succeq \mathrm{ALT}_1.$$

Weiterhin möchte sie die genannte Präferenzrelation durch eine reellwertige Nutzenfunktion u genauer präzisieren. Eine derartige Nutzenfunktion ist in dem Entscheidungsmodell ($\mathrm{EM}_{1.17}$) beispielhaft formuliert:

($\mathrm{EM}_{1.17}$)	$\max \{u(x) \mid x \in X_{1.17}\}$	
mit	$u(\mathrm{ALT}_1) = 3$	$u(\mathrm{ALT}_2) = 6$
	$u(\mathrm{ALT}_3) = 6$	$u(\mathrm{ALT}_4) = 7$
	$u(\mathrm{ALT}_5) = 9$	$u(\mathrm{ALT}_6) = 9$
	$X_{1.17} = \{\mathrm{ALT}_1, \ldots, \mathrm{ALT}_6\}$	

Die angegebene Nutzenfunktion erfüllt die Bedingung

$$\mathrm{ALT}_m \succeq \mathrm{ALT}_n \Longleftrightarrow u(\mathrm{ALT}_m) \geqq u(\mathrm{ALT}_n)$$

für $m > n$ $(m, n \in \{1, \ldots, 6\})$. Die Menge der nutzenmaximalen Alternativen lautet:

$$\begin{aligned} X^* &= \{x^* \in X_{1.17} \mid x^* \in \operatorname{argmax} \{u(x) \mid x \in X_{1.17}\}\} \\ &= \{\mathrm{ALT}_5, ALT_6\}. \end{aligned}$$

Die formulierte Präferenzrelation führt zusammen mit der präzisierenden Nutzenfunktion nicht zu einer eindeutigen optimalen Lösung. Imke muß weitere Präferenzvorstellungen in die Analyse einbringen. ◇

Das obige Beispiel demonstriert, daß offensichtlich zum einen jede positiv-monotone Transformation der angegebenen Nutzenfunktion zum selben Ergebnis führt und daß zum anderen die Funktion u „lediglich als eine ordinal messende Nutzenfunktion sicherer Ergebnisse angesehen werden" kann.[15]

[15] DYCKHOFF 1993, S. 146; vgl. auch KÜRSTEN 1992.

2. Vektorielle Entscheidungsmodelle

2.1 Problemstellung

Im Unterschied zu den bisher betrachteten skalaren (deterministischen) Entscheidungsmodellen, in denen ein Entscheidungsträger im Hinblick auf ein bestimmtes Ziel nach einer optimalen Alternative sucht, zeichnen sich viele Entscheidungssituationen durch die simultane Verfolgung mehrerer Ziele aus. Will ein Entscheidungsträger eine Entscheidung auf der Basis unterschiedlicher Ziele treffen, so muß er häufig feststellen, daß er keine Alternative findet, die alle Ziele gleichzeitig in jeweils bestmöglichem Ausmaß erfüllt. Es lassen sich zwar in der Regel Lösungen finden, die jeweils in Hinblick auf nur eines der Ziele optimal sind, jedoch erweisen sich diese Alternativen häufig bei Zugrundelegung anderer Zielsetzungen bezüglich des zunächst ins Auge gefaßten Zieles nicht mehr als optimal. In diesen Situationen liegt ein Zielkonflikt vor, der Gegenstand der Darstellung und Analyse von vektoriellen Entscheidungsmodellen ist.

Beispiel 2.1 Katja überlegt, im kommenden Sommersemester mit ihrem Fahrrad oder mit dem Bus zur Uni zu fahren. Bei Benutzung des Fahrrades stehen ihr ein direkter Weg durch den Wald, ein asphaltierter Radweg und ein geschotteter Weg zur Verfügung.

Wählt Katja den direkten Weg durch den Wald (ALT_1), benötigt sie eine Fahrzeit von 15 Minuten; dieser Weg ist allerdings aufgrund der zu überwindenden Steigung körperlich recht anstrengend. – Über einen asphaltierten Radweg (ALT_2) benötigt sie wegen des damit verbundenen Umweges eine Gesamtfahrzeit von 25 Minuten; allerdings ist dieser Weg ohne nennenswerte Höhenunterschiede und damit als bequem anzusehen. – Der weiterhin zur Auswahl stehende Schotterweg (ALT_3) benötigt gegenüber ALT_1 eine um 5 Minuten längere Fahrzeit; er ist nicht so bequem wie der asphaltierte Weg (ALT_2), aber bequemer als der Waldweg (ALT_1). – Mit der Bequemlichkeit von ALT_3 vergleichbar ist die Fahrt mit dem Bus (ALT_4), bei der neben der reinen Fahrzeit von 10 Minuten zweimal ein Fußweg von 6 Minuten zu berücksichtigen ist. Somit stehen Katja folgende vier Alternativen zur Auswahl:

$$X_{2.1} = \{ALT_1, ALT_2, ALT_3, ALT_4\}.$$

Katja, die sowohl möglichst schnell (zu minimierendes Ziel I) als auch möglichst bequem (zu maximierendes Ziel II) die Universität erreichen möchte, kann beide Zielsetzungen nicht gleichzeitig in ihren jeweils individuell minimalen bzw. maximalen Ausprägungen mit einer einzigen Alternative verwirklichen. Die Alternative ALT_1 mit der kürzesten Fahrzeit ist körperlich anstrengend; die bequemste Alternative ALT_2 ist zugleich die mit der längsten Fahrzeit. ◇

Entscheidungsprobleme mit mehreren Zielen werden formal in *vektoriellen Entscheidungsmodellen* abgebildet. Wie in Abschnitt 1.4.1 gezeigt, lassen sich die unterschiedlichen Höhenpräferenzen – u.U. unter Einbezug von Zielvariablen – in Extremierungsziele transformieren, so daß in einem Entscheidungsmodell die K Ziele als auf X definierte, zu maximierende Zielfunktionen in einem Zielfunktionsvektor $\mathbf{z}$ ($\mathbf{z} : X \to \mathbb{R}^K, x \mapsto \mathbf{z}(x)$) zusammengefaßt werden können. Damit ergibt sich folgendes vektorielle Entscheidungsmodell :

(VEM)	$max\{\mathbf{z}(x) \mid x \in X\}$
mit	$\mathbf{z}(x) = (z_1(x), \ldots, z_K(x))^T$

Dieses Entscheidungsmodell läßt sich jedoch nicht direkt mit Hilfe eines OPTIMIZERs lösen, denn es fehlen Informationen, wie die mit einer Alternative verbundenen, in der Regel unterschiedlichen Zielfunktionswerte im Verhältnis zueinander zu bewerten sind.

Häufig erweist es sich als sinnvoll, bestimmte Ziele in Nebenbedingungen zu erfassen, sofern Ober- und/oder Untergrenzen für entsprechende Zielfunktionswerte nicht über- und/oder unterschritten werden sollen. Diese zielbedingten Restriktionen definieren in einem *multikriteriellen Entscheidungsmodell* die Menge X^Z. In diesem Entscheidungsmodell werden daher die verbleibenden Zielfunktionen über der Schnittmenge aus X und X^Z maximiert:

(MEM)	$max\{\mathbf{z}(x) \mid x \in X \cap X^Z\}$

Beispiel 2.2 Die LEIM KG stellt diverse Klebstoffe her und plant das Produktionsprogramm der kommenden Periode. Als X wird die Menge aller möglichen Produktmengenkombinationen $\mathbf{x}$ bezeichnet ($\mathbf{x} \in X \subset \mathbf{R}_+^N$). Die Firmenleitung strebt neben der Maximierung des erwirtschaftbaren Gesamtdeckungsbeitrages $z_1(\mathbf{x})$ auch die Maximierung der Absatzmenge des neuen Kontaktklebers „Kontakto“ $z_2(\mathbf{x})$ an, der bereits die zu erwartenden umweltgesetzlichen Auflagen erfüllt. Bei ihren Planungsüberlegungen geht die Unternehmensleitung der LEIM KG von folgendem vektoriellen Entscheidungsmodell mit zwei zu maximierenden Zielfunktionen aus:

($VEM_{2.2}$)	*max*	$\left\{ \begin{pmatrix} z_1(\mathbf{x}) \\ z_2(\mathbf{x}) \end{pmatrix} \middle| \mathbf{x} \in X \right\}$

Die Entscheidungssituation ändert sich in bezug auf die Zielsetzungen der LEIM KG durch eine Mitteilung der Marketingabteilung. Nach einer in Auftrag gegebenen Studie setzt eine erfolgreiche Produkteinführung von „Kontakto“ einen Mindestumsatz von $\overline{z}_2$ ME voraus. Mit dieser Information läßt sich folgendes multikriterielle Entscheidungsmodell ($MEM_{2.2}$) mit einer zu maximierenden Zielfunktion z_1 und einem in der Menge X^Z integrierten Satisfizierungsziel z_2 formulieren:

($MEM_{2.2}$)	$\max \left\{ z_1(\mathbf{x}) \middle| \mathbf{x} \in X \cap X^Z \right\}$
mit	$X^Z = \left\{ \mathbf{x} \in X \middle| z_2(\mathbf{x}) \geqq \overline{z}_2 \right\}$

Für das multikriterielle Entscheidungsmodell ($MEM_{2.2}$) ist hier eine optimale Lösung eindeutig definiert. Dagegen können bei dem Versuch, das vektorielle Entscheidungsmodell ($VEM_{2.2}$) zu lösen, gegebenenfalls Konflikte zwischen den zwei Zielfunktionen zu Tage treten. ◇

Zielkonflikte, die dadurch entstehen, daß zwar $X \neq \emptyset$ und $X^Z \neq \emptyset$, jedoch $X \cap X^Z = \emptyset$ gilt, werden u.a. beim Goal Programming analysiert (vgl. Abschnitt 2.3.3). Die folgenden Ausführungen konzentrieren sich jedoch zunächst auf Zielkonflikte, die in einem vektoriellen Entscheidungsmodell durch die unterschiedlichen zu maximierenden Ziele verursacht werden.

In vektoriellen Entscheidungsmodellen erweist sich häufig der Vergleich von Alternativen als problematisch. Kann der Entscheidungsträger im skalaren Entscheidungsmodell genau angeben, ob er eine Alternative x' gegenüber x'' präferiert, läßt sich dies auf vektorielle Entscheidungsmodelle im allgemeinen nicht übertragen ($x', x'' \in X$). Führt die Alternative x' im Vergleich mit x'' in bezug auf eine bestimmte Zielsetzung zu einem besseren Ergebnis, jedoch bezüglich eines anderen Zieles zu einem schlechteren Resultat, kann zunächst keine Aussage über die Vorteilhaftigkeit dieser Alternativen getroffen werden.

Um dem Entscheidungsträger einen Überblick über die Menge der möglichen (zulässigen) Zielfunktionswerte zu geben, werden diese in einen *Zielraum* (Zielmenge) Z abgebildet:

$$Z := \left\{ \mathbf{z}(x) \in \mathbb{R}^K \;\middle|\; x \in X \right\}.$$

Analog zu skalaren Entscheidungsmodellen lassen sich zunächst die optimalen Lösungen bestimmen, wenn der Entscheidungsträger ausschließlich das k-te Ziel verfolgt ($k = 1, \ldots, K$). Diese Mengen der *individuell optimalen Lösungen* $X_k^{\circledast}$ sind somit wie folgt definiert:

$$X_k^{\circledast} := \left\{ x_k^{\circledast} \in X \;\middle|\; x_k^{\circledast} \in \operatorname{argmax} \{ z_k(x) \,|\, x \in X \} \right\}.$$

Die daraus resultierenden, individuell optimalen Zielfunktionswerte $z_k^{\circledast}$ definieren den *Idealzielpunkt* $\mathbf{z}^{\circledast}$:

$$\mathbf{z}^{\circledast} := (z_1^{\circledast}, \ldots, z_K^{\circledast})^T, \qquad \text{wobei } z_k^{\circledast} := z_k(x_k^{\circledast}) \quad \text{für } k = 1, \ldots, K.$$

Der Idealzielpunkt stellt für den Entscheidungsträger einen Referenzpunkt dar, der angibt, welche Zielfunktionswerte jeweils individuell erreichbar wären, wenn ein einzelnes Ziel – unter Vernachlässigung der restlichen Ziele – maximiert wird. Eine zulässige Alternative, die das Erreichen des Idealzielpunktes ermöglicht, wird *perfekte Lösung* genannt. Die Menge der perfekten Alternativen lautet:

$$X_{perf} := \left\{ x_{perf} \in X \;\middle|\; x_{perf} \in \bigcap_{k=1}^{K} X_k^{\circledast} \right\}.$$

In diesem Fall löst der Entscheidungsträger das Entscheidungsproblem, indem er eine Alternative aus der Menge der perfekten Lösungen wählt. Diese einfache Lösungsmöglichkeit eines vektoriellen Entscheidungsproblems stellt eine seltene Ausnahme dar. In der Regel liegt ein *Zielkonflikt* vor, der durch mindestens zwei *konkurrierende Ziele* verursacht wird. Zwei Zielfunktionen $z_{k'}$ und $z_{k''}$ werden als konkurrierend bezeichnet, wenn gilt ($k', k'' \in \{1, \ldots, K\}$):

$$X_{k'}^{\circledast} \cap X_{k''}^{\circledast} = \emptyset.$$

Im Unterschied dazu werden zwei *Ziele komplementär* genannt, wenn die Schnittmenge ihrer individuell optimalen Lösungen nichtleer ist.

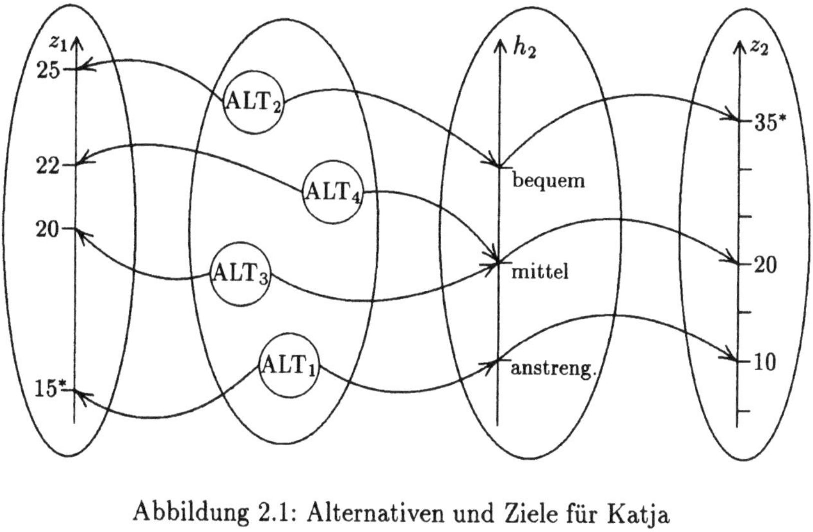

Abbildung 2.1: Alternativen und Ziele für Katja

Beispiel 2.3 Um ihr Fahrtziel möglichst schnell und bequem zu erreichen, stehen Katja (vgl. Beispiel 2.1, S. 33) vier Alternativen zur Auswahl: Der direkte anstrengende Weg (ALT_1), der bequeme Umweg (ALT_2), der Schotterweg (ALT_3) und die Busfahrt (ALT_4). Beim ersten, zu minimierenden Ziel, an der Universität möglichst schnell anzukommen, orientiert sich Katja direkt an der dafür benötigten Zeit. Wie in Abbildung 2.1 dargestellt, bewertet sie die Bequemlichkeit (zu maximierendes Ziel II) gemäß einer Punkteskala mit den (Nutz-)Werten 0, 5, 10, ..., 40.[1] Abbildung 2.2 veranschaulicht graphisch den entsprechenden Zielraum für dieses Beispiel.

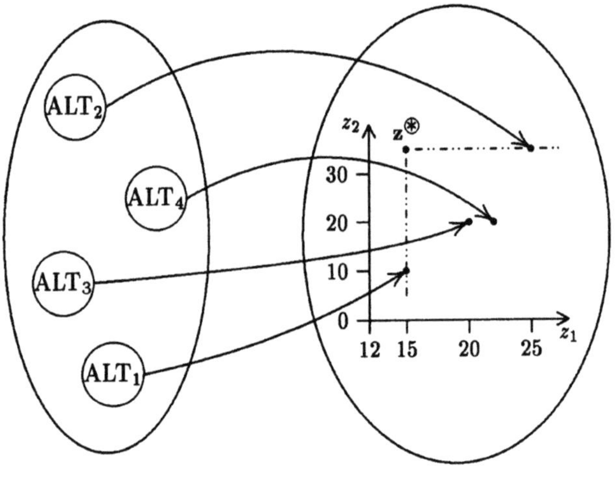

Abbildung 2.2: Zielraum für Katja

Die individuell optimalen Lösungen lauten: $X_1^{\circledast} = \{ALT_1\}$ und $X_2^{\circledast} = \{ALT_2\}$. Da die Schnittmenge dieser Mengen leer ist, existiert keine perfekte Lösung (vgl. den nicht erreichbaren Idealzielpunkt $\mathbf{z}^{\circledast}$ in Abbildung 2.2). Es besteht ein Zielkonflikt; die beiden Ziele konkurrieren miteinander. ◇

2.2 Effizienzbetrachtungen

Bei skalaren Entscheidungsmodellen wird durch die Optimierungsvorschrift die Menge X in zwei disjunkte Teilmengen zerlegt, und zwar in eine Teilmenge X^* der optimalen Lösungen und in eine Teilmenge $X \setminus X^*$

[1] Ob beim zweiten Ziel von einer Ziel- oder Nutzenfunktion ausgegangen wird, ist für die folgenden Analysen irrelevant.

der nicht optimalen Lösungen. Eine ähnliche Zerlegung ist bei vektoriellen Entscheidungsmodellen – allerdings mit einem modifizierten Optimalitätsbegriff – auch möglich. Üblicherweise stellt sich bei einem vektoriellen Entscheidungsmodell mit vorliegendem Zielkonflikt zunächst die Frage, welche Alternativen als Kandidaten für eine – wie auch immer definierte – „optimale“ Lösung nicht in Frage kommen. Hierbei spielen die Begriffe der *Dominanz* und der *Effizienz* eine zentrale Rolle. Alternativen, die von anderen zulässigen Alternativen dominiert werden, können vernachlässigt werden. Eine Alternative $x' \in X$ dominiert eine Alternative $x'' \in X$ $(x' \neq x'')$ bezüglich X und $\mathbf{z}$, wenn gilt:[2]

$$\begin{array}{lcll} z_k(x') & \geqq & z_k(x'') & \text{für alle } k = 1, \ldots, K, \\ z_k(x') & > & z_k(x'') & \text{für mindestens ein } k \in \{1, \ldots, K\}, \end{array}$$

oder in Kurzform, wenn gilt: $\mathbf{z}(x') \geq \mathbf{z}(x'')$.

In bezug auf ein vektorielles Entscheidungsmodell sind diejenigen Alternativen von Interesse, die nicht dominiert werden. Diese Alternativen werden in der Menge X_{eff} der bezüglich X und $\mathbf{z}$ *effizienten Alternativen* erfaßt:

$$X_{eff} := \left\{ x_{eff} \in X \,\middle|\, \text{es existiert kein } x' \in X \text{ mit } \mathbf{z}(x') \geq \mathbf{z}(x_{eff}) \right\}.$$

Eine Alternative x_{eff} heißt somit bezüglich X und $\mathbf{z}$ effizient, wenn es keine andere Alternative x' aus X gibt, die für alle K Zielfunktionen zu keinem schlechteren Zielfunktionswert und die für mindestens eine Zielfunktion zu einem höheren Wert führt. Mit anderen Worten: Für eine effiziente Alternative x_{eff} gilt: Falls eine zulässige Alternative x' existiert, so daß die Werte aller Zielfunktionen von x' nicht kleiner als an der Stelle x_{eff} sind, dann folgt, daß die Zielfunktionswerte von den Punkten x' und x_{eff} übereinstimmen $(\mathbf{z}(x') = \mathbf{z}(x_{eff}))$.

Beispiel 2.4 Die Menge der effizienten Alternativen kann für Katjas Fahrt zur Universität (vgl. Beispiel 2.1, S. 33 und Beispiel 2.3, S. 38) graphisch

[2]Vgl. u.a. CHARNES/COOPER 1961, S. 321; DINKELBACH 1982, S. 159; STEUER 1986, S. 158.

im Zielraum bestimmt werden, indem durch jeden zulässigen Punkt – zu den Achsen parallele – *Zielisoquanten* gezeichnet werden, wobei die Punkte auf einer Zielisoquante in bezug auf das korrespondierende Ziel zum stets gleichen Zielfunktionswert führen. Liegen bei Betrachtung einer Alternative ALT_n ($n \in \{1,2,3,4\}$) links der Zielisoquanten für die zu minimierende Zielfunktion z_1 und oberhalb der Zielisoquanten für die zu maximierende Zielfunktion z_2, d.h. in dem durch die Isoquanten definierten „Dominanzkegel", keine anderen zulässigen Alternativen, dann ist ALT_n bezüglich X und $\mathbf{z} = (-z_1,\, z_2)^T$ effizient.

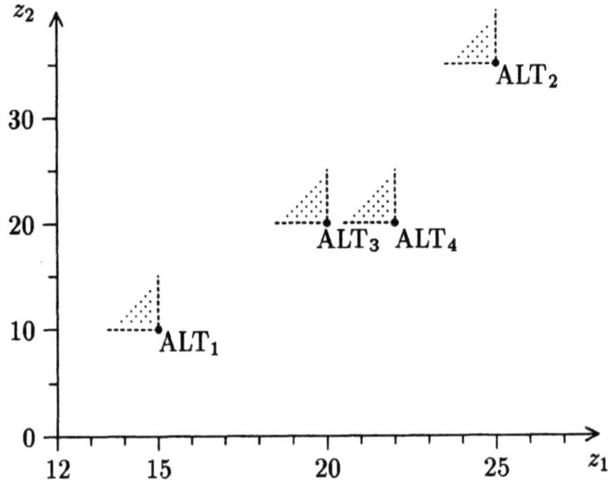

Abbildung 2.3: Effiziente Alternativen für Katja

Aus der Abbildung 2.3 wird deutlich, daß die Alternative ALT_3 die Alternative ALT_4 dominiert, so daß die Menge der bezüglich X und $\mathbf{z}$ effizienten Lösungen lautet: $X_{eff} = \{ALT_1, ALT_2, ALT_3\}$. Eine Fahrt mit dem Bus scheidet für Katja aus, da sie bei Benutzung des Schotterweges die Universität genauso bequem, aber schneller erreicht. ◇

Beispiel 2.5 Max Hammerbach, der Bruder von Norbert Hammerbach, dem Firmenchef des gleichnamigen – bereits vorgestellten – Familienunternehmens (vgl. Beispiel 1.7, S. 8), ist Eigentümer eines selbständigen Einproduktunternehmens, der MAXEL KG, das zur Zeit mit starken Absatzschwierigkeiten zu kämpfen hat. Da die MAXEL KG ein zum Produkt I der Firma Hammerbach notwendiges Vorprodukt herstellt und sie alleiniger Lieferant dieses Vorproduktes ist, fordert Max seinen Bruder auf, ihm zu helfen, indem er den Absatz von Produkt I forciert. Schließlich müsse sich das Familienunternehmen Hammerbach bei einem Konkurs der MAXEL KG einen neuen

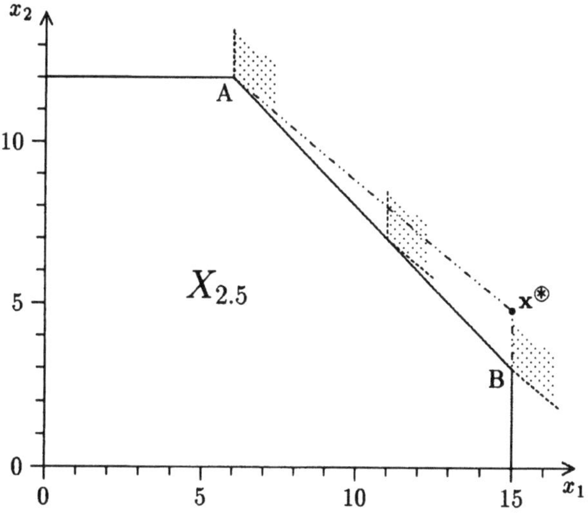

Abbildung 2.4: Effiziente Alternativen für die Firma Hammerbach

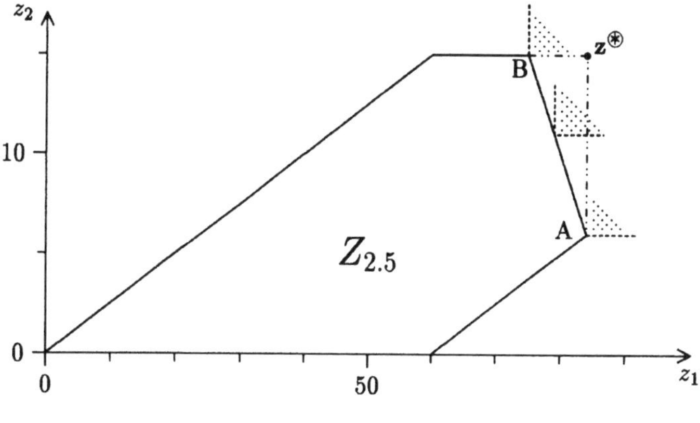

Abbildung 2.5: Effiziente Zielkombinationen für die Firma Hammerbach

Lieferanten suchen, der nicht über das in den letzten Jahren aufgebaute notwendige Know-how verfügt. Norbert Hammberbach überlegt, ob er seinem

Bruder helfen kann, zumal seine Frau eine Kommanditisteneinlage bei ihrem Schwager geleistet hat. Die Firma Hammerbach verfolgt nun die Ziele:

1. Maximierung des Gesamtdeckungsbeitrages $(z_1(\mathbf{x}) = 4x_1 + 5x_2)$
2. Maximierung des Absatzes von Produkt I $(z_2(\mathbf{x}) = x_1)$.

Die Menge der bezüglich dieser beiden Zielsetzungen und der Alternativenmenge

$$X_{2.5} = \left\{ \mathbf{x} \in \mathbb{R}_+^2 \;\middle|\; \begin{array}{ccccc} x_1 & + & x_2 & \leqq & 18 \\ x_1 & & & \leqq & 15 \\ & & x_2 & \leqq & 12 \end{array} \right\} \quad (= X_{1.7})$$

effizienten Alternativen kann der Abbildung 2.4 entnommen werden. In dieser Abbildung verdeutlichen die Zielisoquanten, daß effiziente Alternativen nur auf der Strecke AB liegen können. Analoge Überlegungen gelten für den Zielraum $Z_{2.5}$ in Abbildung 2.5. Die Menge der effizienten Alternativen lautet:

$$X_{eff} = \left\{ \mathbf{x}_{eff} \in X \;\middle|\; \mathbf{x}_{eff} = \lambda \begin{pmatrix} 6 \\ 12 \end{pmatrix} + (1-\lambda) \begin{pmatrix} 15 \\ 3 \end{pmatrix} \quad (\lambda \in [0,1]) \right\}.$$

◇

Einen Anhaltspunkt, ob in einem vektoriellen Entscheidungsmodell eine bezüglich X und $\mathbf{z}$ effiziente Alternative existiert, gibt der folgende Satz:[3]

Satz 2.1
Ist die Alternativenmenge X endlich oder sind die Alternativenmenge $X \subset \mathbb{R}^N$ von (VEM) *nichtleer und kompakt sowie die Zielfunktionen $z_1(\mathbf{x}), \ldots, z_K(\mathbf{x})$ stetig auf X, dann ist die Menge der effizienten Alternativen X_{eff} nichtleer.*

Bei der Analyse von vektoriellen Entscheidungsmodellen können einige effiziente Alternativen direkt angegeben werden. Enthält etwa die Menge der individuell optimalen Lösungen nur ein Element, d.h., ist die Lösung

[3] Vgl. DINKELBACH 1982, S. 172 f.

eindeutig, dann ist diese individuell optimale Lösung auch effizient, denn aufgrund der Eindeutigkeit führt jede andere zulässige Lösung zu einem kleineren Zielfunktionswert in bezug auf das betrachtete Ziel. Wenn eine Menge $X_k^{\circledast}$ mehrere Alternativen beinhaltet (Mehrfachlösungen), so ist mindestens eine dieser Alternativen effizient ($k \in \{1, \ldots, K\}$). Es ist selbstverständlich nicht ausgeschlossen, daß weitere effiziente Alternativen existieren.

Kennt ein Entscheidungsträger eine aus seiner Sicht „interessante" Alternative, so möchte er in der Regel wissen, ob eine Entscheidung für diese Alternative eine rationale Wahl im Sinne der Effizienz darstellt. Das Programm (TEST) bietet für beliebige Alternativenmengen X die Möglichkeit, eine Alternative $x^{\square} \in X$ auf Effizienz zu überprüfen bzw. ausgehend von $x^{\square}$ mindestens eine effiziente Lösung zu ermitteln:

(TEST)	$\max\{z_{test}(x) \mid x \in X_{test}\}$
mit	$z_{test}(x) := \sum_{k=1}^{K} z_k(x)$ $X_{test} := \left\{x \in X \,\middle|\, z_k(x) \geqq z_k(x^{\square}) \quad (k = 1, \ldots, K)\right\}$

Nach der Ermittlung aller optimalen Lösungen für dieses Programm, läßt sich angeben, ob die getestete Alternative $x^{\square}$ effizient ist oder nicht:[4]

Satz 2.2
Eine Alternative $x^{\square} \in X$ ist genau dann effizient bezüglich (VEM), *wenn $x^{\square}$ optimal bezüglich* (TEST) *ist.*

Beispiel 2.6 Bei einem Telefonat mit seinem Bruder Norbert erkundigt sich Max Hammerbach, ob schon entschieden sei, welche Produktionsmengen hergestellt werden sollten (vgl. Beispiel 2.5, S. 40). Norbert erläutert, daß er noch keine Entscheidung getroffen habe, jedoch einige Alternativen, und zwar die Menge der effizienten Produktquantitäten, in die „nähere Auswahl" genommen habe. Max ist zunächst überrascht, weshalb sein Bruder die Herstellung von Produkt II nicht ganz aufgeben will. Er schlägt deshalb vor, sein Bruder

[4]Vgl. u.a. WEBER 1982, S. 60; WENDELL/LEE 1977, S. 407.

solle noch einmal überprüfen, ob die alleinige Herstellung von Produkt I nicht auch eine sinnvolle Wahl sei. Norbert erklärt seinem Bruder Max, daß die Produktion von $x_1 = 15$ und $x_2 = 0$ nicht effizient ist, da bei Herstellung der 15 ME von Produkt I, die maximal möglich sind, noch 3 ME von Produkt II hergestellt werden können und damit der Gesamtdeckungsbeitrag steigt. Der folgende Effizienztest mit $\mathbf{x}^{\square} = (15,\ 0)^T$ bestätigt diese Argumentation.

Das Testprogramm läßt sich durch folgendes lineare Programm beschreiben:

($LP_{2.6}$)	$\max\{z_{test}(\mathbf{x}) \mid x \in X_{test}\}$
mit	$z_{test}(\mathbf{x}) := 5x_1 + 5x_2$ $X_{test} := \left\{ \mathbf{x} \in X_{2.5} \;\middle|\; \begin{array}{lllll} 4x_1 + 5x_2 & \geqq & 60 & = & z_1(15,0) \\ x_1 & \geqq & 15 & = & z_2(15,0) \end{array} \right\}$

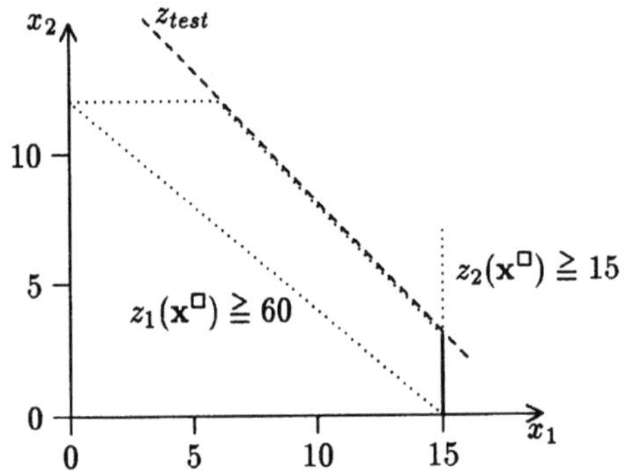

Abbildung 2.6: Effizienztest für die Firma Hammerbach

Abbildung 2.6 zeigt, daß die Alternativenmenge von ($LP_{2.6}$) auf $x_1 = 15$ und $0 \leqq x_2 \leqq 3$ beschränkt ist. Eine Maximierung von z_{test} führt zu folgender optimalen Lösung des Testprogramms: $\mathbf{x}^* = (x_1^*, x_2^*)^T = (15, 3)^T$. Diese Lösung überschreitet mit 75 GE den Gesamtdeckungsbeitrag um 15 GE, der bei unveränderter Quantität von Produkt I mit $\mathbf{x}^{\square}$ erreichbar ist. ◇

2.3 Kompromißmodelle

Mit der Bestimmung aller effizienten Alternativen sind vektorielle Entscheidungsmodelle in der Regel noch nicht gelöst. Abgesehen von den numerischen Problemen, die mit der Ermittlung der Menge effizienter Lösungen verbunden sind, fehlen dem Entscheidungsträger Informationen, welche Alternativen aus seiner Sicht, d.h. gemäß seiner Präferenzen (Artenpräferenzen), eine „optimale“ Entscheidung darstellen könnten. Der Entscheidungsträger muß somit wegen der unzureichenden Vergleichbarkeit der Alternativen aus der Menge X_{eff} bei seiner Entscheidung unterstützt werden.

In der Entscheidungstheorie sind unterschiedliche Verfahren zur Entscheidungshilfe entwickelt worden. Sie lassen sich im wesentlichen in zwei Klassen einteilen.[5] Zu den Verfahren des *Multiattribute Decision Making* (MADM) zählen *multiattributive Bewertungsverfahren* – wie MAUT, AHP oder Nutzwertanalyse –, bei denen mittels aggregierter Präferenzfunktionen (Nutzenfunktionen) die Alternative mit dem höchsten Präferenzwert ermittelt wird und *Prävalenzverfahren* – wie ELECTRE oder PROMETHEE –, bei denen die Bestimmung einer optimalen Lösung auf Präferenzstrukturen basiert, die sich aus einem (expliziten) Vergleich von jeweils zwei Alternativen ergeben. Verfahren aus der Klasse des *Multiobjective Decision Making* (MODM) verzichten auf die explizite Herleitung von Präferenzstrukturen. Die Präferenzen werden implizit für jedes $x \in X$ in einer *Kompromißzielfunktion* ψ erfaßt:

$$\psi : Z \subset \mathbb{R}^K \longrightarrow \Psi \subset \mathbb{R}, \quad \mathbf{z}(x) \longmapsto \psi(\mathbf{z}(x)).$$

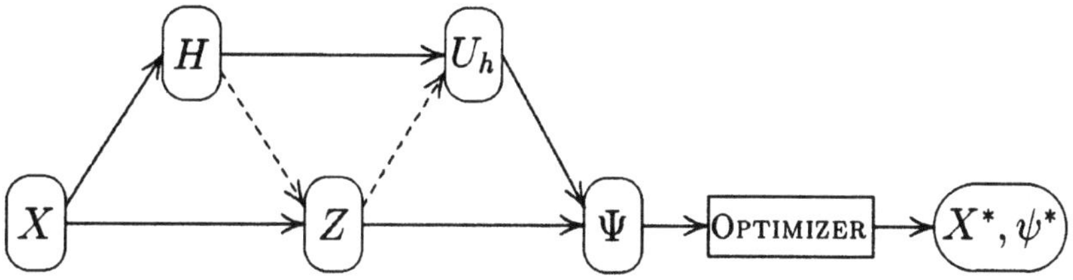

Abbildung 2.7: Entscheidungsfindungsprozeß mit Kompromißmodellen

Den Unterschied zwischen diesen beiden Verfahrensklassen verdeutlicht Abbildung 2.7, die mögliche Entscheidungsfindungsprozesse für ein vek-

[5] Vgl. u.a. DYER et al. 1992; VON NITZSCH 1992. S. 16ff.; SCHNEEWEISS 1991, S. 107ff.; WEBER 1983, S. 84ff.

torielles Entscheidungsproblem beschreibt und sich an die bereits bekannten Abbildungen für skalare Entscheidungsmodelle anlehnt.

Verfahren des MADM, insbesondere multiattributive Bewertungsverfahren, weisen den Alternativen jeweils K *Attribute* (Zielvariablen) zu, die jeweils mit einer Nutzenfunktion bewertet werden. Die Aggregation dieser K Einzelpräferenzfunktionen erfolgt mit Hilfe gewichteter additiver, multiplikativer oder multilinearer Modelle ($X \to H \to U_h \to \Psi \to X^*$). Im Unterschied dazu werden bei den Verfahren des MODM Zielvariablen - nur soweit notwendig - zur Lösung des Entscheidungsproblems herangezogen. Die Präferenzen des Entscheidungsträgers gehen direkt in eine Kompromißzielfunktion ψ ein, so daß für diese Verfahren der Entscheidungsfindungsprozeß von X über Z und Ψ nach X^* verläuft. Da viele Verfahren des MADM insbesondere für Entscheidungsprobleme mit einer endlichen Anzahl von Alternativen entwickelt wurden und hier auch vektorielle Entscheidungsmodelle mit reellwertigen Entscheidungsvariablen analysiert werden, konzentrieren sich die folgenden Untersuchungen auf Verfahren aus der Klasse des MODM.

In einem *Kompromißmodell* (KM) werden die Präferenzen nicht nur in der Kompromißzielfunktion ψ, sondern möglicherweise auch in zusätzlichen Nebenbedingungen X^{KM} berücksichtigt. Diese enthalten z.B. Unter- bzw. Obergrenzen ($\overline{z}_{k'}$ bzw. $\overline{\overline{z}}_{k''}$) für einzelne Zielfunktionen ($k', k'' \in \{1, \ldots, K\}$) :

(KM)	$\max \left\{ \psi(\mathbf{z}(x)) \,\middle|\, x \in X \cap X^{KM} \right\}$

Für ein vektorielles Entscheidungsmodell mit den beiden zu maximierenden Zielfunktionen z_1 und z_3 und der zu minimierenden Zielfunktion z_2 könnte beispielhaft ein Kompromißmodell folgendes Aussehen haben:

$$\max \left\{ \psi(z_1(x), z_3(x)) \,\middle|\, x \in X \cap X^{KM} \right\}$$

mit

$$X^{KM} = \left\{ x \in X \,\middle|\, \begin{array}{rcl} z_2(x) & \leqq & \overline{\overline{z}}_2 \\ z_3(x) & \geqq & \overline{z}_3 \end{array} \right\}.$$

z_1 kommt nur in der Kompromißzielfunktion, z_2 nur als Nebenbedingung vor, während für z_3 beides gilt.

Da Kompromißmodelle häufig eingesetzt werden, um die aufwendige Ermittlung aller effizienten Alternativen zu vermeiden, sollte die Menge der kompromißoptimalen Lösungen mindestens eine effiziente Alternative enthalten. Würde gegen diese Anforderung verstoßen, wäre das Kompromißmodell nur bedingt zur Lösung eines Zielkonfliktes geeignet, denn die ermittelten Lösungen müßten stets auf Effizienz überprüft werden. Nach der folgenden kurzen Charakterisierung einiger Kompromißmodelle[6] werden drei ausgewählte, verbreitete Modellformulierungen ausführlich vorgestellt.

- Bei der *Zieldominanz* (Zielunterdrückung) maximiert der Entscheidungsträger die Zielfunktion, die für ihn die größte Bedeutung hat; die restlichen werden vernachlässigt.
- Die *Zieldominanz unter Berücksichtigung unterer Schranken* unterscheidet sich vom erstgenannten Kompromißmodell durch die Einbeziehung von Untergrenzen für die restlichen $(K-1)$ Ziele (Constraint Programming).
- Bei *Kompromißmodellen auf der Grundlage einer lexikographischen Ordnung* werden die Ziele nach ihrer Bedeutung (subjektiven Wichtigkeit) sortiert und zunächst wie bei der Zieldominanz für die wichtigste Zielsetzung die Menge der individuell optimalen Lösungen bestimmt. Falls diese nicht einelementig ist, wird auf dieser Menge die zweitwichtigste Zielfunktion optimiert usw.
- Bei der *Zielgewichtung* setzt sich die Kompromißzielfunktion aus einer gewichteten Summe der K Zielfunktionen zusammen.
- *Kompromißmodelle auf der Grundlage von Abstandsfunktionen* minimieren einen gewichteten Abstand zum Idealzielpunkt. Dieser

[6] Vgl. u.a. COHON 1978; HWANG/MASUD 1979; IGNIZIO 1976; IJIRI 1965; ISERMANN 1979; LEE 1972; WENGLER 1989.

Abstand wird im allgemeinen durch unterschiedliche L_p-Normen definiert ($1 \leqq p \leqq \infty$).

- *Kompromißmodelle auf der Grundlage von Skalarisierungsfunktionen* suchen nach effizienten Lösungen auf der Basis eines vom Entscheidungsträger definierten Referenzpunktes und Abstandsmaßes.
- *Kompromißmodelle auf der Grundlage spieltheoretischer Verhandlungslösungen* übertragen insbesondere Lösungskonzepte der kooperativen Spieltheorie (NASH-Lösung, KALAI/SMORODINSKY-Lösung usw.) auf vektorielle Entscheidungsprobleme.
- Das *Goal Programming* minimiert die gewichtete Differenz zu den vom Entscheidungsträger vorgegebenen Anspruchsniveaus auf der Menge der zulässigen Lösungen.

Abschließend noch eine kurze Anmerkung zu den sogenannten *interaktiven Verfahren*, die ebenfalls der Lösung von vektoriellen Entscheidungsmodellen dienen. Bei dieser Verfahrensklasse spezifiziert ein Entscheidungsträger – je nach Art des Verfahrens – bestimmte Präferenzangaben (Parameter) eines Kompromißmodells. Auf Basis dieser Daten ermittelt der OPTIMIZER ein oder mehrere Kompromißvorschläge. Soweit der Entscheidungsträger das Verfahren nicht abbricht, werden in einer jeweils nächsten Iteration durch modifizierte Präferenzangaben weitere Kompromißvorschläge generiert.[7]

2.3.1 Zielgewichtungsmodell

Das *Zielgewichtungsmodell* ist eines der bekanntesten Kompromißmodelle zur Lösung von Zielkonflikten. Der Entscheidungsträger muß bei diesem Modell positive *Zielgewichte* t_k angeben, die die Präferenzen des Entscheidungsträgers widerspiegeln ($k = 1, \ldots, K$). Im Kompromißmodell (KM_{ZG}) werden diese Zielgewichte mit den Zielfunktionen multipliziert und dann addiert:

[7] Vgl. u.a. MÜSCHENBORN 1990, S. 63ff.

(KM_{ZG})	$\max\{\psi(\mathbf{z}(x))\,\vert\, x \in X\}$
mit	$\psi(\mathbf{z}(x)) := \sum_{k=1}^{K} t_k\, z_k(x)$
wobei	$t_k > 0 \quad (k = 1, \ldots, K)$ $\sum_{k=1}^{K} t_k = 1$

Die Zielgewichte t_k entsprechen inhaltlich Austauschraten (Grenzraten der Substitution) zwischen den K Zielsetzungen, die ein Entscheidungsträger in der Regel nicht exakt spezifizieren kann und die – wenn überhaupt – nur in bestimmten Grenzen gültig sind. Um dem Entscheidungsträger die Angabe von Zielgewichten zu erleichtern, kann zunächst eine Skalierung der Zielfunktionen sinnvoll sein.[8] Die im Kompromißmodell (KM_{ZG}) vorgenommene Normierung der Zielgewichte stellt keine Einschränkung dar, denn die Zielgewichte können ohne Einfluß auf die Menge der kompromißoptimalen Lösungen auf 1 normiert werden, indem die einzelnen Gewichte durch die Summe aller Gewichte dividiert werden.

Trotz der angesprochenen Probleme bei der Festlegung von Zielgewichten ist das Kompromißmodell (KM_{ZG}) für den Entscheidungsträger eine sinnvolle Entscheidungshilfe, denn die Menge der kompromißoptimalen Lösungen von (KM_{ZG}) enthält, ohne daß spezielle Voraussetzungen an die Alternativenmenge zu stellen sind, ausschließlich effiziente Alternativen, an denen der Entscheidungsträger insbesondere interessiert ist.[9]

Satz 2.3
Ist x_{eff} eine optimale Lösung von (KM_{ZG}), dann ist x_{eff} effizient bezüglich (VEM).

Um dem Entscheidungsträger einen Eindruck zu vermitteln, welchen Einfluß veränderte Zielgewichte auf die Menge der kompromißoptimalen

[8] vgl. STEUER 1986, S. 200ff., z.B. über Bandbreiten oder geeignete 10er Potenzen.
[9] Vgl. u.a. KUHN/TUCKER 1951, S. 488.

Lösungen haben, bietet sich eine parametrische Analyse des Entscheidungsproblems an. Dazu muß ein parametrisches Programm gelöst werden, das für mehrere Zielgewichte Untergrenzen und Obergrenzen berücksichtigen sollte. Dabei ist zu beachten, daß der Lösungsaufwand für dieses parametrische Kompromißmodell mit wachsender Anzahl der Parameter erheblich steigt.

Die in Satz 2.3 formulierte Implikation deutet bereits auf ein weiteres Problem des Zielgewichtungsmodells hin, denn möglicherweise kann mit dem Modell (KM_{ZG}) nicht jede bezüglich (VEM) effiziente Lösung gefunden werden. Die mit dem Zielgewichtungsmodell bestimmbare Teilmenge der effizienten Lösungen wird Menge der bezüglich (VEM) *wesentlich effizienten Lösungen* $X_{w\text{-}eff}$ genannt. Hierbei kann $X_{w\text{-}eff}$ eine echte Teilmenge von X_{eff} sein. Dieser Effekt kann jedoch nur auftreten, wenn die Alternativenmenge X nicht konvex ist.

Beispiel 2.7 Katja (vgl. Beispiel 2.1, S. 33, und Beispiel 2.4, S. 39) hält die zweite Zielsetzung, möglichst bequem die Universität zu erreichen, für doppelt

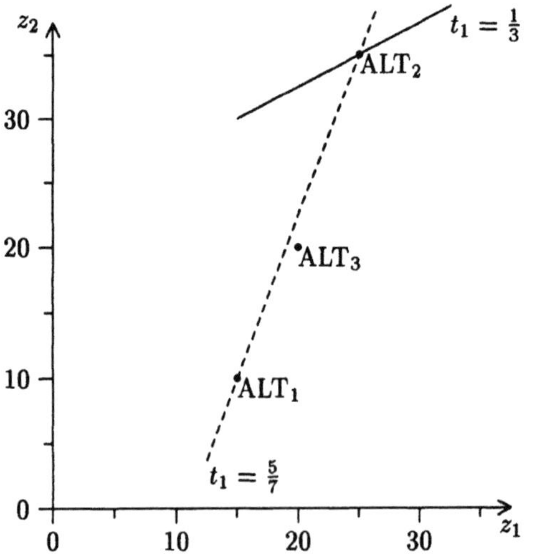

Abbildung 2.8: Zielgewichtungsmodelle für Katja

so wichtig wie das erste Ziel, möglichst schnell an der Universität anzukommen. Sie legt $t_1 = \frac{1}{3}$ und $t_2 = \frac{2}{3}$ fest. Damit lautet die zu maximierende Kompromißzielfunktion

$$\psi(\mathbf{z}) = \frac{1}{3} \cdot (-z_1) + \frac{2}{3} \cdot z_2;$$

ihre Isoquanten haben die Steigung $\frac{1}{2}$. Die kompromißoptimale Lösung kann der Abbildung 2.8 entnommen werden, in der die dominierte Möglichkeit ALT_4 vernachlässigt wird. Bei dieser Zielgewichtung erweist sich ALT_2 als kompromißoptimal. Dreht man die Kompromißzielfunktionsisoquante mit steigendem t_1 entgegen dem Uhrzeigersinn, trifft man bei $t_1 = \frac{5}{7}$ auf die Zielkoordinaten der Alternative ALT_1. In Tabelle 2.1 sind alle kompromißoptimalen Alternati-

t_1	$X^*(t_1)$
$0 < t_1 < \frac{5}{7}$	$\{ALT_2\}$
$t_1 = \frac{5}{7}$	$\{ALT_1, ALT_2\}$
$\frac{5}{7} < t_1 < 1$	$\{ALT_1\}$

Tabelle 2.1: Wesentlich effiziente Alternativen für Katja

ven in Abhängigkeit des Zielgewichtes t_1 ($t_2 = 1 - t_1$) zusammengefaßt. Dieser Überblick macht deutlich, daß die effiziente Alternative ALT_3, die Fahrt über den Schotterweg, keine kompromißoptimale Lösung sein kann, da nur ALT_1 und ALT_2 bezüglich dieses Entscheidungsproblems wesentlich effizient sind. ◇

Beispiel 2.8 Norbert Hammberbach (vgl. Beispiel 2.5, S. 40) hält beide Zielsetzungen für „gleich bedeutsam“ und gewichtet die Deckungsbeitragsmaximierung sowie die Absatzmaximierung von Produkt I gleich ($t_1 = t_2 = 0,5$). Die Maximierung der Kompromißzielfunktion $\psi(\mathbf{z}(\mathbf{x})) = 0,5(4x_1+5x_2)+0,5x_1$ führt zu folgenden kompromißoptimalen Lösungen, die hier der Menge aller effizienten Lösungen entspricht (vgl. Abb. 2.4, S. 41 und Abb. 2.5, S. 41):

$$\begin{aligned} X_{w\text{-}eff} &= \left\{ \mathbf{x}_{w\text{-}eff} \in X \,\middle|\, \mathbf{x}_{w\text{-}eff} = \lambda \begin{pmatrix} 6 \\ 12 \end{pmatrix} + (1-\lambda) \begin{pmatrix} 15 \\ 3 \end{pmatrix} \quad (\lambda \in [0,1]) \right\} \\ &= X_{eff}. \end{aligned}$$

Bei dieser Zielgewichtung erhält der Firmenchef nur die Information, daß jede effiziente Alternative auch für dieses Kompromißmodell optimal ist, d.h., alle effizienten Alternativen sind auch wesentlich effizient. Sobald er ein Ziel stärker gewichtet, ergibt sich eine individuell optimale Lösung als kompromißoptimale Alternative. Nur bei der hier unterstellten Zielgewichtung können von den individuell optimalen Lösungen abweichende Alternativen als Kompromißlösung gewählt werden. ◇

2.3.2 Kompromißmodelle auf Grundlage von Abstandsfunktionen

Bei *Kompromißmodellen auf Grundlage von Abstandsfunktionen* wird der gewichtete Abstand zwischen einer zulässigen Lösung im Zielraum und dem Idealzielpunkt minimiert. Die Kompromißzielfunktion ψ, hier das Abstandsmaß L_p zwischen den Punkten $\mathbf{z}(x) \in Z$ und $\mathbf{z}^{\circledast}$, hängt nicht nur von Zielgewichten $\mathbf{t}$ ($\mathbf{t} = (t_1, \ldots, t_K)^T$), sondern auch vom Parameter p ab:

$$\psi(\mathbf{z}(x)) := \| \mathbf{z}^{\circledast} - \mathbf{z}(x) \|_p^{\mathbf{t}}$$

$$:= \begin{cases} \left[\sum\limits_{k=1}^{K} t_k (z_k^{\circledast} - z_k(x))^p \right]^{\frac{1}{p}} & \text{für } 1 \leqq p < \infty, \\ \max\limits_k \left\{ t_k (z_k^{\circledast} - z_k(x)) \right\} & \text{für } p = \infty. \end{cases}$$

Für $p = 1$ entspricht eine Formulierung auf Basis einer gewichteten Abstandsminimierung dem Zielgewichtungsmodell. Die beiden Kompromißzielfunktionen unterscheiden sich in diesem Fall nur durch das Vorzeichen und eine Konstante. Diese Veränderungen haben keinen Einfluß auf die Menge der kompromißoptimalen Lösungen, denn eine zu minimierende Zielfunktion kann durch Multiplikation mit -1, wie bereits erwähnt, in eine zu maximierende Zielfunktion transformiert werden und eine Konstante beeinflußt nur die Höhe des optimalen Kompromißzielfunktionswertes, aber nicht die Menge der kompromißoptimalen Alternativen.

In Kompromißmodellen auf Grundlage der Abstandsminimierung erhalten mit steigendem p größere Abweichungen vom Idealzielpunkt – bei unveränderter Gewichtung – eine wachsende Bedeutung. Für $p = \infty$ wird der Kompromißzielfunktionswert für ein $x \in X$ ausschließlich von den Zielen bestimmt, deren gewichtete Differenz zwischen individuell optimalen und mit x erreichbaren Zielfunktionswerten maximal ist. In dem hier vorzustellenden Kompromißmodell ($KM_{AB\infty}$) wird die maximal mögliche gewichtete Abweichung vom Idealzielpunkt über alle $x \in X$ minimiert. Ein Entscheidungsträger, der sich an dieser sogenannten TSCHEBYCHEFF-*Norm* orientiert, verhält sich ausgesprochen vorsichtig, indem er „extreme Ausreißer“ minimiert.[10]

($KM_{AB\infty}$)	$\min \{\psi(\mathbf{z}(x)) \mid x \in X\}$
mit	$\psi(\mathbf{z}(x)) := \max \left\{ t_k(z_k^{\circledast} - z_k(x)) \mid k \in \{1,\ldots,K\} \right\}$
wobei	$t_k > 0 \qquad (k = 1,\ldots,K)$ $\sum_{k=1}^{K} t_k = 1$

Im Unterschied zum Zielgewichtungsmodell (KM_{ZG}) können in diesem Kompromißmodell – je nach Wahl der Zielgewichte – auch Alternativen kompromißoptimal sein, die effizient, aber nicht wesentlich effizient sind. Mit dem Kompromißmodell ($KM_{AB\infty}$) lassen sich durch Variation der Zielgewichte alle effizienten Alternativen – bis auf möglicherweise die individuell optimalen Lösungen – bestimmen. Geht man statt von dem Idealzielpunkt $\mathbf{z}^{\circledast}$ von einem Punkt $\tilde{\mathbf{z}}$ mit $\tilde{\mathbf{z}} > \mathbf{z}^{\circledast}$ aus, dann können durch parametrische Veränderungen der Zielgewichte alle effizienten Alternativen gefunden werden.[11] Enthält die Menge der kompromißoptimalen Alternativen mehrere Elemente, sollte überprüft werden, welche Lösung effizient ist. Durch eine Modifikation der Kompromißzielfunktion lassen sich Mehrfachlösungen ausschließen.[12]

Das Kompromißmodell ($KM_{AB\infty}$) kann mit Hilfe einer zusätzlichen Variablen $y \in \mathbb{R}_+$ in ein äquivalentes Programm ($KM^{\circ}_{AB\infty}$) überführt wer-

[10] Vgl. auch Abschnitt 3.4 Entscheidungen bei Ungewißheit insbesondere das Maximin-Modell.

[11] Vgl. JAHN 1985, S. 9f.

[12] Vgl. STEUER 1986, S. 419ff.; STEUER/CHOO 1983.

den, dessen optimale Lösung unter numerischen Aspekten leichter ermittelt werden kann:

$(\text{KM}^{\circ}_{AB\infty})$	min y
mit	$y \geqq t_k(z_k^{\circledast} - z_k(x)) \quad (k = 1, \ldots, K)$
	$x \in X$
	$y \in \mathbb{R}_+$

Da dem Entscheidungsträger – wie im Zielgewichtungsmodell – die Festlegung der Zielgewichte möglicherweise nicht leicht fällt, können auch hier entsprechende parametrische Programme formuliert werden, die gegebenenfalls jeweils für bestimmte Zielgewichte eine Unter- und Obergrenze vorsehen.

Beispiel 2.9 Für Katja (vgl. Beispiel 2.1, S. 33, und Beispiel 2.7, S. 50) kommt nun auch die Fahrt über den Schotterweg (ALT_3), d.h. eine nicht wesentlich effiziente Alternative, als Kompromißlösung in Frage. In Abbildung 2.9 sind die – rechtwinkeligen – Kompromißzielfunktionsisoquanten für drei unterschiedliche Gewichte dargestellt; in Tabelle 2.2 sind alle effizienten kompro-

t_1	$X^*(t_1)$
$0 < t_1 < \frac{3}{5}$	$\{\text{ALT}_2\}$
$t_1 = \frac{3}{5}$	$\{\text{ALT}_2, \text{ALT}_3\}$
$\frac{3}{5} < t_1 < \frac{5}{6}$	$\{\text{ALT}_3\}$
$t_1 = \frac{5}{6}$	$\{\text{ALT}_1, \text{ALT}_3\}$
$\frac{5}{6} < t_1 < 1$	$\{\text{ALT}_1\}$

Tabelle 2.2: Effiziente Alternativen für Katja

mißoptimalen Alternativen in Abhängigkeit des Zielgewichtes t_1 ($t_2 = 1 - t_1$) wiedergegeben. Hierbei ist die nicht effiziente Alternative ALT_4, die sich etwa bei einer Gewichtung von $t_1 = \frac{3}{5}$ als kompromißoptimale Mehrfachlösung ergibt, nicht berücksichtigt. ◇

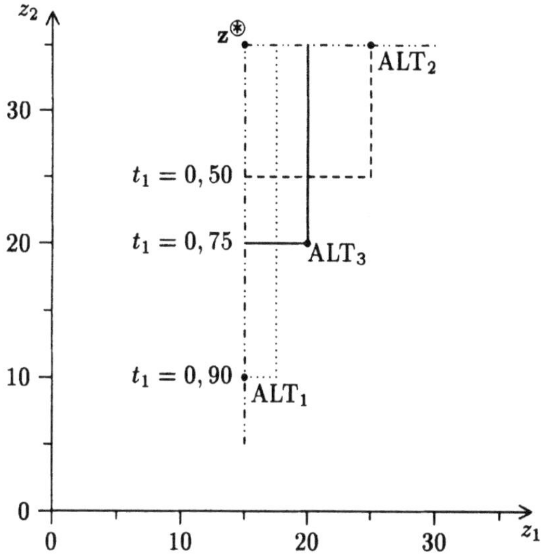

Abbildung 2.9: Kompromißoptimale Alternativen für Katja

Beispiel 2.10 Gewichtet Firmenchef Norbert Hammerbach die Maximierung des Gesamtdeckungsbeitrages (Ziel I) und der Absatzmenge von Produkt I (Ziel II) wie zuvor gleich (vgl. Beispiel 2.8, S. 51), dann resultiert die bezüglich ($\text{KM}_{AB\infty}$) kompromißoptimale Lösung aus folgendem linearen Programm:

($\text{LP}_{2.10}$)	min y
mit	$y \geqq 0,5\,(84 - 4x_1 - 5x_2)$
	$y \geqq 0,5\,(15 - x_1)$
	$\mathbf{x} \in X_{2.5}$
	$y \geqq 0$

Es ergibt sich $\mathbf{x}^* = \left(\frac{21}{2}, \frac{15}{2}\right)^T$ mit $z_1^* = \frac{159}{2}$ und $z_2^* = \frac{21}{2}$ (vgl. Abb. 2.10). Sowohl bezüglich des ersten als auch des zweiten Ziels beträgt die Abweichung jeweils $\frac{9}{2}$ GE bzw. ME. Graphisch läßt sich hier die kompromißoptimale Lösung bestimmen, indem das „kleinste" rechtwinkelige Dreieck mit $\tan\alpha = t_1/t_2 = 0,5/0,5$ gesucht wird. ◇

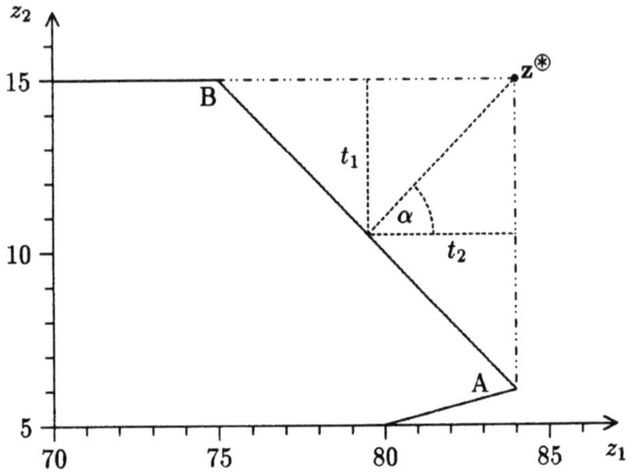

Abbildung 2.10: Kompromißoptimale Alternativen für die Firma Hammerbach

2.3.3 Goal Programming

Beim *Goal Programming* wird der Entscheidungsträger aufgefordert, bezüglich jeder Zielsetzung ein Anspruchsniveau (goal) zu formulieren, das nach Möglichkeit erreicht werden soll.[13] In einer Kompromißzielfunktion werden gewichtete Abweichungen von diesen Anspruchsniveaus minimiert. Im Unterschied zu den bisher vorgestellten Kompromißmodellen, die in erster Linie der Lösung von Zielkonflikten in vektoriellen Entscheidungsmodellen dienen, ist das Goal Programming auch auf multikriterielle Entscheidungsprobleme (MEM) ausgerichtet, denn die Abweichungen der Zielfunktionswerte von den Goals werden in entsprechenden Nebenbedingungen erfaßt.

Die vom Entscheidungsträger definierten Ziele unterscheiden sich von den im ersten Kapitel vorgestellten Höhenpräferenzen – insbesondere in bezug auf Satisfizierungs- und Fixierungsziele – dadurch, daß die Zielvorgaben erreicht werden sollen, aber nicht notwendigerweise erfüllt werden müssen bzw. gegebenenfalls sogar nicht einmal erfüllt werden können.

[13]Vgl. zum Überblick SCHNIEDERJANS 1995; TAMIZ/JONES/EL-DARZI 1995.

Diese Zielsetzungen werden approximativ angestrebt, so daß auch eine Unterscheidung zwischen Fixierungs- und Approximationszielen im Rahmen des Goal Programming bedeutungslos ist.

Grundsätzlich lassen sich für ein Kompromißmodell auf Grundlage von Anspruchsniveaus beim Goal Programming zwei Gruppen von Anforderungen formulieren. Der Zielfunktionswert der k-ten Zielfunktion ($k \in \{1, \ldots, K\}$) soll

(1) mindestens $\overline{z}_k$, d.h. $z_k(x) \geqq \overline{z}_k$,

(2) höchstens $\overline{\overline{z}}_k$, d.h. $z_k(x) \leqq \overline{\overline{z}}_k$,

betragen, wobei hier K die Anzahl aller Ziele bezeichnet. In welchen Intervallen die Sollvorgaben $\overline{z}_k$ bzw. $\overline{\overline{z}}_k$ variieren können, damit die Ziele den Charakter der eingeführten Höhenpräferenzen widerspiegeln, verdeutlicht Tabelle 2.3.

Höhenpräferenz	Unter- und Obergrenzen
Satisfizierungsziel	$-\infty < \overline{z}_k < \overline{\overline{z}}_k = \infty$
Extremierungsziel	$z_k^{\circledast} \leqq \overline{z}_k < \overline{\overline{z}}_k = \infty$
Fixierungsziel	
a) Punkt	$-\infty < \overline{z}_k = \overline{\overline{z}}_k < \infty$
b) Intervall	$-\infty < \overline{z}_k < \overline{\overline{z}}_k < \infty$

Tabelle 2.3: Unter- und Obergrenzen beim Goal Programming

Strebt ein Entscheidungsträger mindestens ein Anspruchsniveau $\overline{z}_k$ im Sinne eines Satisfizierungszieles an, so kann die Obergrenze $\overline{\overline{z}}_k$ für das entsprechende Ziel unendlich gesetzt werden. Eine Unterschreitung einer Sollvorgabe $\overline{z}_k$, die im folgenden durch eine *Abweichungsvariable* d_k^- gemessen wird, soll nach Möglichkeit vermieden werden. – Das Extremierungsziel stellt bei dieser Betrachtungsweise und einer hier unterstellten zu maximierenden Zielfunktion z_k einen Spezialfall des Satisfizierungszieles dar, denn die Untergrenze muß mindestens dem individuell optimalen Zielfunktionswert $z_k^{\circledast}$ entsprechen.[14] – Beim Fixierungsziel muß neben einer Untergrenze $\overline{z}_k$ auch eine Obergrenze $\overline{\overline{z}}_k$ festgelegt werden, die sich von der Untergrenze $\overline{z}_k$ unterscheidet, wenn ein Entscheidungsträger nicht genau einen bestimmten Zielfunktionswert (Punkt), sondern einen Wert aus einem Intervall erreichen möchte. Die jeweiligen Überschreitungen dieser Obergrenzen $\overline{\overline{z}}_k$ werden durch eine Abweichungsvariable d_k^+ angegeben. Aus diesen Angaben läßt sich ein Kompromißmodell (KM_{GP}) formulieren:

(KM_{GP})	$\min \left\{ \psi(\mathbf{d}) \;\middle|\; \begin{pmatrix} x \\ \mathbf{d} \end{pmatrix} \in X^{KM} \right\}$
mit	$\psi(\mathbf{d}) := \sum\limits_{k=1}^{K} \left(t_k^- d_k^- + t_k^+ d_k^+ \right)$ $X^{KM} := \left\{ \begin{pmatrix} x \\ \mathbf{d} \end{pmatrix} \in X \times \mathbb{R}_+^{2K} \;\middle|\; \begin{array}{rcl} z_k(x) + d_k^- & \geqq & \overline{z}_k \\ & & (k = 1, \ldots, K) \\ z_k(x) - d_k^+ & \leqq & \overline{\overline{z}}_k \\ & & (k = 1, \ldots, K) \end{array} \right\}$
wobei	$t_k^-, t_k^+ > 0 \quad (k = 1, \ldots, K)$ $\mathbf{d} = (d_1^-, \ldots, d_K^-, d_1^+, \ldots, d_K^+)^T$

In diesem Modell (KM_{GP}) erfaßt die Kompromißzielfunktion ψ alle mit den Zielgewichten t_k^- und t_k^+ $(k = 1, \ldots, K)$ bewerteten Abweichungen von den Anspruchsniveaus. Der Entscheidungsträger hat die Möglichkeit, bei Zielen mit einer Unter- und Obergrenze, Abweichungen nach unten und oben unterschiedlich zu bewerten bzw. zu gewichten. Ziele mit gleichen Gewichten werden häufig zu bestimmten Klassen zusammengefaßt.

[14] Es ist zu beachten, daß auch eine Überschreitung des Wertes $z_k^{\circledast}$ sinnvoll sein kann, wenn eine bisher ausgeschlossene „Aufweichung" von Nebenbedingungen aus der Menge X bzw. X^Z zugelassen wird, d.h., diese bisher „harten" Restriktionen zu Goals werden, die nach Möglichkeit erreicht werden sollen.

Die Abweichungsvariablen d_k^- und d_k^+ $(k = 1, \ldots, K)$ werden auf nichtnegative Werte beschränkt, da Überschreitungen von den Untergrenzen $\overline{z}_k$ und Unterschreitungen von den Obergrenzen $\overline{\overline{z}}_k$ unberücksichtigt bleiben. Die beiden Gruppen von Nebenbedingungen in der Menge X^{KM} definieren jeweils den Abstand von den Unter- bzw. Obergrenzen. Die Anzahl der Nebenbedingungen läßt sich reduzieren, indem die Restriktionen und Abweichungsvariablen, für die $\overline{\overline{z}}_k = \infty$ gilt, vernachlässigt und die jeweils zwei Restriktionen mit $\overline{z}_k = \overline{\overline{z}}_k$ zu einer Nebenbedingung zusammengefaßt werden. Soweit in einem Entscheidungsmodell ausschließlich Ziele mit Extremierungscharakter analysiert werden, entspricht die hier vorgestellte Modellformulierung einem Kompromißmodell auf der Grundlage von Abstandsfunktionen für $p = 1$ und damit auch dem Zielgewichtungsmodell. Allgemein sind auch Goal Programming Ansätze vorstellbar, die auf anderen Abstandsmaßen – wie z.B. der TSCHEBYCHEFF-Norm – basieren. Mit Hilfe des euklidischen Abstandes $(p = 2)$ beim Goal Programming wird im Abschnitt 4.2 ein Problem der Portfolio Selection gelöst.

Eine Alternative heißt im Sinne des Goal Programming kompromißoptimal, wenn die gewichtete Summe der Abweichungen von den Sollvorgaben minimal ist. Analog zu den beiden bereits ausführlich erläuterten Kompromißmodellen (KM_{ZG}) und ($KM_{AB\infty}$) stellt sich die Frage, ob die ermittelten kompromißoptimalen Alternativen gegebenenfalls effizient sind. Dies erfordert zunächst eine modifizierte Effizienzdefinition, wobei von folgendem Modell ausgegangen wird:

($VEM^{\mathbf{d}}$)	$min \left\{ \mathbf{d} \,\middle|\, \begin{pmatrix} x \\ \mathbf{d} \end{pmatrix} \in X^{KM} \right\}$

Eine Alternative $x_{d\text{-}eff} \in X$ mit $\mathbf{d}_{eff} \in \mathbb{R}_+^{2K}$ heißt bezüglich ($VEM^{\mathbf{d}}$) *d*-effizient, wenn kein $x' \in X$ mit $\mathbf{d}' \in \mathbb{R}_+^{2K}$ existiert, für das gilt $\mathbf{d}' \leq \mathbf{d}_{eff}$.[15]

Gemäß Satz 2.3 ist eine bezüglich (KM_{GP}) optimale Alternative bezüglich ($VEM^{\mathbf{d}}$) *d*-effizient. Aus dieser Aussage kann jedoch nicht gefolgert werden, daß eine kompromißoptimale Alternative von (KM_{GP}) auch bezüglich

[15] Vgl. STEUER 1986, S. 296.

(VEM) effizient ist. Dies hängt von der Wahl der Anspruchsniveaus ab und davon, welche Höhenpräferenzen wie in die Betrachtung integriert werden, so daß ein unmittelbarer Bezug zu (VEM) – von Ausnahmen abgesehen – nicht abgeleitet werden kann.

Beispiel 2.11 Der Unternehmer Norbert Hammerbach modifiziert seine Zielvorstellungen dahingehend, daß der Gesamtdeckungsbeitrag (Ziel I) mindestens $z_1^{\circledast} = 84$ GE (vgl. Beispiel 2.10, S. 55) betragen soll und sein Bruder Max sich mit einem Absatz von nach Möglichkeit genau 12 ME von Produkt I zufrieden geben soll (Ziel II). Zudem bezieht der Firmenchef in seine Überlegungen Überstunden aller Familienmitglieder ein, die zwar vermieden werden sollten (Ziel III), jedoch die derzeitige Kapazität von 18 ME erhöhen könnten. Die Überstunden haben in diesem Fall keine Auswirkungen auf den Gesamtdeckungsbeitrag, da die Familienmitglieder für ihren Einsatz keinen zusätzlichen Lohn erhalten. Wegen des zu erwartenden Widerspruchs aus der Familie wird dieses Ziel viermal so hoch gewichtet wie die beiden erstgenannten Ziele. Während Ziel I eher den Charakter eines Extremierungszieles hat, da mindestens die individuell optimale Lösung angestrebt wird, handelt es sich bei Ziel II um ein Ziel mit Fixierungscharakter, denn der Firmenchef will im Sinne eines Goals möglichst genau 12 ME produzieren. Die Einbeziehung von Überstunden bedeutet eine „Aufweichung" der bisherigen „harten" Anforderung (Satisfizierungsziel), nicht mehr als 18 ME beanspruchen zu können. Aus diesen Überlegungen resultiert folgendes Kompromißmodell:

$$\begin{array}{|l|l|}
\hline
(\mathrm{LP}_{2.11a}) & \min \quad d_1^- + d_1^+ + d_2^- + d_2^+ + 4(d_3^- + d_3^+) \\
\hline
\text{mit} & \begin{array}{ccccccccc}
4x_1 & + & 5x_2 & + & d_1^- & & & \geqq & 84 \\
4x_1 & + & 5x_2 & & & - & d_1^+ & \leqq & M \\
x_1 & & & + & d_2^- & & & \geqq & 12 \\
x_1 & & & & & - & d_2^+ & \leqq & 12 \\
x_1 & + & x_2 & + & d_3^- & & & \geqq & -M \\
x_1 & + & x_2 & & & - & d_3^+ & \leqq & 18 \\
x_1 & & & & & & & \leqq & 15 \\
 & & x_2 & & & & & \leqq & 12 \\
 & & \multicolumn{5}{c}{x_1, x_2, d_1^-, d_1^+, d_2^-, d_2^+, d_3^-, d_3^+} & \geqq & 0
\end{array} \\
\hline
\end{array}$$

Diese Modellformulierung läßt sich vereinfachen zu:

(LP$_{2.11b}$)	min $d_1^- + d_2^- + d_2^+ + 4d_3^+$
mit	$4x_1 + 5x_2 + d_1^- \geqq 84$
	$x_1 + d_2^- - d_2^+ = 12$
	$x_1 + x_2 - d_3^+ \leqq 18$
	$x_1 \leqq 15$
	$x_2 \leqq 12$
	$x_1, x_2, d_1^-, d_2^-, d_2^+, d_3^+ \geqq 0$

mit der optimalen Lösung: $x_1^* = 12$; $x_2^* = 7,2$; $d_1^{-*} = d_2^{-*} = d_2^{+*} = 0$; $d_3^{+*} = 1,2$. Unter Zugrundelegung dieser Zielgewichte erreicht das Unternehmen einen Gesamtdeckungsbeitrag von 84 GE (Ziel I) und wird 12 ME von Produkt I herstellen (Ziel II). Diese Einhaltung der Sollvorgaben erfordert eine Kapazitätserweiterung um 1,2 ME (Ziel III). ◇

3. Stochastische Entscheidungsmodelle

3.1 Entscheidungen bei unvollkommener Information

Entscheidungen bei unvollkommener Information sind das historisch älteste Teilgebiet der Entscheidungstheorie mit dem relativ größten wissenschaftlichen Gewicht und praktischer Relevanz. Hin und wieder wird unter Entscheidungstheorie schlechthin die Theorie der Entscheidungen bei unvollkommener Information verstanden. Das überdurchschnittliche wissenschaftliche und praktische Interesse an Entscheidungen dieser Art beruht darauf, daß sie „heute" getroffen werden müssen, ihre Auswirkungen „morgen" aber nicht mit Sicherheit bekannt sind und daß diese eben deshalb nicht vollständig in den Entscheidungsfindungsprozeß „heute", d.h. zum Entscheidungszeitpunkt, einbezogen werden können.

Beim Fall unvollkommener Information werden im Hinblick auf die hier diskutierten Modellformulierungen vielfach zwei Klassen von Entscheidungen unterschieden. Zum einen spricht man von *Entscheidungen bei Ungewißheit*, wenn lediglich die möglichen Ausprägungen unbekannter entscheidungsrelevanter Daten (Koeffizienten, Parameter, Szenarien, Umweltzustände) bekannt sind. Entscheidungen bei Ungewißheit sind weit verbreitet; diesbezügliche entscheidungstheoretische Ergebnisse nehmen sich naturgemäß eher bescheiden aus (vgl. Abschnitt 3.4).

Zu *Entscheidungen bei Risiko* werden zum anderen diejenigen Entscheidungen im Falle unvollkommener Information gezählt, bei denen neben den möglichen Ausprägungen unbekannter entscheidungsrelevanter Daten auch deren Eintrittswahrscheinlichkeiten bekannt sind (stochastische Entscheidungsmodelle). Wenngleich die Ermittlung von Wahrscheinlichkeitsverteilungen nur selten ein triviales Problem darstellt, hat sich die Entscheidungstheorie diesem Komplex sehr umfassend gewidmet.[1] Beispielhaft wird an die Risikonutzentheorie, an die stochastische Programmierung, speziell an die Portefeuille-Theorie (vgl. auch Abschnitt 4.2), sowie an Anwendungen wie etwa die stochastische Lagerhaltungstheorie erinnert.

In einem stochastischen Entscheidungsmodell können bei Entscheidungen unter Risiko stochastische Einflußgrößen (Zufallsvariablen) in Zielfunktion und Alternativenmenge auftreten. Die Höhe des Zielfunktionswertes wird im Unterschied zu deterministischen Entscheidungsmodellen nicht nur von der Entscheidung für eine bestimmte Alternative beeinflußt, sondern auch von einer oder mehreren die Koeffizienten des Entscheidungsmodells beeinflussenden Zufallsvariablen β. Ob eine gewählte Alternative zulässig ist, kann – soweit die Zulässigkeit dieser Alternative von stochastischen Nebenbedingungen abhängt – erst nach Realisation der entsprechenden Zufallsvariablen β angegeben werden. Die Entscheidung, welche Alternative gewählt werden soll, muß trotz dieser Unzulänglichkeiten bereits „heute“, d.h. vor Realisation der Zufallsvariablen, vom Entscheidungsträger gefällt werden.

Formal läßt sich dieser Sachverhalt durch ein *stochastisches Entscheidungsmodell* (SEM) mit einer zufallsabhängigen Zielfunktion z^β beschreiben. Weiterhin werden im Hinblick auf eine spätere Analyse des Entscheidungsproblems in der Menge X^Q die Nebenbedingungen zusammengefaßt, die nicht von zufallsabhängigen Größen beeinflußt werden, sowie in der Menge X^β alle Restriktionen mit stochastischen Koeffizienten. Die Alternativenmenge von (SEM) entspricht gerade dem Durchschnitt dieser beiden Mengen X^Q und X^β:

[1] Vgl. u.a. EISENFÜHR/WEBER 1993.

(SEM)	$max \left\{ z^{\beta}(x) \,\middle|\, x \in X^{Q} \cap X^{\beta} \right\}$
wobei	β ein Zufallsvariablenvektor mit bekannter gemeinsamer Verteilung

Bei Entscheidungen unter Risiko, wie sie im Modell (SEM) beschrieben werden, ergibt sich somit für den Entscheidungsträger das Problem, daß er sich bereits „here and now" für eine Alternative entscheiden muß, von der er möglicherweise erst später erfährt, ob sie eine zulässige Wahl darstellt, und mit welchen Konsequenzen sie in bezug auf seine Zielvorstellung verbunden ist.[2] Ein stochastisches Entscheidungsmodell (SEM) ist insofern ein „ill defined" Problem, d.h. unvollständig formuliert, weil sich im allgemeinen ohne zusätzliche Angaben, insbesondere Präferenzinformationen des Entscheidungsträgers, keine – wie auch immer definierte – optimale Lösung bestimmen läßt und dies trotz perfekter Information über die zugrundeliegende Wahrscheinlichkeitsverteilung der Zufallsvariablen β. – Ein Beispiel aus der stochastischen linearen Programmierung soll diese Problematik verdeutlichen.

Beispiel 3.1 Die KRAUT KG, ein traditionsreiches Unternehmen, das Sauerkraut in kleine und große Dosen abfüllt, plant für die kommende Ernteperiode die zu produzierende und abzusetzende Menge an Sauerkrautkonserven. Eine kleine Dose enthält 500 g Sauerkraut, die große Dose gerade die doppelte Menge, d.h. 1000 g Sauerkraut. Aus planungstechnischen Gründen werden jeweils 1000 kleine bzw. große Dosen zu einer Produkteinheit PE_1 bzw. PE_2 zusammengefaßt. Weiterhin entsprechen im folgenden 500 kg Sauerkraut einer Faktoreinheit FE (vgl. Tab. 3.1). Es bezeichne x_1 bzw. x_2 die jeweils an kleinen bzw. großen Dosen herzustellenden und abzusetzenden Produkteinheiten.

1 PE_1	:=	1000 kl. Dosen beinhalten	500 kg Sauerkraut	=:	1 FE
1 PE_2	:=	1000 gr. Dosen beinhalten	1000 kg Sauerkraut	=:	2 FE

Tabelle 3.1: Input-Output-System für die KRAUT KG

[2]Vgl. u.a. KALL 1976, S. 11ff.; KALL 1982b.

Der Weißkohl wurde bereits auf den unternehmenseigenen Feldern gepflanzt und wird von einem beauftragten Bauern im Herbst geerntet und zu Sauerkraut verarbeitet. Der Ernteertrag hängt von den Wetterbedingungen ab und läßt sich nicht mit Sicherheit prognostizieren. Aufgrund der begrenzten Anbaufläche stehen maximal 120 FE Sauerkraut zur Verfügung. Die Verteilung der zufallsabhängigen, letztendlich verfügbaren Sauerkrautmenge (in FE), im folgenden als α bezeichnet, geht aus Tabelle 3.2 hervor. Da es sich bei dem Weißkohl um eine spezielle Zucht handelt, die ausschließlich zur Herstellung von Sauerkraut in Konserven geeignet ist, müssen überschüssige Mengen auf den Feldern untergepflügt werden.

Die Fertigung der Konservendosen erfolgt auf einer betriebseigenen Anlage, die im Planungszeitraum maximal 70 KE zur Verfügung steht. Sowohl eine Produkteinheit der großen als auch der kleinen Dosen benötigen eine Kapazitätseinheit dieser Maschine. Die variablen Kosten der kleinen Dosen betragen 8 GE/PE$_1$ und die der großen Dosen 14 GE/PE$_2$. Die kleinen Dosen werden

k	1	2	3	4
p_{2k}	0,10	0,40	0,40	0,10
α_k	60	80	100	120

ℓ	1	2	3	4
$p_{1\ell}$	0,25	0,25	0,25	0,25
γ_ℓ	15	16	17	18

Tabelle 3.2: Verteilungen der Zufallsvariablen α und γ

am Markt unter dem Markennamen KRAUTIS BESTE angeboten, die großen Dosen mit Sauerkraut gleicher Qualität dagegen als No-Name-Produkt. Die Verkaufsabteilung kann pro Periode von KRAUTIS BESTE maximal 60 PE$_1$ und von den großen Dosen höchstens 40 PE$_2$ absetzen. Während der Absatzpreis für das Markenprodukt seit Jahren mit 10 GE/PE$_1$ konstant ist, schwankt der Preis für das No-Name-Produkt zwischen 15 und 18 GE/PE$_2$. Die KRAUT KG hat auf den Preis selbst keinen Einfluß. Die Planungen basieren auf der in Tabelle 3.2 angegebenen Verteilung für den zufallsabhängigen Preis γ.

Zur Bestimmung des gesamtdeckungsbeitragsmaximalen Produktions- und Absatzprogramms läßt sich aus diesen Angaben das stochastische lineare Programm (SEM$_{3.1}$) formulieren ($\mathbf{x} = (x_1, x_2)^T$):

($SEM_{3.1}$)	$max\left\{z^{\gamma}(\mathbf{x}) \;\middle|\; \mathbf{x} \in X_{3.1}^{Q} \cap X_{3.1}^{\alpha}\right\}$
mit	$z^{\gamma}(\mathbf{x}) = 2x_1 + (\gamma - 14)x_2$ $X_{3.1}^{\alpha} = \left\{\mathbf{x} \in \mathbb{R}_{+}^{2} \;\middle|\; x_1 + 2x_2 \leqq \alpha\right\}$ $X_{3.1}^{Q} = \left\{\mathbf{x} \in \mathbb{R}_{+}^{2} \;\middle|\; \begin{array}{rcl} x_1 + x_2 & \leqq & 70 \\ x_1 & \leqq & 60 \\ x_2 & \leqq & 40 \end{array}\right\}$
wobei	γ und α stochastisch unabhängig und gemäß Tabelle 3.2 verteilt sind

Wie soll das Unternehmen auf der Grundlage dieser Informationen entscheiden? Entschließt es sich, z.B. 40 PE_1 von KRAUTIS BESTE und 30 PE_2 der großen Dosen herzustellen, so wären diese Produktionsmengen dann nicht realisierbar, wenn beispielsweise der Ernteertrag nur 80 FE Sauerkraut ergibt (vgl. Abb. 3.1). Aber selbst wenn diese Mengen mit der erfolgten Ernte produzierbar sein sollten, könnte eine Verlagerung der Produktion zugunsten der kleinen Dosen sinnvoll sein, wenn der Preis der großen Dosen weniger als 16 GE/PE_2 beträgt. Durch die Herstellung etwa von 60 PE_1 der kleinen und

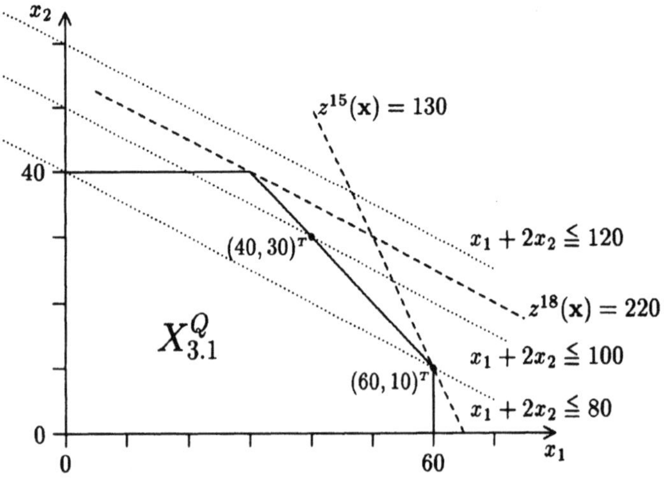

Abbildung 3.1: Stochastisches Entscheidungsmodell für die KRAUT KG

10 PE_2 der großen Dosen könnte im Vergleich zu $\mathbf{x} = (40, 30)^T$ bei einem Preis von 15 GE/PE_2 mit 130 GE ein um 20 GE höherer Deckungsbeitrag erwirtschaftet werden. Da sowohl die Preisentwicklung als auch der Ernteertrag nicht mit Sicherheit prognostizierbar sind, kann zunächst keine Aussage über die „optimale Entscheidung" getroffen werden. ◇

Um die spezifischen Probleme und Lösungsansätze für Entscheidungsmodelle mit stochastischer Zielfunktion einerseits und stochastischer Alternativenmenge andererseits verdeutlichen zu können, werden die jeweiligen Modellformulierungen isoliert untersucht. Aus historischen und didaktischen Gründen stehen zunächst Problemformulierungen mit nur einer stochastischen Zielfunktion im Mittelpunkt der Analyse, zumal bereits auf dieser Grundlage viele hier zu behandelnde Fragestellungen erste Zusammenhänge mit den Themen der Vektoroptimierung aufweisen.

3.2 Entscheidungsmodelle mit stochastischen Zielfunktionen

3.2.1 Problemstellung

Die meisten entscheidungstheoretischen Untersuchungen bei Risiko beschäftigen sich ausschließlich mit Entscheidungsmodellen, deren Zielfunktionen von stochastischen Einflußgrößen (Zufallsvariablen) abhängen. Dieses Phänomen beruht zum einen auf der relativ frühzeitigen Entwicklung und intensiven Analyse des BERNOULLI-Prinzips für diese stochastischen Entscheidungsmodelle. Die Anwendung dieses Prinzips auf Modelle mit stochastischer Alternativenmenge wurde lange vernachlässigt. Zum anderen basieren viele betriebswirtschaftliche Anwendungen auf dem *Grundmodell der Entscheidungstheorie,* das durch eine endliche Anzahl von Alternativen gekennzeichnet ist.[3]

Die Alternativenmenge läßt sich in diesem Fall durch eine Auflistung der Handlungsalternativen beschreiben (vgl. u.a. Alternativenmenge X_B,

[3] Vgl. u.a. SCHNEEWEISS 1966.

	γ_1	$\dots$	γ_ℓ	$\dots$	γ_L
	p_1	$\dots$	p_ℓ	$\dots$	p_L
ALT_1	$z_1^{\gamma_1}$	$\dots$	$z_1^{\gamma_\ell}$	$\dots$	$z_1^{\gamma_L}$
$\vdots$	$\vdots$	$\vdots$	$\vdots$	$\vdots$	$\vdots$
ALT_n	$z_n^{\gamma_1}$	$\dots$	$z_n^{\gamma_\ell}$	$\dots$	$z_1^{\gamma_L}$
$\vdots$	$\vdots$	$\vdots$	$\vdots$	$\vdots$	$\vdots$
ALT_N	$z_N^{\gamma_1}$	$\dots$	$z_N^{\gamma_\ell}$	$\dots$	$z_N^{\gamma_L}$

Tabelle 3.3: Grundmodell der Entscheidungstheorie

S. 2). Da sich der Entscheidungsträger für eine der aufgelisteten Alternativen entscheiden muß, spielen – möglicherweise stochastische – Nebenbedingungen in der Regel keine Rolle. Zudem wird beim Grundmodell der Entscheidungstheorie häufig eine diskrete Zufallsvariable mit den Realisationen γ_ℓ und entsprechenden Wahrscheinlichkeiten p_ℓ $(\ell = 1, \dots, L)$ unterstellt, so daß sich derartige Probleme in einer *Entscheidungsmatrix* darstellen und analysieren lassen (vgl. Tab. 3.3). Aus den einzelnen Feldern dieser Matrix kann der Zielfunktionswert $z_n^{\gamma_\ell}$ abgelesen werden, der aus der Wahl der Alternative ALT_n und Realisation γ_ℓ resultiert (für $n \in \{1, \dots, N\}$ und $\ell \in \{1, \dots, L\}$). Derartige Entscheidungsprobleme stellen einen Spezialfall der Entscheidungsmodelle mit stochastischen Zielfunktionen dar.

Hier sollen auch Entscheidungsprobleme untersucht werden, deren Entscheidungsvariablen als beliebig teilbar unterstellt werden können (vgl. z.B. Alternativenmenge X_E, S. 7) und deren unvollkommene Informationen auf diskreten oder stetigen Zufallsvariablen basieren. Ein Entscheidungsmodell (SEM_z) mit einer *stochastischen Zielfunktion*, deren Koeffizienten Zufallsvariablen sein können, die hier mit γ bezeichnet werden, und das keine Nebenbedingungen mit stochastischen Koeffizienten enthält, so daß nur $X := X^Q$ zu berücksichtigen ist, weist folgende Struktur auf:

(SEM_z)	$max\,\{z^\gamma(x)\mid x \in X\}$
wobei	γ Zufallsvariablenvektor mit bekannter gemeinsamer Verteilung

Im Unterschied zu den deterministischen Entscheidungsmodellen wird bei stochastischen Modellen vom Typ (SEM_z) jeder Alternative aus der Menge X nicht genau ein Zielfunktionswert, sondern eine Zufallsvariable zugeordnet, die durch eine Wahrscheinlichkeitsverteilung charakterisiert wird. „Aus jeder Aktion des Entscheidenden resultiert also je nach dem tatsächlich eintretenden Zustand der Welt ein bestimmtes Einkommen. Da aber jeder Zustand nur mit einer gewissen Wahrscheinlichkeit eintritt, wird auch das zugehörige Einkommen nur mit eben dieser Wahrscheinlichkeit zu erwarten sein. Mit anderen Worten: Jeder Aktion entspricht eine bestimmte *Wahrscheinlichkeitsverteilung des Einkommens.* Anstatt nun die Aktionen eines Entscheidungsproblems zu bewerten und anzuordnen, kann man dasselbe für die Wahrscheinlichkeitsverteilungen direkt tun.“[4] Der Entscheidungsträger steht nun vor dem Problem, Zufallsvariablen bzw. deren Verteilungen miteinander vergleichen zu müssen. Im Modell (SEM_z) muß sich der Entscheidungsträger „heute“ für eine Alternative entscheiden, ohne deren tatsächliche Konsequenzen zu kennen.

Um einen Überblick zu erhalten, welche Zielfunktionswerte und die damit verbundenen Alternativen in bezug auf das Modell (SEM_z) optimal sein können, lassen sich bei bekannter gemeinsamer Verteilung von γ für alle $x \in X$ die Wahrscheinlichkeitsverteilungen der Zielfunktionswerte

$$F_{z^\gamma(x)}(s) := P\{z^\gamma(x) \leqq s\} \quad \text{für alle } s \in \mathbb{R}$$

bestimmen.[5] Bei den hier zugrundeliegenden stochastischen Entscheidungsmodellen interessiert sich der Entscheidungsträger in der Regel

[4] SCHNEEWEISS 1967, S. 30f.

[5] Vgl. u.a. DINKELBACH 1982, S. 62ff.

nicht nur für die Wahrscheinlichkeit, daß der Zielfunktionswert eine bestimmte Grenze nicht überschreitet, sondern insbesondere auch für die Wahrscheinlichkeit, mit der eine Grenze mindestens erreicht wird. Diese Frage beantwortet für $x \in X$ das ***Risikoprofil:***

$$P\{z^\gamma(x) \geqq s\} \quad \text{für alle } s \in \mathbb{R}.$$

Für stetige Verteilungen gilt offensichtlich

$$P\{z^\gamma(x) \leqq s\} = 1 - P\{z^\gamma(x) \geqq s\} \quad \text{für alle } s \in \mathbb{R}.$$

Zudem möchte der Entscheidungsträger häufig wissen, welche optimalen Zielfunktionswerte sich bei den unterschiedlichen Realisationen der Zufallsvariablen γ ergeben. Er interessiert sich somit auch für die Verteilung bzw. für das Risikoprofil der optimalen Zielfunktionswerte:

$$P\{z^{\gamma *} \leqq s\} \quad \text{bzw.} \quad P\{z^{\gamma *} \geqq s\} \quad \text{für alle } s \in \mathbb{R}$$
$$\text{mit } z^{\gamma *} := max\{z^\gamma(x) \,|\, x \in X\}.$$

Bei dieser Fragestellung wird die Zufallsvariable γ als Parameter im Sinne der parametrischen Programmierung bzw. der parametrischen Sensitivitätsanalyse aufgefaßt.

Beispiel 3.2 Frau A.D. Verti, eine selbständige Werbekauffrau, benötigt zur Abwicklung einer aufwendigen Werbekampagne dringend einen neuen Personal Computer (PC). Wegen der laufenden Weiterentwicklung der Software auf dem Gebiet des graphischen Werbedesign kann die für die nächsten Jahre notwendige Ausstattung des PC (Arbeitsspeicher, Festplatte, Graphikkarte, Monitor usw.) nicht mit Sicherheit vorhergesagt werden. Nach Rückfrage bei einem befreundeten Softwareexperten hält Frau Verti folgende Entwicklungen für möglich:

- Hohe Anforderungen an Speichermedien des PC mit 30%iger Wahrscheinlichkeit (γ_1),
- Hohe Anforderungen an graphische Hardware-Komponenten mit 40%iger Wahrscheinlichkeit (γ_2),
- Hohe Anforderungen an Speichermedien und an graphische Hardware-Komponenten mit 30%iger Wahrscheinlichkeit (γ_3).

Frau Verti werden von einem Fachhändler vier unterschiedliche PCs angeboten, und zwar der dem heutigen Standard entsprechende PC-Basic (ALT_1), der in bezug auf die Speichermedien hochwertige PC-Power (ALT_2), der den zukünftigen graphischen Anforderungen genügende PC-Multimedia (ALT_3) und das derzeitige Spitzenprodukt, der PC-Professional (ALT_4). In Tabelle 3.4 sind die Preise (Barwerte in GE, z.B. 1 GE = 100 DM), die sich aus den Anschaffungskosten und den jeweils notwendigen Nachrüstungskosten ergeben, für die vier Alternativen in bezug auf die unterschiedlichen Entwicklungen zusammengefaßt. So muß der teuere PC-Professional in keiner Situation nach-

	γ_1 $p_1 = 0,3$	γ_2 $p_2 = 0,4$	γ_3 $p_3 = 0,3$
PC-Basic (ALT_1)	35	46	50
PC-Power (ALT_2)	40	45	49
PC-Multimedia (ALT_3)	45	40	49
PC-Professional (ALT_4)	49	49	49

Tabelle 3.4: Entscheidungsmatrix für Frau Verti

gerüstet werden, der billigere PC-Basic dagegen immer, bei PC-Power und PC-Multimedia ist die Nachrüstung von der Entwicklung abhängig.

Frau Verti, der ausreichend finanzielle Mittel zur Finanzierung der Anschaffungs- und Nachrüstungskosten zur Verfügung stehen und die einen auf Dauer, d.h. in bezug auf den gesamten Planungszeitraum, möglichst preisgünstigen Rechner anschaffen möchte, fällt die Entscheidung für eine Alternative schwer. Wüßte sie beispielsweise heute, daß nur die Speichermedien zu einem Engpaß führen (Entwicklung γ_1), so wäre der Kauf des PC-Basic die optimale Entscheidung, der jedoch in den anderen Fällen infolge der hohen Nachrüstungskosten zu teuer ist.

Die Wahrscheinlichkeitsverteilung der Zielfunktionswerte für die vier Alternativen kann in diesem Beispiel zum Grundmodell der Entscheidungstheorie direkt aus Tabelle 3.4 entnommen werden. So gilt etwa für den PC-Basic:

$$F_{z_1^\gamma}(s) = P\{z_1^\gamma \leqq s\} = \begin{cases} 0 & \text{für} \quad -\infty < s < 35 \\ 0,3 & \text{für} \quad 35 \leqq s < 46 \\ 0,7 & \text{für} \quad 46 \leqq s < 50 \\ 1 & \text{für} \quad 50 \leqq s < \infty. \end{cases}$$

Die Verteilung der optimalen Zielfunktionswerte $z^{\gamma *}$ lautet:

$$F_{z^{\gamma *}}(s) = P\{z^{\gamma *} \leqq s\} = \begin{cases} 0 & \text{für} \quad -\infty < s < 35 \\ 0,3 & \text{für} \quad 35 \leqq s < 40 \\ 0,7 & \text{für} \quad 40 \leqq s < 49 \\ 1 & \text{für} \quad 49 \leqq s < \infty. \end{cases} \qquad \diamond$$

3.2.2 Stochastische Dominanzen

Da bei den Entscheidungsmodellen (SEM_z) jeder Alternative nicht nur ein Zielfunktionswert, sondern in der Regel mehrere Werte zugeordnet werden, sollte auch für diese Modellformulierung, wie bei vektoriellen Entscheidungsmodellen, analysiert werden, ob Alternativen existieren, die grundsätzlich nicht für eine „optimale“ Lösung von (SEM_z) in Frage kommen. Analog einer bezüglich (VEM) perfekten Lösung (vgl. S.37) kann auch bezüglich (SEM_z) eine Alternative existieren, die für alle Realisationen der Zufallsvariablen γ eine optimale Lösung darstellt. In diesem Ausnahmefall werden die maximalen Zielfunktionswerte $z^{\gamma *}$ mit einer Wahrscheinlichkeit von eins von (mindestens) einer Alternative erreicht, so daß eine weitere Analyse von (SEM_z) nicht erforderlich ist.

Beispiel 3.3 Die KRAUT KG (vgl. Beispiel 3.1, S. 64) legt ihren Planungsüberlegungen einen Ernteertrag von $\alpha = 100$ FE Sauerkraut zugrunde. Wenn hier zusätzlich angenommen wird, daß der Preis für die große Dose ausschließlich die Werte $\gamma_2 = 16$, $\gamma_3 = 17$ und $\gamma_4 = 18$ GE/PE$_2$ annehmen kann, dann ist in jedem Falle die perfekte Produktmengenkombination $\mathbf{x}_{perf} = (40, 30)^T$ optimal, und zwar unabhängig davon, mit welchen Wahrscheinlichkeiten die genannten Preise realisiert werden (vgl. Abb. 3.2). Die Alternative $\mathbf{x}_{perf}$ entspricht einer perfekten Lösung bei vektoriellen Entscheidungsmodellen (vgl.

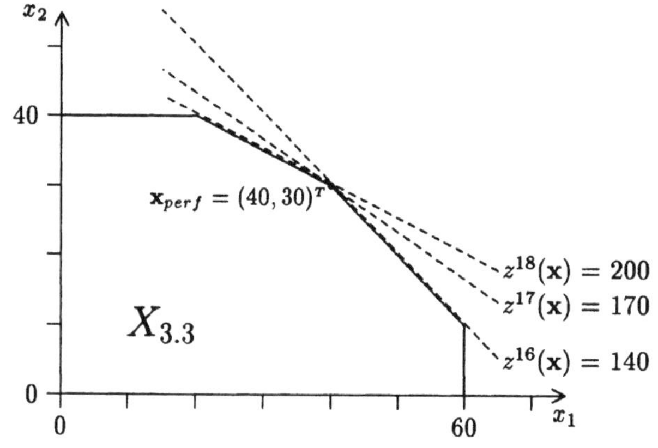

Abbildung 3.2: Perfekte Lösung für die KRAUT KG

S. 37). Diese Überlegung steht in keiner Beziehung dazu, daß bei $\gamma_2 = 16$ auch die Alternativen auf der Strecke zwischen den beiden Punkten $\mathbf{x}_{perf}$ und $\mathbf{x} = (60, 10)^T$ optimal sind. ◇

Wie bei vektoriellen Entscheidungsmodellen existieren in der Regel auch für Entscheidungsmodelle mit stochastischer Zielfunktion (SEM_z) keine perfekten Alternativen, die für jede Realisation der Zufallsvariablen γ optimal sind, so daß auch für die Modelle (SEM_z) im Regelfall ein Zielkonflikt derart vorliegt, daß je nach Ausprägung von γ unterschiedliche Alternativen optimal sind.

In Anlehnung an die Menge der bezüglich (VEM) effizienten Alternativen lassen sich auch für (SEM_z) zulässige Lösungen herausfiltern, die in keinem Zustand, d.h bei keiner Realisation der Zufallsvariablen γ, dominiert werden. Speziell bei Zugrundelegung einer diskret verteilten Zufallsvariablen γ mit den Realisationen γ_ℓ dominiert eine Alternative x' eine Alternative x'' genau dann im Sinne der *Zustandsdominanz*, wenn gilt ($x', x'' \in X$):

$$\begin{pmatrix} z^{\gamma_1}(x') \\ \vdots \\ z^{\gamma_L}(x') \end{pmatrix} \geq \begin{pmatrix} z^{\gamma_1}(x'') \\ \vdots \\ z^{\gamma_L}(x'') \end{pmatrix}.$$

Da sich die so definierte Zustandsdominanz nur bei diskreten Zufallsvariablen zur Charakterisierung von effizienten Alternativen eignet, liegt es nahe, ein allgemeineres Konzept zu definieren.

Allgemein wird im Sinne der *stochastischen Dominanz nullten Grades* $x'' \in X$ von $x' \in X$ dominiert, wenn mit Wahrscheinlichkeit eins die Alternative x' zu keinem schlechteren Zielfunktionswert als der von x'' führt und mit positiver Wahrscheinlichkeit der Zielfunktionswert von x' echt größer als der von x'' ist.[6] Die Menge X^{0z}_{eff} enthält alle zulässigen Alternativen, die im Sinne der stochastischen Dominanz nullten Grades nicht dominiert werden:

$$X^{0z}_{eff} := \left\{ x^{0z}_{eff} \in X \;\middle|\; \begin{array}{l} \text{es existiert kein } x' \in X \text{ mit:} \\ P\{z^{\gamma}(x') \geqq z^{\gamma}(x^{0z}_{eff})\} = 1 \\ P\{z^{\gamma}(x') > z^{\gamma}(x^{0z}_{eff})\} > 0 \end{array} \right\}.$$

Bei den Elementen der Menge X^{0z}_{eff} handelt es sich im Sinne der stochastischen Dominanz nullten Grades um effiziente Alternativen. Die Wahrscheinlichkeitsverteilung der Ergebnisse der Alternativen wird bei dieser Betrachtungsweise nicht vollständig in die Analyse einbezogen, so daß unter Ausnutzung zusätzlicher Informationen weitere Dominanzdefinitionen naheliegen.

Bei der *Wahrscheinlichkeitsdominanz* dominiert eine Alternative x' eine andere x'' $(x', x'' \in X)$, wenn die Wahrscheinlichkeit, einen bestimmten Zielfunktionswert (Anspruchsniveau) höchstens zu erreichen, für alle Anspruchsniveaus bei x'' nicht kleiner als bei x' und für mindestens ein Anspruchsniveau echt größer ist. Bezogen auf die nicht identischen Verteilungsfunktionen dieser beiden Alternativen verläuft $F_{z^{\gamma}(x')}(s)$ nie oberhalb von $F_{z^{\gamma}(x'')}(s)$. In der Menge X^{1z}_{eff} werden alle Alternativen erfaßt, die nicht wahrscheinlichkeitsdominiert werden:

[6] Vgl. u.a. TAMMER 1978.

$$X_{eff}^{1z} := \left\{ x_{eff}^{1z} \in X \;\middle|\; \begin{array}{l} \text{es existiert kein } x' \in X \text{ mit:} \\ F_{z^{\gamma}(x')}(s) \leqq F_{z^{\gamma}(x_{eff}^{1z})}(s) \text{ für alle } s \in \mathbb{R} \\ F_{z^{\gamma}(x')}(s) < F_{z^{\gamma}(x_{eff}^{1z})}(s) \text{ für mindestens ein } s \in \mathbb{R} \end{array} \right\}.$$

Da jede Alternative aus X_{eff}^{0z} auch wahrscheinlichkeitsdominiert wird und die Umkehrung dieser Aussage nicht gilt, stellt die Menge der nicht wahrscheinlichkeitsdominierten Alternativen X_{eff}^{1z} eine Teilmenge von X_{eff}^{0z} dar ($X_{eff}^{1z} \subset X_{eff}^{0z}$).[7] In der Literatur werden weitere stochastische Dominanzen definiert, die dann auf dem Vergleich der integrierten Verteilungsfunktionen basieren. Dabei werden die unterschiedlichen Dominanzgrade aufsteigend numeriert, so daß die Wahrscheinlichkeitsdominanz entsprechend als *stochastische Dominanz ersten Grades* bezeichnet wird.[8]

Beispiel 3.4 Frau Verti (vgl. Beispiel 3.2, S. 70) wird vom Kauf des PC-Professional absehen, da er sowohl vom PC-Multimedia als auch vom PC-Power zustandsdominiert wird. In den Situationen γ_1 und γ_2 erweisen sich diese Alternativen als preisgünstiger:

$$X_{eff}^{0z} = \{\text{ALT}_1, \text{ALT}_2, \text{ALT}_3\}.$$

Bei der Bestimmung der effizienten Alternativen X_{eff}^{1z} muß beachtet werden, daß für das hier zugrundeliegende Minimierungsproblem die Verteilungsfunktion einer Alternative aus X_{eff}^{1z} niemals unterhalb einer dominierten Lösung verläuft. Abbildung 3.3 stellt die Verteilungsfunktionen für die nicht zustandsdominierten Alternativen ALT_1, ALT_2 und ALT_3 graphisch dar.

Aus der Abbildung 3.3 ist zu erkennen, daß die Alternative ALT_2 (PC-Power) von der Alternative ALT_3 (PC-Multimedia) dominiert wird, weil im „wahrscheinlicheren Fall" γ_2 ($p_2 = 0,4$) ALT_3 kostengünstiger als ALT_2 ist, die diesen Vorteil im Fall γ_1 ($p_1 = 0,3$) aufweist. Zwischen ALT_1 und ALT_3 ist keine Dominanzbeziehung zu erkennen (vgl. z.B. s = 38 und s = 44), so daß gilt $X_{eff}^{1z} = \{\text{ALT}_1, \text{ALT}_3\}$. ◇

[7] Vgl. u.a. ROGLIN 1982.

[8] Vgl. u.a. FISHBURN/VICKSON 1978, S. 65ff.

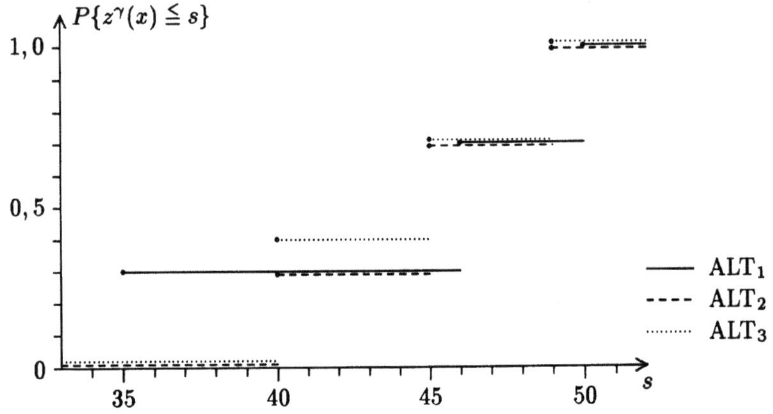

Abbildung 3.3: Wahrscheinlichkeitsdominanz für Frau Verti

Beispiel 3.5 Die KRAUT KG (vgl. Beispiel 3.1, S. 64), die von einer Sauerkrautmenge von 100 FE und der in Tabelle 3.2 (vgl. S. 65) angegebenen Wahrscheinlichkeitsverteilung für γ ausgeht, möchte zunächst feststellen, welche Produktmengenkombinationen nicht zustandsdominiert werden. So läßt sich z.B. bei einem Vergleich der drei Alternativen $\mathbf{x}' = (40, 30)$, $\mathbf{x}'' = (20, 40)$ und $\mathbf{x}''' = (25, 30)$ feststellen, daß $\mathbf{x}''$ zwar $\mathbf{x}'''$, aber $\mathbf{x}'$ auch $\mathbf{x}''$ zustandsdominiert und damit – wegen der Transitivitätseigenschaft der Dominanzrelation – $\mathbf{x}'$ auch $\mathbf{x}'''$ dominiert:

$$\begin{pmatrix} z^{\gamma_1}(\mathbf{x}') \\ z^{\gamma_2}(\mathbf{x}') \\ z^{\gamma_3}(\mathbf{x}') \\ z^{\gamma_4}(\mathbf{x}') \end{pmatrix} = \begin{pmatrix} 110 \\ 140 \\ 170 \\ 200 \end{pmatrix} \geq \begin{pmatrix} 80 \\ 120 \\ 160 \\ 200 \end{pmatrix} = \begin{pmatrix} z^{\gamma_1}(\mathbf{x}'') \\ z^{\gamma_2}(\mathbf{x}'') \\ z^{\gamma_3}(\mathbf{x}'') \\ z^{\gamma_4}(\mathbf{x}'') \end{pmatrix} \geq \begin{pmatrix} 80 \\ 110 \\ 140 \\ 170 \end{pmatrix} = \begin{pmatrix} z^{\gamma_1}(\mathbf{x}''') \\ z^{\gamma_2}(\mathbf{x}''') \\ z^{\gamma_3}(\mathbf{x}''') \\ z^{\gamma_4}(\mathbf{x}''') \end{pmatrix}$$

Da keine Alternative existiert, die $\mathbf{x}'$ dominiert, ist diese Produktmengenkombination im Sinne der Zustandsdominanz effizient. Durch analoge Überlegungen läßt sich die Menge X_{eff}^{0z} bestimmen:

$$X_{eff}^{0z} = \left\{ \mathbf{x}_{eff}^{0z} \in X_{3.1} \;\middle|\; \mathbf{x}_{eff}^{0z} = \lambda \begin{pmatrix} 40 \\ 30 \end{pmatrix} + (1-\lambda) \begin{pmatrix} 60 \\ 10 \end{pmatrix} \quad (\lambda \in [0,1]) \right\}.$$

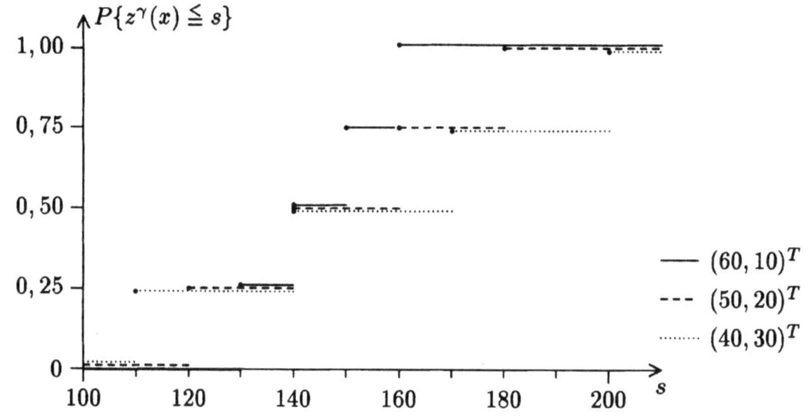

Abbildung 3.4: Wahrscheinlichkeitsdominanz für die KRAUT KG

In diesem Beispiel mit einem stochastischen Koeffizienten in der Zielfunktion stimmen die Mengen X_{eff}^{0z} und X_{eff}^{1z} überein, d.h., alle Produktmengenkombinationen, die im Sinne der Zustandsdominanz effizient sind, erfüllen diese Eigenschaft auch in bezug auf die Wahrscheinlichkeitsdominanz ($X_{eff}^{0z}=X_{eff}^{1z}$). Wie Abbildung 3.4 an drei ausgewählten Alternativen verdeutlicht, „schneiden" sich die Verteilungsfunktionen dieser Alternativen. ◇

3.2.3 Entscheidungsprinzipien

Die Bestimmung aller nicht dominierten Alternativen stellt mit steigendem Dominanzgrad in der Regel kein triviales Problem dar und liefert dem Entscheidungsträger häufig eine mehrelementige Menge von nicht dominierten Alternativen, aus der der Entscheidungsträger gemäß seinen Präferenzen eine Alternative auszuwählen hat.[9] Analog zu den vektoriellen Entscheidungsmodellen, die durch eine die Präferenzen des Entscheidungsträgers abbildende Kompromißzielfunktion und u.U. durch zusätzliche Nebenbedingungen gelöst werden, lassen sich auch Entscheidungsmodelle mit stochastischen Zielfunktionen in deterministische Modelle überführen. Dazu wird die stochastische Zielfunktion durch eine auf den Präferenzen des Entscheidungsträgers basierende Funktion ω_z ersetzt.

[9] Vgl. u.a. DINKELBACH/LORSCHEIDER 1994, S. 69ff.

Soweit erforderlich, sind zur Bestimmung der Präferenzwerte zusätzliche Nebenbedingungen X^{ER_z} zu formulieren. Die Präferenz- bzw. Ersatzzielfunktion ω_z ordnet jeder durch eine Wahrscheinlichkeitsverteilung der Zielfunktionswerte charakterisierten Alternative einen reellwertigen Präferenzwert zu. Ist W_{z^γ} die Menge dieser Wahrscheinlichkeitsverteilungen, so lautet in bezug auf eine Alternative $x \in X$ die Abbildungsvorschrift für die *Ersatzzielfunktion*

$$\omega_z : W_{z^\gamma} \longrightarrow \Omega_z \subset \mathbb{R}, \; z^\gamma(x) \longmapsto \omega_z(z^\gamma(x)).$$

Ein deterministisches *Ersatzmodell* (ER_z) berücksichtigt die Präferenzen des Entscheidungsträgers in einer über $X \cap X^{ER_z}$ zu maximierenden Ersatzzielfunktion ω_z. Falls die Formulierung des Ersatzmodells keine zusätzlichen Nebenbedingungen erfordert, kann die Menge X^{ER_z} vernachlässigt bzw. durch eine beliebige Obermenge von X ersetzt werden.

(ER_z)	$\max\left\{\omega_z(z^\gamma(x)) \mid x \in X \cap X^{ER_z}\right\}$

Einige Ersatzmodelle basieren auf den sogenannten *klassischen Entscheidungsprinzipien*, die die Präferenzen (Risikopräferenzen) des Entscheidungsträgers in bezug auf eine Alternative $x \in X$ direkt durch einen oder mehrere Verteilungsparameter (Momente) der Zufallsvariablen $z^\gamma(x)$ abbilden. Ein klassisches Entscheidungsprinzip gibt an, auf welchen Verteilungsparametern ein Ersatzmodell basiert, eine *Entscheidungsregel* konkretisiert, wie diese Kennzahlen in der Ersatzzielfunktion verknüpft werden.[10] Ein bekanntes klassisches Entscheidungsprinzip ist beispielsweise das (μ, σ)-Prinzip, bei dem neben dem Erwartungswert μ des Zielfunktionswertes auch dessen Standardabweichung σ oder Varianz σ^2 in die Ersatzformulierung einfließen. Eine auf dem (μ, σ)-Prinzip basierende Entscheidungsregel besagt beispielsweise, daß in der Ersatzzielfunktion die mit einem positiven Gewicht bewertete Standardabweichung vom Erwartungswert abzuziehen ist.

Aus der Menge der zulässigen Alternativen X läßt sich eine bezüglich (ER_z) optimale Lösung (X^*, ω_z^*) bestimmen, indem zunächst jeder zulässi-

[10] Vgl. insbesondere SCHNEEWEISS 1967, S. 17ff.

gen Alternative x die Zufallsvariable $z^\gamma(x)$ mit entsprechender Wahrscheinlichkeitsverteilung zugeordnet wird. Die von dem zugrundeliegenden Entscheidungsprinzip abhängigen Verteilungsparameter werden mittels einer Ersatzzielfunktion zu einem Präferenzwert aggregiert. Mit Hilfe des OPTIMIZERs läßt sich dann die Menge der optimalen Alternativen X^* mit dem maximalen Ersatzzielfunktionswert ω_z^* berechnen. Der Entscheidungsfindungsprozeß verläuft für die Ersatzmodelle auf der Grundlage klassischer Entscheidungsprinzipien von X über W_{z^γ} und Ω_z zum OPTIMIZER (vgl. Abb. 3.5).

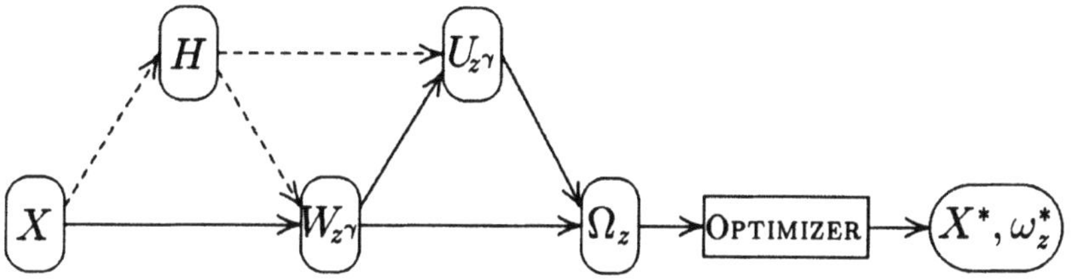

Abbildung 3.5: Entscheidungsfindungsprozeß bei stochastischen Zielfunktionen

Beim BERNOULLI-*Prinzip*, dessen Idee DANIEL BERNOULLI bereits im Jahre 1738 formulierte, ordnet der Entscheidungsträger jeder Realisation der Zufallsvariablen $z^\gamma(x)$ mittels einer geeigneten Risikonutzenfunktion u einen subjektiven Nutzenwert zu.[11] Diese so transformierten Zufallsvariablen werden durch einen Verteilungsparameter, den Erwartungswert, in eine deterministische Größe überführt. Der Entscheidungsträger vergleicht die Alternativen bei diesem Entscheidungsprinzip auf der Grundlage der jeweiligen Erwartungsnutzenwerte, so daß sich hier die Ersatzzielfunktion wie folgt angeben läßt: $\omega_z := \mathrm{E}[u(z^\gamma(x))]$. Gemäß dem BERNOULLI-Prinzip sind daher diejenigen Alternativen aus der Menge X optimal, die zum maximalen Erwartungsnutzenwert führen. In diesem Fall wird die Menge W_{z^γ} durch eine subjektive Bewertung in die Menge U_{z^γ} abgebildet und durch Verwendung des Erwartungswertes je-

[11] Vgl. BERNOULLI 1954.

der Wahrscheinlichkeitsverteilung ein deterministischer Präferenzwert ω_z zugeordnet (vgl. Abb. 3.5).

Im Unterschied zu den oben charakterisierten klassischen Entscheidungsprinzipien, bei denen die Verteilungsparameter möglicherweise „willkürlich" ausgewählt und aggregiert werden, läßt sich das BERNOULLI-Prinzip axiomatisch begründen. Dabei gibt es nicht nur eine Axiomatik zur Begründung der Erwartungsnutzentheorie, sondern mehr oder weniger unterschiedliche Axiomensysteme, die aufgrund der divergierenden Anforderungen mehr oder weniger stark voneinander abweichen.[12] Wenn die Präferenzen des Entscheidungsträgers in bezug auf die unterschiedlichen Wahrscheinlichkeitsverteilungen aus $W_{z\gamma}$ auf dem ordinalen Prinzip, d.h. auf einer reflexiven, transitiven und vollständigen Präferenzrelation über den Wahrscheinlichkeitsverteilungen aus $W_{z\gamma}$, beruhen, dann existiert bereits eine Präferenzfunktion, welche die vom Entscheidungsträger vorgelegte Ordnung „auf *ordinalem* Skalenniveau mißt".[13] Eine Erweiterung der Axiomatik in Hinblick auf die innere Struktur von $W_{z\gamma}$ führt zum BERNOULLI-Prinzip bzw. zur BERNOULLI-Risikonutzenfunktion, die zwar bis auf positiv-monotone lineare Transformationen eindeutig ist, aber nach wie vor eine ordinal messende Nutzenfunktion darstellt.[14] Für die folgenden Ausführungen, bei denen es darum geht, dem Entscheidungsträger bei Entscheidungen unter Risiko Hilfestellungen bei der Suche nach einer – wie auch immer definierten – „optimalen" Alternative anzubieten, ist im allgemeinen die Existenz einer ordnungserhaltenden Bewertungsfunktion ausreichend.

Die Risikoeinstellung eines Entscheidungsträgers läßt sich beim BERNOULLI-Prinzip aus dem Verlauf der Risikonutzenfunktion ableiten und mit Hilfe des Sicherheitsäquivalentes verdeutlichen. Sofern das *Sicherheitsäquivalent* einer Alternative $x \in X$ existiert, kennzeichnet dieses einen sicheren Zielfunktionswert $z_s(x)$, zu dem der Entscheidungsträger

[12] Vgl. u.a. KRUSCHWITZ 1995, S. 116ff.; LUCE/RAIFFA 1957, S. 23ff.; NEUMANN/MORGENSTERN 1961, S. 642ff.; SCHNEEWEISS 1967, S. 73ff.

[13] KÜRSTEN 1992, S. 465.

[14] Vgl. u.a. DYCKHOFF 1993; KÜRSTEN 1992.

gemäß seiner Präferenzen bezüglich $z^{\gamma}(x)$ indifferent ist. Daher gilt allgemein für ein $x \in X$: $\omega_z(z_s(x)) = \omega_z(z^{\gamma}(x))$ und für das hier betrachtete BERNOULLI-Prinzip: $u(z_s(x)) = \mathrm{E}[u(z^{\gamma}(x))]$.

Lineare Risikonutzenfunktionen, bei denen das Sicherheitsäquivalent $z_s(x)$ und der erwartete Zielfunktionswert $\mathrm{E}[z^{\gamma}(x)]$ übereinstimmen, implizieren ein risikoneutrales Verhalten des Entscheidungsträgers. Streng konkave Risikonutzenfunktionen, in denen das Sicherheitsäquivalent $z_s(x)$ kleiner als $\mathrm{E}[z^{\gamma}(x)]$ ausfällt, spiegeln das Verhalten eines risikoscheuen Entscheidungsträgers wider. Könnte der Entscheidungsträger in diesem

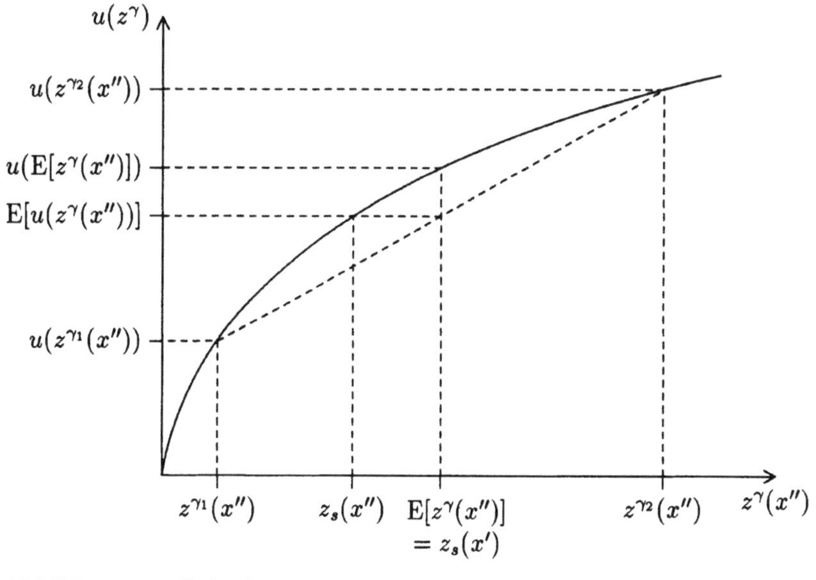

Abbildung 3.6: Sicherheitsäquivalent eines risikoscheuen Entscheidungsträgers

Fall zwischen zwei Alternativen $x' \in X$ und $x'' \in X$ wählen, wobei x' einen sicheren Zielfunktionswert $(z_s(x'))$ gerade in der Höhe des erwarteten Zielfunktionswertes der zweiten Alternative garantiert, so würde er sich stets für x' entscheiden, denn für streng konkave, monoton steigende Funktionen u gilt: $u(z_s(x')) = u(\mathrm{E}[z^{\gamma}(x'')]) > \mathrm{E}[u(z^{\gamma}(x''))]$, d.h. die sichere Alternative x' wird gegenüber der unsicheren x'' präferiert (vgl. Abb. 3.6). Nur die Zahlung einer hinreichend großen *Risikoprämie* veranlaßt den Entscheidungsträger zur Wahl der Alternative x''. Risikofreudiges Verhalten der Entscheidungsträger wird entsprechend durch konvexe Funktionen abgebildet.[15]

3.2.4 Ersatzmodelle

Nach der allgemeinen Charakterisierung von *Ersatzmodellen* (ER_z) folgt nun in diesem Abschnitt die konkrete Formulierung von Modellen (ER_z) auf der Grundlage einiger klassischer Entscheidungsprinzipien. Ein Ersatzmodell, welches das stochastische Entscheidungsmodell (SEM_z) in ein deterministisches Modell (ER_z) überführt, sollte numerisch lösbar sein, und mindestens eine bezüglich (ER_z) optimale Alternative sollte nicht im Sinne der stochastischen Dominanz nullten Grades dominiert und nach Möglichkeit nicht wahrscheinlichkeitsdominiert werden. Da gezeigt werden kann, daß die letztgenannte Anforderung genau dann erfüllt ist, wenn bei einer Entscheidung gemäß dem BERNOULLI-Prinzip die Risikonutzenfunktion bestimmte Eigenschaften erfüllt, sie insbesondere monoton steigt, werden die jeweils betrachteten Entscheidungsregeln auf ihre Vereinbarkeit mit dem BERNOULLI-Prinzip überprüft.[16] Die im folgenden vorgestellten Entscheidungsregeln, die auf klassischen Entscheidungsprinzipien basieren, stellen somit einen Spezialfall des BERNOULLI-Prinzips dar, wenn eine entsprechende Risikonutzenfunktion existiert, die mit diesem Entscheidungsprinzip im Einklang steht.[17] Tabelle 3.5 gibt daher nicht nur die Ersatzzielfunktion ω_z und soweit notwendig die zusätzliche Nebenbedingung X^{ER_z} für jedes Ersatzmodell an, sondern auch die entsprechende Risikonutzenfunktion, vorausgesetzt, das Ersatzmodell ist mit dem BERNOULLI-Prinzip verträglich.

Beim *Erwartungswertmodell* vergleicht ein Entscheidungsträger die Alternativen des stochastischen Entscheidungsmodells (SEM_z), indem er jeweils den erwarteten Zielfunktionswert $E[z^\gamma(x)]$ bestimmt. In die Ersatzzielfunktion ω_z geht bei diesem Entscheidungsprinzip, dem sogenann-

[15] Vgl. u.a. BITZ 1981, S. 162ff.; LAUX 1995, S. 198ff.

[16] Vgl. FISHBURN/VICKSON 1978, S. 64ff. und 102ff.

[17] SCHNEEWEISS 1967, S. 89ff. hat diese Zusammenhänge ausführlich untersucht.

Ersatzmodelle auf der Grundlage	
klass. Entscheidungsprinzipien: $\max \{\omega_z(z) \mid x \in X \cap X^{ER_z}\}$ mit $z := z^{\gamma}(x)$	des BERNOULLI-Prinzips: $\max \{\mathrm{E}[u(z)] \mid x \in X\}$ mit $z := z^{\gamma}(x)$
Erwartungswertmodell	
$\omega_z(z) := \mathrm{E}[z]$	$u(z) := a \cdot z + b$ wobei $a \in \mathbb{R}_{++},\ b \in \mathbb{R}$
Erwartungswert-Varianz-Modell	
$\omega_z(z) := \mathrm{E}[z] - p_0\, \mathrm{V}[z]$ wobei $p_0 \in \mathbb{R}_{++}$	—— (nur in Spezialfällen)
Aspirationsmodell	
$\omega_z(z) := \lambda$ $X^{ER_z} := \left\{x \mid P\{z \geqq \overline{z}_0\} \geqq \lambda\right\}$ wobei $\overline{z}_0 \in \mathbb{R}$	$u(z) := \begin{cases} 1 & \text{falls } z \geqq \overline{z}_0 \\ 0 & \text{sonst} \end{cases}$ wobei $\overline{z}_0 \in \mathbb{R}$
Fraktilmodell	
$\omega_z(z) := \overline{z}$ $X^{ER_z} := \left\{x \mid P\{z \geqq \overline{z}\} \geqq \lambda_0\right\}$ wobei $\lambda_0 \in]0,1]$	——
Erwartungswert-Verlustwahrscheinlichkeits-Modell	
$\omega_z(z) := \mathrm{E}[z] - p_0\, \kappa$ $X^{ER_z} := \left\{x \mid P\{z < \overline{z}_0\} \leqq \kappa\right\}$ wobei $p_0 \in \mathbb{R}_{++},\ \overline{z}_0 \in \mathbb{R}$	$u(z) := \begin{cases} z & \text{falls } z \geqq \overline{z}_0 \\ z - p_0 & \text{sonst} \end{cases}$ wobei $p_0 \in \mathbb{R}_{++},\ \overline{z}_0 \in \mathbb{R}$
Erwartungswert-Mißerfolgserwartungs-Modell	
$\omega_z(z) := \mathrm{E}[z] - p_0\, \mathrm{E}[h(z)]$ $h(z) := \begin{cases} \overline{z}_0 - z & \text{falls } z < \overline{z}_0 \\ 0 & \text{sonst} \end{cases}$ wobei $p_0 \in \mathbb{R}_{++},\ \overline{z}_0 \in \mathbb{R}$	$u(z) := \begin{cases} z & \text{falls } z \geqq \overline{z}_0 \\ z - p_0(\overline{z}_0 - z) & \text{sonst} \end{cases}$ wobei $p_0 \in \mathbb{R}_{++},\ \overline{z}_0 \in \mathbb{R}$

Tabelle 3.5: Formulierung von Ersatzmodellen (ER_z)

ten μ-Prinzip, nur ein Verteilungsparameter ein. Der Erwartungswert wird als eine geeignete Kennzahl zur Lösung von (SEM_z) angesehen, da sich bei häufig wiederholenden Entscheidungen im „Mittel" gerade dieser Wert einstellt. Jedoch vernachlässigt das μ-Prinzip insbesondere bei Einmalentscheidungen das mit den Alternativen verbundene Risiko, so daß es naheliegt, weitere Verteilungsparameter bei der Formulierung von Ersatzmodellen in die Analyse zu integrieren.

Die Risikonutzenfunktion verläuft bei diesem mit der Erwartungsnutzentheorie vereinbaren Ersatzmodell linear (vgl. Tab. 3.5) und impliziert somit einen risikoneutralen Entscheidungsträger. Die Verträglichkeit des Erwartungswertmodells mit dem BERNOULLI-Prinzip läßt sich in diesem Fall unmittelbar zeigen ($a \in \mathbb{R}_{++}, b \in \mathbb{R}$):

$$\mathrm{E}[u(z^{\gamma}(x))] = \mathrm{E}[a \cdot z^{\gamma}(x) + b] = a \cdot \mathrm{E}[z^{\gamma}(x)] + b.$$

Da die Risikonutzenfunktion bis auf eine positiv-monotone lineare Transformation eindeutig bestimmt ist, hat die Wahl der beiden Paramter a und b keinen Einfluß auf die Menge der bezüglich dieses Ersatzmodells optimalen Alternativen. Diese Menge enthält wegen der streng monoton steigenden Funktion u ausschließlich nicht wahrscheinlichkeits- und damit auch keine zustandsdominierten Lösungen.[18]

Ersatzmodelle auf Grundlage des (μ, σ)-Prinzips berücksichtigen in der Ersatzzielfunktion ω_z neben dem Erwartungswert des Zielfunktionswertes die Standardabweichung oder die Varianz als ein Maß für das mit einer Alternative verbundene Risiko. In dem in Tabelle 3.5 vorgestellten *Erwartungswert-Varianz-Modell*[19] resultiert die Ersatzzielfunktion aus der Differenz von Erwartungswert und gewichteter Varianz, die die positiven und negativen Abweichungen vom Erwartungswert erfaßt. Durch die Subtraktion der mit einem positiven Faktor ($p_0 > 0$) gewichteten Varianz vom Erwartungswert soll eine vorsichtige Risikoeinstellung, d.h. zunehmende Risikoaversion, des Entscheidungsträgers modelliert werden.

[18]Bei den folgenden Ersatzmodellen wird auf die explizite Angabe der jeweils zu einer positiv linearen Transformation notwendigen Koeffizienten a und b verzichtet.

[19]Vgl. u.a. EWERT/WAGENHOFER 1995, S. 221ff.; FRANKE/HAX 1994, S. 309ff.; MARKOWITZ 1959, S. 154ff.; SCHNEEWEISS 1967, S. 52ff.; SERF 1995, S. 41ff.

Aus der Sicht der vektoriellen Entscheidungstheorie verfolgt der Entscheidungsträger bei diesem Ersatzmodell neben der Maximierung des Erwartungswertes das Ziel, die Varianz zu minimieren, immer bezogen auf die zufallsabhängigen Zielfunktionswerte $z^{\gamma}(x)$, die mit einer Alternative verbunden sind.[20] Die hier vorgestellte Ersatzzielfunktion entspricht genau einer Kompromißzielfunktion auf der Grundlage des Zielgewichtungsmodells (vgl. Abschnitt 2.3.1), wobei hier ohne Beschränkung der Allgemeinheit das Zielgewicht des ersten Ziels auf den Wert 1 fixiert wird. Satz 2.3 (vgl. S. 49) stellt in diesem Zusammenhang sicher, daß in bezug auf die hier genannten Zielsetzungen ausschließlich effiziente Alternativen mit dem Ersatzmodell als optimale Lösung berechnet werden. Eine bezüglich dem Erwartungswert μ und der Varianz σ^2 effiziente Alternative wird auch als *(μ, σ)-effiziente Alternative* bezeichnet.

Da jedoch für ein hinreichend großes p_0 Alternativen optimal sein können, die sich durch eine minimale Varianz auszeichnen, ist der Fall denkbar, daß diese Alternativen im ersten oder sogar im nullten Grad stochastisch dominiert werden (vgl. Beispiel 3.4, S. 75 und 3.6, S. 88). Daher verwundert es nicht, daß diese Entscheidungsregel nicht mit dem BERNOULLI-Prinzip in Einklang steht. Neben dem hier vorgestellten Ersatzmodell existieren weitere Entscheidungsregeln auf der Basis des (μ, σ)-Prinzips, die mit dem BERNOULLI-Prinzip vereinbar sind. So läßt sich durch eine Modifikation der Entscheidungsregel ($\omega_z := \mu - p_0(\mu^2 + \sigma^2)$) die Verträglichkeit mit Hilfe einer quadratischen Risikonutzenfunktion zeigen, wobei nur der monoton steigende Ast dieser Funktion betrachtet wird.[21] Beschränkt man die Betrachtung auf normalverteilte Zufallsvariablen, d.h. normalverteilte Zielfunktionswerte $z^{\gamma}(x)$, dann läßt sich mit einer exponentiellen Risikonutzenfunktion sogar die Vereinbarkeit mit der zunächst vorgestellten Ersatzzielfunktion auf der Grundlage des (μ, σ)-Prinzips zeigen.[22]

Zwei eng verwandte Ersatzformulierungen sind das Aspirations- und das Fraktilmodell.[23] Im Sinne des *Aspirationsmodells* sind diejenigen Alter-

[20] Vgl. DINKELBACH 1973, S. 49f.

[21] Vgl. u.a. LAUX 1995, S. 208ff.

[22] Vgl. u.a. FREUND 1956.

[23] Vgl. u.a. DINKELBACH 1982, S. 88ff.; GEOFFRION 1967; KATAOKA 1963; ROY 1952.

nativen optimal, deren Wahrscheinlichkeit λ, daß der zufallsabhängige Zielfunktionswert $z^{\gamma}(x)$ eine vom Entscheidungsträger vorgegebene untere Schranke $\overline{z}_0$ mindestens erreicht, maximal ist. Im Unterschied dazu gibt der Entscheidungsträger im Fraktilmodell eine Mindestwahrscheinlichkeit λ_0 für die zu erreichende untere Schranke $\overline{z}$ vor. Optimal im Sinne des *Fraktilmodells* sind die Alternativen, die unter Berücksichtigung der vorgegebenen Wahrscheinlichkeit ($P\{z^{\gamma}(x) \geqq \overline{z}\} \geqq \lambda_0$) zu einem maximalen Wert von $\overline{z}$ führen. Während im Fraktilmodell eine maximale untere Schranke $\overline{z}$ bei einer vorgegebenen Wahrscheinlichkeit λ_0 gesucht wird, gibt der Entscheidungsträger im Aspirationsmodell als Anspruchsniveau eine untere Schranke $\overline{z}_0$ vor und maximiert die Wahrscheinlichkeit λ. Aufgrund der in beiden Ersatzmodellen vom Entscheidungsträger zu definierenden Anspruchsniveaus haben die Ziele im Fraktil- und Aspirationsmodell den Charakter von Satisfizierungszielen (vgl. Abschnitt 1.4.1).

Diese Aussage verdeutlicht auch die für das Aspirationsmodell in Tabelle 3.5 angegebene Risikonutzenfunktion, die allen das Anspruchsniveau überschreitenden Zielfunktionswerten einen identischen Wert zuweist. Im Unterschied zum Aspirationsmodell ist das Fraktilmodell nicht mit dem BERNOULLI-Prinzip verträglich. Jedoch läßt sich für beide Ersatzmodelle zeigen, daß die Menge der in bezug auf die jeweilige Ersatzformulierung optimalen Alternativen mindestens eine nicht wahrscheinlichkeitsdominierte Lösung enthält.[24] In beiden Modellformulierungen fällt der optimale Ersatzzielfunktionswert mit steigendem Anspruchsniveau monoton.

Neben der Möglichkeit, in der Ersatzzielfunktion den Erwartungswert mit der Varianz zu verknüpfen, die die positiven und negativen Abweichungen vom Erwartungswert erfaßt, können auch Verteilungsparameter gewählt werden, die insbesondere die häufig vom Entscheidungsträger als unerwünscht angesehenen negativen Abweichungen von einem gegebenen kritischen Wert berücksichtigen. Dieser Anforderung genügen die im folgenden mit dem Erwartungswert verknüpften asymmetrischen Risikomaße *Verlustwahrscheinlichkeit* und Mißerfolgserwartung. Die Verlust-

[24] Vgl. LORSCHEIDER 1986, S. 52.

oder auch Ruinwahrscheinlichkeit[25] ist definiert als die Wahrscheinlichkeit κ, mit der ein zufallsabhängiger Zielfunktionswert $z^\gamma(x)$ einen vom Entscheidungsträger vorgegebenen Schwellenwert $\bar{z}_0$ unterschreitet. Im Rahmen der Portfolio-Optimierung spricht man von *Ausfallrisiko* (*Shortfall Risk*).[26] Ob die Verlustwahrscheinlichkeit κ minimiert oder die aus dem Aspirationsmodell bekannte Wahrscheinlichkeit λ maximiert wird, hat keinen Einfluß auf die Menge der jeweils optimalen Alternativen. Ein Verlustwahrscheinlichkeitsmodell ist eine äquivalente Formulierung des Aspirationsmodells, wie folgende Darstellung eines Verlustwahrscheinlichkeitsmodells verdeutlichen soll. Die Verlustwahrscheinlichkeit κ ist gerade die Gegenwahrscheinlichkeit von λ ($\kappa = 1 - \lambda$):

$$\min \left\{\kappa \;\middle|\; x \in X \cap \{x \mid P\{z^\gamma(x) < \bar{z}_0\} \leqq \kappa\}\right\} \quad \text{mit } \bar{z}_0 \in \mathbb{R}.$$

In einem Ersatzmodell, das dieses asymmetrische Risikomaß mit dem Erwartungswert kombiniert, wird in der Ersatzzielfunktion die mit einem Gewicht p_0 bewertete Verlustwahrscheinlichkeit κ vom Erwartungswert abgezogen. In Anlehnung an vektorielle Entscheidungsmodelle kann auch die Ersatzzielfunktion dieses Erwartungswert-Verlustwahrscheinlichkeits-Modells als eine Kompromißzielfunktion auf der Grundlage der Zielgewichtung interpretiert werden. In bezug auf ein vektorielles Entscheidungsmodell, das den Erwartungswert maximiert und die Verlustwahrscheinlichkeit minimiert, liefert dieses Ersatzmodell effiziente Lösungen, genauer (μ, κ)-*effiziente Alternativen.* Im Gegensatz zum Erwartungswert-Varianz-Modell enthält die Menge der bezüglich dieses Ersatzmodells optimalen Alternativen (vgl. Tab. 3.5) mindestens eine nicht wahrscheinlichkeitsdominierte Lösung. Dieses Ersatzmodell ist mit dem BERNOULLI-Prinzip verträglich. Dies gilt auch für das Erwartungswert-Mißerfolgserwartungs-Modell[27], bei dem vom Erwartungswert die gewichtete erwartete Abweichung vom Schwellenwert $\bar{z}_0$, der sogenannte *Mißerfolgserwartungswert* $\nu := \mathrm{E}[h(z^\gamma(x))]$, abgezogen wird. Die Hilfsfunktion $h(z^\gamma(x))$

[25] Vgl. u.a. BITZ 1981, S. 200ff.

[26] Vgl. u.a. ZIMMERMANN 1992, S. 91 ff.

[27] Vgl. u.a. BITZ 1981, S. 210ff.; MARKOWITZ 1959, S. 291f.; SCHNEEWEISS 1967, S. 96; SERF 1995, S. 186f.

(vgl. Tab. 3.5) stellt für jede den kritischen Wert $\overline{z}_0$ unterschreitende Realisation der Zielfunktion die Differenz zwischen diesen beiden Werten, den jeweiligen Mißerfolg, fest; $\overline{z}_0$ überschreitende Realisationen führen zu einem Hilfsfunktionswert von null. Analog zu den (μ, κ)-effizienten Alternativen bezeichnet man die in bezug auf die beiden Ziele Maximierung des Erwartungswertes und Minimierung des Mißerfolgserwartungswertes entsprechend nicht dominierten Alternativen als (μ, ν)-*effizient.*

Im Unterschied zum Erwartungswert-Verlustwahrscheinlichkeits-Modell, in dem keine eindeutige Aussage über die Risikoeinstellung des Entscheidungsträgers getroffen werden kann, da diese von der Wahl des Wertes $\overline{z}_0$ abhängt, impliziert das Erwartungswert-Mißerfolgserwartungs-Modell im allgemeinen einen risikoaversen Entscheidungsträger. Nur wenn alle Zielfunktionsrealisationen größer oder gleich bzw. kleiner oder gleich dem Schwellenwert $\overline{z}_0$ sind, impliziert die Risikonutzenfunktion ein risikoneutrales Verhalten, da in diesen Fällen der jeweils relevante Teil der Risikonutzenfunktion linear verläuft. Soweit diese Voraussetzung nicht erfüllt wird, handelt es sich um einen risikoscheuen Entscheidungsträger.

Auf der Grundlage der Funktion h lassen sich weitere asymmetrische Risikomaße definieren. So kann der Abstand zwischen dem Schwellenwert $\overline{z}_0$ und einer diesen Wert unterschreitenden Zielfunktionsrealisation $z^\gamma(x)$ nicht nur auf der Basis der L_1-Norm gemessen werden, sondern auch durch andere Abstandsnormen, wie z.B. mit Hilfe des euklidischen Abstandes, d.h. der L_2-Norm. Wird zudem der Wert $\overline{z}_0$ für jede Alternative durch den jeweiligen Erwartungswert ersetzt, so bezeichnet man das sich dann ergebende Risikomaß als Semivarianz. Dieses asymmetrische Risikomaß kann wiederum mit dem Erwartungswert in einer Ersatzzielfunktion kombiniert werden. Entsprechende Modellformulierungen lassen sich infolge der im allgemeinen unterschiedlichen Anspruchsniveaus $\overline{z}_0$ nicht mit dem BERNOULLI-Prinzip vereinbaren.[28]

Beispiel 3.6 Für Frau Verti sind in Tabelle 3.6 die wichtigsten Daten aus dem Beispiel 3.2 (vgl. S. 70) noch einmal zusammengefaßt und einige für die folgenden Analysen bedeutenden Verteilungsparameter berechnet. Neben dem

[28]Vgl. u.a. MARKOWITZ 1959, S. 188ff.; SERF 1995, S. 114ff.

	γ_1 $p_1 = 0,3$	γ_2 $p_2 = 0,4$	γ_3 $p_3 = 0,3$	μ	σ^2	κ	ν
ALT_1	35	46	50	43,9	36,69	0,7	4,0
ALT_2	40	45	49	44,7	12,21	0,7	3,3
ALT_3	45	40	49	44,2	14,16	0,6	3,0
ALT_4	49	49	49	49,0	0	1,0	7,0

Tabelle 3.6: Verteilungsparameterwerte für Frau Verti bei $\bar{z}_0 = 42$

Erwartungswert μ und der Varianz σ^2 sind dies die Verlustwahrscheinlichkeit κ und der Mißerfolgserwartungswert ν. Für die asymmetrischen Risikomaße wird ein Anspruchsniveau von $\bar{z}_0 = 42$ zugrunde gelegt. Bei der Ermittlung dieser Kennzahlen muß für das hier zu untersuchende stochastische Minimierungsproblem, den Kauf eines Personal Computers, beachtet werden, daß der Entscheidungsträger $\bar{z}_0$ überschreitende Werte als unerwünscht einschätzt. Die Hilfsfunktion zur Bestimmung des Mißerfolgserwartungswertes lautet daher:

$$\tilde{h}(z^{\gamma}(x)) := \begin{cases} z^{\gamma}(x) - \bar{z}_0, & \text{falls} \quad z^{\gamma}(x) > \bar{z}_0, \\ 0, & \text{sonst.} \end{cases}$$

In der Tabelle 3.7 werden alle Ersatzmodelle, die auf einem stochastischen Minimierungsproblem beruhen, explizit angegeben. Zwar könnten auch direkt die in Tabelle 3.5 (vgl. S. 83) aufgeführten Formulierungen übernommen werden; um jedoch die häufig irritierenden Ausführungen mit im allgemeinen ausschließlich negativen Zielfunktionswerten zu vermeiden, faßt Tabelle 3.7 deshalb alle für ein Minimierungsproblem zu modifizierenden Ersatzformulierungen überblicksartig zusammen. Die Tabelle 3.8 gibt für die vier Alternativen des Beispiels die jeweils ermittelten Ersatzzielfunktionswerte an. Mit einem Stern (*) gekennzeichnete Werte führen in bezug auf die jeweils betrachtete Formulierung zum optimalen Ersatzzielfunktionswert. Die zugehörigen Alternativen bilden die Mengen der optimalen Lösungen.

Bei einer Entscheidung nach dem Erwartungswertmodell erweist sich die Alternative ALT_1, d.h. der PC Basic, als optimale Lösung. Da diese Alternative mit der höchsten Varianz verbunden ist, kann sie gemäß dem Erwartungswert-Varianz-Modell nur optimal sein, wenn in der Ersatzzielfunktion die Varianz

Ersatzmodelle für $min\{z^{\gamma}(x) \mid x \in X\}$
Erwartungswertmodell $\min\left\{\mathrm{E}[z^{\gamma}(x)] \mid x \in X\right\}$
Erwartungswert-Varianz-Modell $\min\left\{\mathrm{E}[z^{\gamma}(x)] + p_0\mathrm{V}[z^{\gamma}(x)] \mid x \in X\right\}$
Aspirationsmodell $\max\left\{\lambda \mid x \in X \cap \{x \mid P\{z^{\gamma}(x) \leqq \bar{z}_0\} \geqq \lambda\}\right\}$
Fraktilmodell $\min\left\{\bar{z} \mid x \in X \cap \{x \mid P\{z^{\gamma}(x) \leqq \bar{z}\} \geqq \lambda_0\}\right\}$
Erwartungswert-Verlustwahrscheinlichkeits-Modell $\min\left\{\mathrm{E}[z^{\gamma}(x)] + p_0\kappa \mid x \in X \cap \{x \mid P\{z^{\gamma}(x) > \bar{z}_0\} \leqq \kappa\}\right\}$
Erwartungswert-Mißerfolgserwartungs-Modell $\min\left\{\mathrm{E}[z^{\gamma}(x)] + p_0\mathrm{E}[\tilde{h}(z^{\gamma}(x))] \mid x \in X\right\}$

Tabelle 3.7: Ersatzmodelle für ein Minimierungsproblem

durch den Parameter p_0 entsprechend niedrig gewichtet wird ($p_0 < 0,013$). Bei dem hier unterstellten Wert von $p_0 = 0,35$ müßte sich der Entscheidungsträger für die wahrscheinlichkeitsdominierte Alternative ALT_2 entscheiden (vgl. Beispiel 3.4, S. 75). Eine geringfügige Erhöhung des Gewichtungsfaktors ($p_0 > 0,3522$) weist sogar die zustandsdominierte Alternative ALT_4, den PC Professional, als optimale Lösung aus. Frau Verti sollte sich daher

	μ	$\mu - p_0\,\sigma^2$	λ	$\bar{z}$	$\mu - p_0\,\kappa$	$\mu - p_0\,\nu$
ALT_1	$43,9^*$	$56,74$	$0,3$	46	$44,15^*$	$45,30$
ALT_2	$44,7$	$48,97^*$	$0,3$	45^*	$44,95$	$45,86$
ALT_3	$44,2$	$49,16$	$0,4^*$	45^*	$44,41$	$45,25^*$
ALT_4	$49,0$	$49,00$	0	49	$49,35$	$51,45$

Tabelle 3.8: Optimale Lösungen der Ersatzmodelle für Frau Verti bei $p_0 = 0,35$, $\bar{z}_0 = 42$ und $\lambda_0 = 0,6$

bewußt sein, welche Konsequenzen die Wahl einer Alternative auf Basis dieses nicht mit der Theorie des Erwartungsnutzens verträglichen Ersatzmodells hat. Akzeptiert sie die Wahrscheinlichkeits- bzw. Zustandsdominanz als rationales Kriterium zur Vorauswahl von Alternativen, dann sollten ihre Entscheidungen auf anderen Ersatzformulierungen basieren oder dieses Modell nur auf die Menge X_{eff}^{1z}, d.h. die Menge der nicht wahrscheinlichkeitsdominierten Alternativen, angewendet werden.

Die Beziehung zwischen der Verlustwahrscheinlichkeit κ und der im Aspirationsmodell zu maximierenden Wahrscheinlichkeit λ verdeutlichen die jeweiligen Angaben in den Tabellen 3.6 und 3.8. Wie das Beispiel zeigt, enthält die Menge der in bezug auf das Fraktil- bzw. das Aspirationsmodell optimalen Alternativen jeweils mindestens eine nicht wahrscheinlichkeitsdominierte Lösung, die Alternative ALT_3, den PC-Multimedia.

Die Einbeziehung asymmetrischer Risikomaße in Verbindung mit dem Erwartungswert läßt sich mit den beiden letztgenannten Ersatzmodellen der Tabelle 3.8 untersuchen. Als (μ, κ) bzw. (μ, ν)-effizient erweisen sich in diesem Beispiel nur die beiden Alternativen ALT_1 und ALT_3. Alternative ALT_3 ist im Vergleich zu ALT_1 sowohl durch eine geringere Verlustwahrscheinlichkeit als auch durch einen geringeren Mißerfolgserwartungswert gekennzeichnet. Bei den hier zugrundegelegten Daten bewirkt dies jedoch nur in bezug auf das Erwartungswert-Mißerfolgserwartungs-Modell eine Entscheidung zugunsten der Alternative ALT_3. Aufgrund der geringeren Differenz zwischen den beiden Verlustwahrscheinlichkeiten erweist sich in Kombination mit dem Erwartungswert bei einem Gewichtungsfaktor von $p_0 = 0,35$ die Alternative ALT_1 als optimal. ◇

Aussagen über die Höhe der hier betrachteten asymmetrischen Risikomaße hängen immer vom Anspruchsniveau $\bar{z}_0$ ab. Diese Abhängigkeit sollte insbesondere bei entsprechenden Effizienzaussagen berücksichtigt werden. Eine Alternative ist somit zunächst nur (μ, κ)- bzw. (μ, ν)-effizient für einen bestimmten Schwellenwert $\bar{z}_0$. Sollte eine Alternative im übrigen für alle $\bar{z}_0 \in \mathbb{R}$ (μ, ν)-effizient sein, so läßt sich zeigen, daß diese Alternative nicht im Sinne der stochastischen Dominanz zweiten Grades dominiert wird.[29]

[29]Vgl. RIESS 1996, S. 68f.

Beispiel 3.7 Die KRAUT KG (vgl. Beispiel 3.1, S. 64, und 3.5, S. 76) hat noch keine Entscheidung getroffen, welche Produktionsmengen herzustellen sind. Zur Lösung dieses stochastischen Entscheidungsproblems kann allgemein folgendes deterministische Ersatzmodell formuliert werden.

$(ER_{3.7})$	$\max\left\{\omega_z(z^\gamma(\mathbf{x})) \mid \mathbf{x} \in X_{3.7} \cap X^{ER_z}\right\}$
mit	$\omega_z(z^\gamma(\mathbf{x})) = \omega_z(2x_1 + (\gamma - 14)x_2)$ $X_{3.7} = \left\{\mathbf{x} \in \mathbb{R}^2_+ \;\middle\|\; \begin{array}{rcrcr} x_1 & + & x_2 & \leqq & 70 \\ x_1 & + & 2x_2 & \leqq & 100 \\ x_1 & & & \leqq & 60 \\ & & x_2 & \leqq & 40 \end{array}\right\}$
wobei	$P\{\gamma = 15\} = P\{\gamma = 16\} = P\{\gamma = 17\} = P\{\gamma = 18\} = 0,25$

Wie die Ersatzzielfunktionen ω_z und – soweit erforderlich – die zusätzlichen Nebenbedingungen X^{ER_z} bei Zugrundelegung unterschiedlicher Ersatzformulierungen lauten, wird in Tabelle 3.9 zusammengefaßt. Die Angaben in dieser Tabelle basieren auf den Annahmen, daß bei allen Ersatzmodellen, die den Erwartungswert mit einem anderen Verteilungsparameter kombinieren, diese Kennzahl fünfmal so hoch wie der Erwartungswert gewichtet wird ($p_0 = 5$), die Unternehmensleitung eine Unterschreitung des Gesamtdeckungsbeitrags von 160 GE vermeiden möchte ($\bar{z}_0 = 160$) und im Fraktilmodell von $\lambda_0 = 0,5$ ausgegangen wird. Der Parameter p_0 wird sowohl in diesem als auch in Beispiel 3.6 konstant gehalten, so daß das Risikomaß im Verhältnis zum Erwartungswert wegen der verschiedenartigen Dimensionierung unterschiedlich „gewichtet" wird.

Nach dem Erwartungswertmodell sollte sich das Unternehmen entscheiden, 40 PE_1 der kleinen und 30 PE_2 der großen Dosen herzustellen. Bei diesen Produktionsmengen erwartet die Unternehmensleitung einen Gesamtdeckungsbeitrag von 155 GE, denn bei den unterschiedlichen Preisentwicklungen des No-Name-Produktes läßt sich mit jeweils 25%iger Wahrscheinlichkeit ein Gesamtdeckungsbeitrag von 110, 140, 170 bzw. 200 GE erwirtschaften. Integriert die Unternehmensleitung neben dem Erwartungswert die Varianz in ihre Überlegungen, resultiert für die hier unterstellten Parameter mit $\mathbf{x}^* = (60; 0,2)^T$ eine optimale Lösung, die z.B. von $\mathbf{x}^* = (60, 10)^T$ zustandsdominiert wird. Nur für die Parameterwerte $0 < p_0 < 0,1$ liefert diese Ersatzformulierung keine zustandsdominierten optimalen Lösungen.

Um die Ermittlung der optimalen Lösung des Aspirationsmodells zu verdeutlichen, sind in der Abbildung 3.7 für die jeweiligen Realisationen des zufallsabhängigen Preises γ die Zielisoquanten dargestellt, die mit einem Deckungs-

Erwartungswertmodell $\max\left\{2x_1 + 2{,}5x_2 \,\vert\, \mathbf{x} \in X_{3.7}\right\}$ Optimale Lösung: $\omega_z^* = 155; \quad X^* = \left\{(40, 30)^T\right\}$
Erwartungswert-Varianz-Modell $\max\left\{2x_1 + 2{,}5x_2 - 6{,}25x_2^2 \,\vert\, \mathbf{x} \in X_{3.7}\right\}$ Optimale Lösung: $\omega_z^* = 120{,}25; \quad X^* = \left\{(60; 0{,}2)^T\right\}$
Aspirationsmodell $\max\left\{\lambda \,\vert\, \mathbf{x} \in X_{3.7} \cap \{\mathbf{x} \,\vert\, P\{2x_1 + (\gamma - 14)x_2 \geqq 160\} \geqq \lambda\}\right\}$ Optimale Lösung: $\omega_z^* = 0{,}5; \quad X^* = \left\{x \in X_{3.7} \,\vert\, 2x_1 + 3x_2 \geqq 160\right\}$
Fraktilmodell $\max\left\{\bar{z} \,\vert\, \mathbf{x} \in X_{3.7} \cap \{\mathbf{x} \,\vert\, P\{2x_1 + (\gamma - 14)x_2 \geqq \bar{z}\} \geqq 0{,}5\}\right\}$ Optimale Lösung: $\omega_z^* = 170; \quad X^* = \left\{(40, 30)^T\right\}$
Erwartungswert-Verlustwahrscheinlichkeits-Modell $\max\left\{2x_1 + 2{,}5x_2 - 5\kappa \,\vert\, \mathbf{x} \in X_{3.7} \cap X_{3.7}^{ER_z}\right\}$ mit $X_{3.7}^{ER_z} := \{\mathbf{x} \,\vert\, P\{2x_1 + (\gamma - 14)x_2 < 160\} \leqq \kappa\}$ Optimale Lösung: $\omega_z^* = 152{,}5; \quad X^* = \left\{(40, 30)^T\right\}$
Erwartungswert-Mißerfolgserwartungs-Modell $\max\left\{2x_1 + 2{,}5x_2 - 5\mathrm{E}[h(2x_1 + (\gamma - 14)x_2)] \,\vert\, \mathbf{x} \in X_{3.7}\right\}$ Optimale Lösung: $\omega_z^* = 75; \quad X^* = \left\{(50, 20)^T\right\}$

Tabelle 3.9: Ersatzformulierungen für die KRAUT KG

beitrag von 160 GE verbunden sind. Alle auf und oberhalb einer Isoquante liegenden Lösungen führen zum gleichen Ersatzzielfunktionswert, d.h. der Wahrscheinlichkeit, mit der sie die vom Entscheidungsträger vorgegebene Grenze $\bar{z}_0 = 160$ GE mindestens erreichen. Die jeweiligen Mengen mit gleichem Ersatzzielfunktionswert werden – soweit vorhanden – durch die nächsthöhere Isoquante begrenzt. Mit einer 100%igen Wahrscheinlichkeit erreicht der Preis des No-Name-Produktes mindestens einen Wert von 15, mit 75%iger einen von 16, mit 50%iger einen von 17 und mit 25%iger einen von 18 GE/PE_2. Da die Alternativen, die mit 100%iger oder 75%iger Wahrscheinlichkeit der Vorgabe der Unternehmensleitung genügen, unzulässig sind, ergibt sich mit $\omega_z^* = 0{,}5$

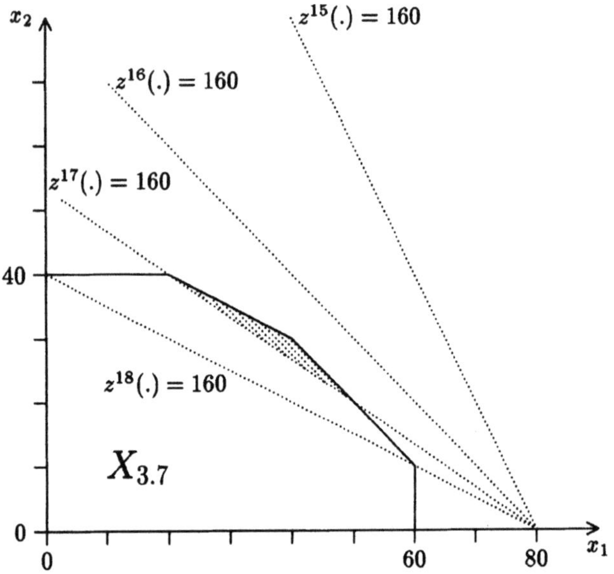

Abbildung 3.7: Lösung des Aspirationsmodells für die KRAUT KG

die in Abbildung 3.7 punktierte Fläche als Menge der optimalen Lösungen. Wird der optimale Ersatzzielfunktionswert des Aspirationsmodells als Vorgabe im Fraktilmodell ($\lambda_0 = 0,5$) verwendet, so ist mit $\mathbf{x}^* = (40, 30)^T$ nur ein Punkt aus dieser Menge optimal. Die KRAUT KG erwirtschaftet mit diesen Produktquantitäten einen Gesamtdeckungsbeitrag von 170 GE, ein Ergebnis, das unter Berücksichtigung der Vorgaben von keiner anderen zulässigen Alternative erreicht wird.

Ob man eine optimale Lösung auf der Basis des Aspirationsmodells oder durch die Minimierung der Verlustwahrscheinlichkeit berechnet, macht keinen Unterschied. Die im Erwartungwert-Verlustwahrscheinlichkeits-Modell kombinierten Zielsetzungen konkurrieren in dem hier betrachten Fall nicht, d.h., die Schnittmenge der individuell optimalen Lösungen ist nicht leer. Mit $\mathbf{x}^* = (40, 30)^T$ existiert eine perfekte Lösung.

Um die optimale Lösung des Erwartungswert-Mißerfolgserwartungs-Modells zu bestimmen, wird zunächst das asymmetrische Risikomaß isoliert untersucht. Der linke Teil der Abbildung 3.8 zeigt neben dem Zulässigkeitsbereich $X_{3.7}$ zwei stückweise lineare Zielisoquanten, die zu einem Mißerfolgserwartungswert

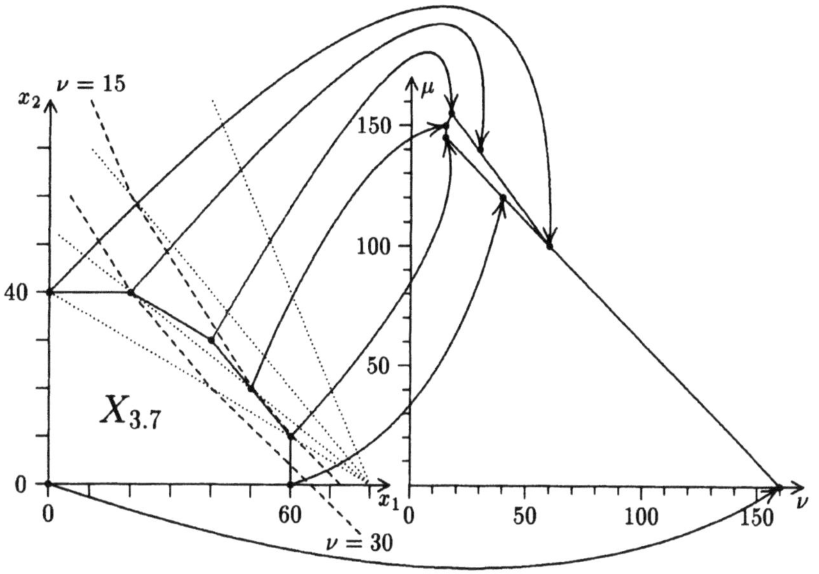

Abbildung 3.8: Lösung des Erwartungswert-Mißerfolgserwartungs-Modells für die KRAUT KG

von 30 GE sowie dem minimalen Wert von 15 GE führen. Die Hilfsfunktion h zur Berechnung entsprechender Mißerfolgserwartungswerte lautet:

$$h(z^{\gamma}(\mathbf{x})) = \begin{cases} 160 - 2x_1 - (\gamma - 14)x_2, & \text{falls } 2x_1 + (\gamma - 14)x_2 < 160, \\ 0, & \text{sonst.} \end{cases}$$

Optimal im Sinne dieser Zielsetzung sind alle Konvexkombinationen aus den beiden Produktionspunkten $\mathbf{x} = (50, 20)^T$ und $\mathbf{x} = (60, 10)^T$. Eine Übertragung der zulässigen Alternativen in einen Zielraum (vgl. Abb. 3.8), der neben dem Mißerfolgserwartungswert auch den Erwartungswert selbst berücksichtigt, veranschaulicht, daß sich die Menge der (μ, ν)-effizienten Alternativen nur aus Konvexkombinationen der beiden Punkte $\mathbf{x} = (40, 30)^T$ und $\mathbf{x} = (50, 20)^T$ zusammensetzt. Bei der hier unterstellten Zielgewichtung erweist sich die Produktion von 50 PE_1 kleinen und 20 PE_2 großen Dosen als „kompromißoptimal". ◇

3.2.5 Informationswert

Falls einem Entscheidungsträger zusätzliche Informationen über die stochastischen Einflußgrößen eines Entscheidungsproblems angeboten werden, muß er sich überlegen, ob er diese Zusatzinformationen erwerben möchte oder nicht. Diese Entscheidung hängt von dem für die Informationen zu zahlenden Preis ab. Einer kostenlosen Überlassung der Informationen wird ein Entscheidungsträger stets zustimmen, denn durch die Bereitstellung von Zusatzinformationen vergrößert sich die bisherige Alternativenmenge um eine zusätzliche Informationsbeschaffungsalternative ALT_I, so daß er sich auf keinen Fall schlechter stellt. Bei einer nicht kostenlosen Beschaffung von Zusatzinformationen muß der Entscheidungsträger zunächst – in einer ersten Stufe – prüfen, ob die Beschaffung von zusätzlichen Informationen für ihn von Vorteil sein kann.

Entscheidet sich ein Entscheidungsträger zugunsten von ALT_I, wartet er zunächst die Zusatzinformationen ab und bestimmt dann – in einer zweiten Stufe –, welche Alternative x aus der Menge X gewählt wird. Bei einem Verzicht auf die zusätzlichen Informationen muß diese Entscheidung – wie bisher – direkt getroffen werden. Die Modelle unter Einbeziehung von Informationen unterscheiden sich nach der Art der Zusatzinformation. In Modellen mit *vollkommener Zusatzinformation* erfährt der Entscheidungsträger durch die Wahl von ALT_I den „wahren" Umweltzustand der Zufallsvariablen γ.[30] Nach dem Empfang der Zusatzinformation kann der Entscheidungsträger eine Entscheidung unter Sicherheit treffen. Da ihm diese Information aber erst nach Vertragsabschluß zugänglich wird, bleibt die Entscheidung, ob und zu welchem Preis die Zusatzinformationen beschafft werden sollen, ein stochastisches Entscheidungsproblem, das auf Grundlage der bereits erläuterten Ersatzmodelle zu lösen ist.

Von besonderem Interesse ist für einen Entscheidungsträger die Beschaffungspreisobergrenze der Zusatzinformationen, der sogenannte *Informationswert*, d.h. der Preis, der maximal für die Zusatzinformation gezahlt

[30] Vgl. u.a. BAMBERG/COENENBERG/KLEINE-DOEPKE 1976; LAUX 1995, S. 281ff.; WENZEL 1975, S. 55ff.

wird. Um diesen Preis bestimmen zu können, muß der optimale Präferenzwert der Informationsbeschaffungsalternative ALT_I auf der Grundlage einer Ersatzformulierung in Abhängigkeit der Informationskosten K ermittelt werden. Dazu wird für jede Realisation von γ der optimale Zielfunktionswert $z^{\gamma*}$ berechnet, der um die Informationskosten K korrigiert wird, wobei hier davon ausgegangen wird, daß die Dimensionen von z^{γ} und K übereinstimmen. Diese neue Zufallsvariable $(z^{\gamma*} - K)$ bewertet ein Entscheidungsträger mittels einer Ersatzzielfunktion ω_z. Gegebenenfalls könnten die Informationskosten durch zusätzliche Nebenbedingungen, z.B. Obergrenzen der Informationskosten, beschränkt werden. Soweit dieser so ermittelte Ersatzzielfunktionswert $\omega_z(\text{ALT}_I(K))$ bei einem bestimmten Preis den bereits bekannten Wert ω_z^*, der sich bei Vernachlässigung von Zusatzinformationen ergibt, nicht unterschreitet, präferiert ein Entscheidungsträger die Alternative $\text{ALT}_I(K)$. Der Informationswert K^* entspricht somit dem optimalen Zielfunktionswert von (ER_I).

(ER_I)	$\max \left\{ K \in \mathbb{R} \,\middle|\, \omega_z(\text{ALT}_I(K)) \geqq \omega_z^* \right\}$
wobei	$\omega_z^* := \max \{\omega_z(z^{\gamma}(x)) \mid x \in X \cap X^{ER_z}\}$ $\omega_z(\text{ALT}_I(K)) := \omega_z(z^{\gamma*} - K)$ $z^{\gamma*} := max \{z^{\gamma}(y) \mid y \in X\}$

Einer der meist diskutierten Informationswerte ist der sogenannte *Erwartungswert vollkommener Zusatzinformation* (EWVI), bei dem eine Entscheidung unter Risiko auf dem Erwartungswertmodell basiert. Dank der stetigen Risikonutzenfunktion, die dieser Ersatzformulierung zugrundeliegt, läßt sich K^* direkt angeben:

$$\max \left\{ K \in \mathbb{R} \,\middle|\, \text{E}[max \{z^{\gamma}(y) \mid y \in X\} - K] \geqq \max\{\text{E}[z^{\gamma}(x)] | x \in X\} \right\}$$

$$\max \left\{ K \in \mathbb{R} \,\middle|\, K \leqq \text{E}[z^{\gamma*}] - \max\{\text{E}[z^{\gamma}(x)] | x \in X\} \right\}$$

und damit

$$K^* = \text{E}[z^{\gamma*}] - \max\{\text{E}[z^{\gamma}(x)] | x \in X\}.$$

In Anlehnung an die bereits ausgeführten allgemeinen Überlegungen zu den stochastischen Dominanzen kann auch die Informationsbeschaffungsalternative $\text{ALT}_I(K)$ nach diesen Kriterien untersucht werden. In bezug auf die unterschiedlichen Dominanzgrade läßt sich auch hier ein Informationswert im Sinne einer Beschaffungspreisobergrenze ermitteln, ab deren Überschreitung $\text{ALT}_I(K)$ dominiert wird.[31]

Beispiel 3.8 Frau Verti, die sich bisher noch zu keiner Entscheidung für einen PC durchringen konnte (vgl. Beispiel 3.2, S. 70, Beispiel 3.6, S. 88), findet in ihrer Post ein interessantes Angebot einer Beratungsgesellschaft. Das Unternehmen, das vom PC-Fachhändler über ihre Kaufabsicht informiert wurde, bietet an, den Markt, auf dem der neue PC eingesetzt werden soll, genau zu analysieren. Aufgrund der Prognose könne dann mit Sicherheit die optimale Entscheidung getroffen werden. Das Beratungsunternehmen garantiert sogar für die zur Verfügung gestellten Daten, denn sollte sich die Prognose nicht erfüllen – was bisher noch nie vorgekommen sei –, erklärt sich das Unternehmen bereit, die durch eine Fehlentscheidung verursachten oder noch entstehenden Kosten zu übernehmen. Für diese Dienstleistung verlangt die Beratungsgesellschaft ein einmaliges Honorar, das bei Interesse telefonisch erfragt werden kann. Über dieses Angebot ist Frau Verti sehr erfreut, denn sie sieht nun endlich die Möglichkeit, nach Vertragsabschluß eine Entscheidung unter Sicherheit treffen zu können. Nur eine Frage bereitet ihr im Moment noch Schwierigkeiten: Welcher Preis ist für diese Dienstleistung aus ihrer Sicht angemessen? Darüber möchte sie sich vor dem Telefonat mit der Beratungsgesellschaft Klarheit verschaffen.

Die Verteilung der Zielfunktionswerte von $\text{ALT}_I(K)$ läßt sich unmittelbar aus der Verteilung der optimalen Zielfunktionswerte $z^{\gamma *}$ ableiten, die um die Informationsbeschaffungskosten zu korrigieren sind (vgl. auch Tab. 3.10):

$$P\{z^{\gamma *}+K \leqq s\} = \begin{cases} 0 & \text{für} \quad -\infty < s < 35+K \\ 0,3 & \text{für} \quad 35+K \leqq s < 40+K \\ 0,7 & \text{für} \quad 40+K \leqq s < 49+K \\ 1 & \text{für} \quad 49+K \leqq s < \infty. \end{cases}$$

Mit Hilfe dieser Verteilung kann überprüft werden, wie hoch das Honorar K maximal sein darf, so daß die Alternative nicht zustands- bzw. wahrscheinlichkeitsdominiert wird. Dieser Betrag läßt sich ermitteln, indem jede nicht

[31] Vgl. u.a. RIESS 1996, S. 112ff.

	γ_1 $p_1 = 0,3$	γ_2 $p_2 = 0,4$	γ_3 $p_3 = 0,3$	$E[z^\gamma(x)]$
ALT_1	35	46	50	43,9
ALT_2	40	45	49	44,7
ALT_3	45	40	49	44,2
ALT_4	49	49	49	49,0
$ALT_I(K)$	$35+K$	$40+K$	$49+K$	$41,2+K$

Tabelle 3.10: Entscheidungsmatrix mit Informationsbeschaffungsalternative für Frau Verti (Erwartungswertmodell)

zustandsdominierte Alternative mit $ALT_I(K)$ verglichen, jeweils ein kritischer Kostenwert bestimmt und anschließend das Minimum über diese Werte festgestellt wird. So dominiert beispielsweise die Alternative ALT_2 die Informationsbeschaffungsalternative $ALT_I(K)$, wenn bei jeder Realisation von γ $ALT_I(K)$ höhere Kosten verursacht. Dieser Wert läßt sich wie folgt bestimmen:

$$\min \left\{ K \;\middle|\; \begin{array}{l} 35+K \geqq 40 \\ 40+K \geqq 45 \\ 49+K \geqq 49 \end{array} \right\} = \{5\}.$$

Falls das Honorar mindestens 5 GE beträgt, wird die Alternative $ALT_I(5)$ von ALT_2 zustandsdominiert. Ein Vergleich mit den anderen Alternativen führt zu höheren Werten, so daß ab einem Honorar von $K > 5$ GE $ALT_I(K)$ kein Element der Menge X^{0z}_{eff} ist (vgl. Beispiel 3.4, S. 75).

Dieser Betrag ergibt sich auch, wenn die Verteilungsfunktion auf Wahrscheinlichkeitsdominanz überprüft wird. Falls das Beratungsunternehmen ein Honorar von 5 GE oder mehr fordert, sollte Frau Verti von einem Vertragsabschluß absehen.

Basiert die Entscheidung auf dem Erwartungswertmodell, so sinkt die Preisobergrenze, d.h. der erwartete Wert vollkommener Zusatzinformation, auf einen Betrag von 2,7 GE:

$$K^* = -E[min\ \{z^\gamma(y) \mid y \in X\}] + \min\{E[z^\gamma(x)] | x \in X\} = -41,2 + 43,9 = 2,7.$$

	γ_1 $p_1 = 0,3$	γ_2 $p_2 = 0,4$	γ_3 $p_3 = 0,3$	$\overline{z}_0 = 42$	$\overline{z}_0 = 46$
ALT_1	35	46	50	0,3	0,7
ALT_2	40	45	49	0,3	0,7
ALT_3	45	40	49	0,4	0,7
ALT_4	49	49	49	0,0	0,0
$\text{ALT}_I(K)$	$35 + K$	$40 + K$	$49 + K$	–	–
$K = 0$	35	40	49	0,7	0,7
$K = 1$	36	41	50	0,7	0,7
$K = 2$	37	42	51	0,7	0,7
$K = 3$	38	43	52	0,3	0,7
$K = 4$	39	44	53	0,3	0,7
$K = 5$	40	45	54	0,3	0,7
$K = 6$	41	46	55	0,3	0,7
$K = 7$	42	47	56	0,3	0,3
$K = 8$	43	48	57	0,0	0,3
$K = 9$	44	49	58	0,0	0,3
$K = 10$	45	50	59	0,0	0,3
$K = 11$	46	51	60	0,0	0,3
$K = 12$	47	52	61	0,0	0,0

Tabelle 3.11: Entscheidungsmatrix mit Informationsbeschaffungsalternative für Frau Verti (Aspirationsmodell)

Bei Entscheidungen auf der Grundlage des Aspirationsmodells muß zunächst die Funktion $\omega_z(\text{ALT}_I(K))$ bestimmt werden, die die Wahrscheinlichkeit angibt, daß der minimale Zielfunktionswert $z^{\gamma *}$ (minimaler Verkaufspreis nach Erhalt der Zusatzinformation) zuzüglich der Informationsbeschaffungskosten K das Anspruchsniveau $\overline{z}_0 = 42$ nicht übersteigt. Die aus der Verteilung $P\{z^{\gamma *} + K \leqq s\}$ ableitbaren Ersatzzielfunktionswerte lauten (vgl. Tab. 3.11):

$$\omega_z(\mathrm{ALT}_I(K)) = P\{42 - z^{\gamma *} \geqq K\} = \begin{cases} 1 & \text{für} \quad -\infty < K \leqq -7 \\ 0{,}7 & \text{für} \quad -7 < K \leqq 2 \\ 0{,}3 & \text{für} \quad 2 < K \leqq 7 \\ 0 & \text{für} \quad 7 < K < \infty. \end{cases}$$

Bei der Wahl der Alternative ALT_3 werden die PC-Beschaffungskosten von $\bar{z}_0 = 42$ GE mit einer Wahrscheinlichkeit von 0,4 nicht überschritten (vgl. Tab. 3.8, S. 90 und Tab. 3.11). Dieses Ergebnis ist bei einer Entscheidung für die Informationsbeschaffungsalternative mit Informationsbeschaffungskosten von bis zu 2 GE allerdings mit einer Wahrscheinlichkeit von 0,7 (> 0,4) zu erreichen. Der Informationswert beträgt somit 2 GE (vgl. auch Abb. 3.9). Wegen der bereits erläuterten Nachteile dieses Ersatzmodells sollte dieser In-

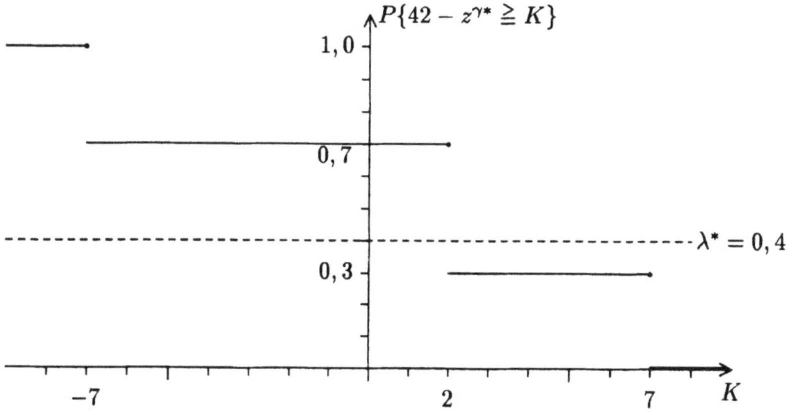

Abbildung 3.9: Informationswert auf Grundlage des Aspirationsmodells

formationswert mit den Preisgrenzen verglichen werden, die sich bei den unterschiedlichen stochastischen Dominanzen ergeben. Gilt beispielsweise $\bar{z}_0 = 46$, so würde der Informationswert unter Zugrundelegung des Aspirationsmodells 6 GE betragen (vgl. Tab. 3.11). In diesem Fall enthält die Menge der bezüglich des Aspirationsmodells optimalen Alternative u.a. die zustandsdominierte Alternative $\mathrm{ALT}_I(6)$. ◇

3.3 Entscheidungsmodelle mit stochastischen Alternativenmengen

3.3.1 Problemstellung

Im Gegensatz zu Entscheidungsmodellen mit einer stochastischen Zielfunktion kann bei Entscheidungsmodellen mit einer stochastischen Alternativenmenge nicht für alle Alternativen mit Sicherheit angegeben werden, ob sie nach Treffen der Entscheidung und nach Realisation der Zufallsvariablen zulässig sind oder nicht. Derartige Probleme kommen insbesondere bei Entscheidungsmodellen zum Tragen, bei denen sich die Alternativenmenge nicht durch eine endgültige Auflistung der zulässigen Alternativen beschreiben läßt – wie beim Grundmodell der Entscheidungstheorie (vgl. S. 67) –, sondern der Zulässigkeitsbereich durch problemspezifische Nebenbedingungen implizit charakterisiert wird (vgl. Alternativenmengen vom Typ X_D oder X_E, S. 6f.). Aus diesem Grund spielen zu diesem Thema ausschließlich Entscheidungsmodelle eine Rolle, deren Alternativen Elemente des N-dimensionalen Raumes der nichtnegativen reellen oder natürlichen Zahlen sind ($\mathbf{x} \in \mathbb{R}_+^N$ bzw. $\mathbf{x} \in \mathbb{N}_0^N$).

Stochastische Nebenbedingungen sind durch Funktionen g_m^α definierte Ungleichungen der Art $g_m^\alpha(\mathbf{x}) \leqq 0$, wobei eine Zufallsvariable oder auch mehrere Zufallsvariablen α die Koeffizienten dieser Nebenbedingungen beeinflussen und für jede Realisation $\hat{\alpha}$ von α gilt:

$$g_m^{\hat{\alpha}} : \mathbb{R}_+^N \to \mathbb{R}, \quad \mathbf{x} \longmapsto g_m^{\hat{\alpha}}(\mathbf{x}) \quad (m = 1, \ldots, M').$$

Mit anderen Worten: Die Menge der zulässigen Lösungen wird in diesem Fall von stochastischen Koeffizienten beeinflußt. X^α enthalte die durch stochastische Nebenbedingungen begrenzten Alternativen. Die Schreibweise X^α verdeutlicht, daß jeder Realisation $\hat{\alpha}$ der Zufallsvariablen α eine Teilmenge des $\mathbb{R}_+^N$ zugeordnet wird. Dies können endlich bzw. abzählbar viele Mengen sein, wenn jede Zufallsvariable diskret verteilt ist, oder überabzählbar viele, wenn X^α von mindestens einer stetigen Zufallsvariablen abhängt. Da in der Regel nicht nur Nebenbedingungen mit stochastischen Koeffizienten auftreten, enthält die Menge X^Q alle deterministischen Restriktionen $g_m(\mathbf{x}) \leqq 0$ $(m = M'+1, \ldots, M)$, also Nebenbedingungen, deren Koeffizienten mit Sicherheit bekannt sind. Die *stochastische Alternativenmenge* X des Entscheidungsmodells (SEM$_X$) entspricht gerade dem Durchschnitt der beiden Mengen X^α und X^Q.

(SEM$_X$)	$max \left\{ z(\mathbf{x}) \,\middle|\, \mathbf{x} \in X^Q \cap X^\alpha \right\}$
mit	$X^\alpha := \left\{ \mathbf{x} \in \mathbb{R}_+^N \,\middle|\, g_m^\alpha(\mathbf{x}) \leqq 0 \quad (m = 1, \ldots, M') \right\}$ $X^Q := \left\{ \mathbf{x} \in \mathbb{R}_+^N \,\middle|\, g_m(\mathbf{x}) \leqq 0 \quad (m = M'+1, \ldots, M) \right\}$
wobei	α Zufallsvariablenvektor mit bekannter gemeinsamer Verteilung

In Hinblick auf die hier einführenden Erläuterungen zu den *stochastischen Entscheidungsmodellen* (SEM$_X$) wird die Analyse auf stochastische Alternativenmengen beschränkt, die in nur einer Nebenbedingung genau eine Zufallsvariable aufweisen, so daß diese stochastische Nebenbedingung mit der entsprechenden Zufallsvariablen ohne Index angegeben wird. Es gilt somit im folgenden:

$$\begin{aligned} X^\alpha &:= \left\{ \mathbf{x} \in \mathbb{R}_+^N \,\middle|\, g^\alpha(\mathbf{x}) \leqq 0 \right\} \quad \text{sowie} \\ X^Q &:= \left\{ \mathbf{x} \in \mathbb{R}_+^N \,\middle|\, g_m(\mathbf{x}) \leqq 0 \quad (m = 1, \ldots, M) \right\}. \end{aligned}$$

Ist α eine Zufallsvariable, dann ist im allgemeinen auch $g^\alpha(\mathbf{x})$ eine Zufallsvariable, deren Realisationen negativ, null oder positiv sein können. Der Entscheidungsträger wird sich aber primär für Verletzungen der Nebenbedingung interessieren. So liegt es nahe, die Zufallsvariable $g^\alpha(\mathbf{x})$ in eine Zufallsvariable $\tilde{g}^\alpha(\mathbf{x})$ zu transformieren, die die Höhe der *Nebenbedingungsverletzung* zum Ausdruck bringt $(\mathbf{x} \in X^Q)$:[32]

$$\tilde{g}^\alpha(\mathbf{x}) := \begin{cases} g^\alpha(\mathbf{x}), & \text{falls } g^\alpha(\mathbf{x}) > 0, \\ 0, & \text{sonst.} \end{cases}$$

[32]Vgl. u.a. FABER 1970, S. 29ff.; TAMMER 1979.

Die Zufallsvariable $\tilde{g}^{\alpha}(\mathbf{x})$ nimmt ausschließlich nichtnegative Realisationen an, wobei im einzelnen gilt:

$$\begin{aligned} P\{\tilde{g}^{\alpha}(\mathbf{x}) \leqq s\} &= P\{g^{\alpha}(\mathbf{x}) \leqq s\} \qquad \text{für } s > 0, \\ P\{\tilde{g}^{\alpha}(\mathbf{x}) = 0\} &= P\{g^{\alpha}(\mathbf{x}) \leqq 0\} \\ P\{\tilde{g}^{\alpha}(\mathbf{x}) < 0\} &= 0 \end{aligned}$$

und damit läßt sich die Verteilung von $\tilde{g}^{\alpha}$ schreiben als:

$$P\{\tilde{g}^{\alpha}(\mathbf{x}) \leqq s\} = \begin{cases} 0 & \text{für } -\infty < s < 0 \\ P\{g^{\alpha}(\mathbf{x}) \leqq 0\} & \text{für } s = 0 \\ P\{g^{\alpha}(\mathbf{x}) \leqq s\} & \text{für } 0 < s < \infty. \end{cases}$$

Für einen Entscheidungsträger, der Nebenbedingungsverletzungen vermeiden möchte, hat die hiermit zum Ausdruck gebrachte Zielsetzung den Charakter eines Satisfizierungszieles (vgl. Abschnitt 1.4.1).

In Analogie zu den Entscheidungsmodellen mit einer stochastischen Zielfunktion (SEM_z) erfordert die Lösung der Modelle (SEM_X) zum Entscheidungszeitpunkt, d.h. vor Realisation der Zufallsvariablen α, vom Entscheidungsträger eine verbindliche Aussage, welche Alternative ausgewählt werden soll. Grundsätzlich kommen dabei nur Alternativen aus der Menge X^Q in Frage. Eine Maximierung der Zielfunktion z über X^Q berücksichtigt jedoch nur unzureichend die Gefahr einer Unzulässigkeit, die möglicherweise unter Einbeziehung von X^{α} besteht. So kann beispielsweise eine optimale Lösung $\mathbf{x}^{Q*}$ über der Teilmenge X^Q, d.h. $\mathbf{x}^{Q*} \in \text{argmax}\{z(\mathbf{x}) | \mathbf{x} \in X^Q\}$, bezüglich X^{α} für alle Realisationen von α unzulässig sein. Des weiteren kann eine optimale Lösung $\mathbf{x}^{\hat{\alpha}*}$ über der Teilmenge $X^{\hat{\alpha}}$, d.h. $\mathbf{x}^{\hat{\alpha}*} \in \text{argmax}\{z(\mathbf{x}) | \mathbf{x} \in X^{\hat{\alpha}}\}$, für alle Realisationen $\hat{\alpha}$ von α unzulässig bezüglich X^Q sein. Zwei Beispiele entsprechender Alternativenmengen von Entscheidungsmodellen mit einer stochastischen Nebenbedingung zeigt die Abbildung 3.10. Der rechte Teil dieser Abbildung stellt den letzteren Fall dar, in dem für alle Realisationen von α bezüglich $X^Q \cap X^{\alpha}$ keine zulässige und damit auch keine – wie auch

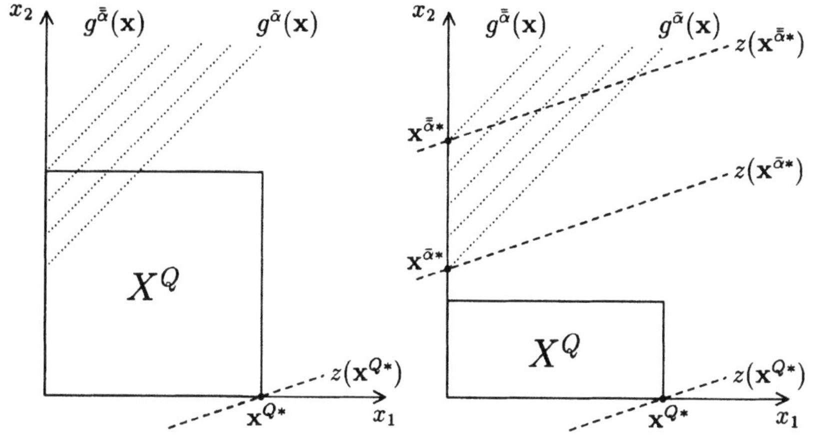

Abbildung 3.10: Stochastische Alternativenmengen mit einer für alle Realisationen von α unzulässigen Lösung $\mathbf{x}^{Q*}$

immer definierte – optimale Lösung existiert.[33] Gilt $X^Q \cap X^{\hat{\alpha}} \neq \emptyset$ für einige Realisationen $\hat{\alpha}$, dann ist es keineswegs so, daß eine Erhöhung der Zielfunktion $z(\mathbf{x})$ auch eine Verringerung der Unzulässigkeitswahrscheinlichkeit zur Folge hat, so daß man im allgemeinen davon auszugehen hat, daß es sich bei einer Maximierung der Zielfunktion $z(\mathbf{x})$ und einer Minimierung der Wahrscheinlichkeit einer Unzulässigkeit um konkurrierende Ziele handelt.

Beispiel 3.9 Die KRAUT KG (vgl. Beispiel 3.1, S. 64) kalkuliert im folgenden für das No-Name-Produkt mit einem Deckungsbeitrag von 2,5 GE/PE_2 (Erwartungswert von γ). In bezug auf die Weißkohlernte geht die Firmenleitung von der in Beispiel 3.1 angegebenen Wahrscheinlichkeitsverteilung aus. Die Daten des Entscheidungsproblems der KRAUT KG sind in dem stochastischen Entscheidungsmodell ($SEM_{3.9}$) zusammengefaßt:

[33] In Abbildung 3.10 könnte die stochastische Nebenbedingung mit einer über $[\bar{\alpha}, \bar{\bar{\alpha}}]$ stetig gleichverteilten Zufallsvariablen α mit $0 < \bar{\alpha} < \bar{\bar{\alpha}}$ beispielsweise lauten:

$$g^{\alpha}(\mathbf{x}) = a_1 x_1 - a_2 x_2 + \alpha \leqq 0 \qquad \text{mit } a_1, a_2 > 0.$$

(SEM$_{3.9}$)	$max \left\{ z(\mathbf{x}) \,\middle|\, \mathbf{x} \in X^Q_{3.9} \cap X^\alpha_{3.9} \right\}$
mit	$z(\mathbf{x}) := 2x_1 + 2,5x_2$ $X^\alpha_{3.9} := \left\{ \mathbf{x} \in \mathbb{R}^2_+ \,\middle|\, x_1 + 2x_2 - \alpha \leqq 0 \right\}$ $X^Q_{3.9} := \left\{ \mathbf{x} \in \mathbb{R}^2_+ \,\middle|\, \begin{array}{rcl} x_1 + x_2 - 70 & \leqq & 0 \\ x_1 - 60 & \leqq & 0 \\ x_2 - 40 & \leqq & 0 \end{array} \right\}$
wobei	$P\{\alpha = 60\} = P\{\alpha = 120\} = 0,1$ $P\{\alpha = 80\} = P\{\alpha = 100\} = 0,4$

Je nach Wetterlage ergibt die Weißkohlernte 60, 80, 100 oder 120 FE Sauerkraut, wobei 80 und 100 FE wahrscheinlicher als die „extremen" Werte 60 und 120 FE sind. Könnte die Unternehmensleitung der KRAUT KG den Ernteertrag mit Sicherheit angeben, so ließe sich die optimale Produktmengenkombination problemlos bestimmen; für etwa $\alpha = 100$ resultiert $\mathbf{x}^* = (40, 30)^T$ (vgl.

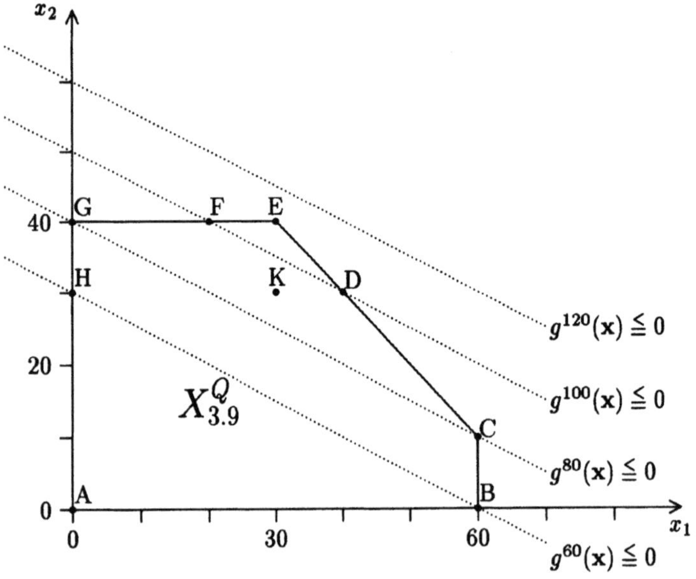

Abbildung 3.11: Stochastische Alternativenmenge für die KRAUT KG

auch das Erwartungswertmodell in Tab. 3.9, S. 93). Würden bei der Wahl dieser Alternative jedoch nur 80 FE Sauerkraut zur Verfügung stehen, ließen sich die beabsichtigten Mengen an Konservendosen nicht produzieren. Wie die Unternehmensleitung der KRAUT KG auf diesen Engpaß reagieren soll, bleibt zunächst offen. Bei einer Ernte von 120 FE Sauerkraut könnte durch eine Erhöhung der Produktions- und Absatzmengen ein höherer Gesamtdeckungsbeitrag erwirtschaftet werden. Die Entscheidung über die herzustellende Quantität an Konservendosen ist jedoch bereits vor der endgültigen Ernte getroffen worden.

Abbildung 3.11 stellt die Alternativenmenge $X_{3.9}^Q$ sowie die zufallsabhängige Nebenbedingung $g^\alpha(\mathbf{x}) := x_1 + 2x_2 - \alpha \leqq 0$ für die unterschiedlichen Realisationen von α dar. Um festzustellen, mit welcher Wahrscheinlichkeit die Alternativen aus $X_{3.9}^Q$, d.h. aus der Menge ABCEG, zulässig sind, bietet sich zunächst die Bestimmung folgender – bereits allgemein eingeführter – Wahrscheinlichkeitsverteilung an:

$$P\{g^\alpha(\mathbf{x}) \leqq s\} = \begin{cases} 0 & \text{für} \quad -\infty < s < x_1 + 2x_2 - 120 \\ 0,1 & \text{für} \quad x_1 + 2x_2 - 120 \leqq s < x_1 + 2x_2 - 100 \\ 0,5 & \text{für} \quad x_1 + 2x_2 - 100 \leqq s < x_1 + 2x_2 - 80 \\ 0,9 & \text{für} \quad x_1 + 2x_2 - 80 \leqq s < x_1 + 2x_2 - 60 \\ 1 & \text{für} \quad x_1 + 2x_2 - 60 \leqq s < \infty. \end{cases}$$

Diese Verteilung, die sich direkt aus dem Risikoprofil der Zufallsvariablen α ableiten läßt, gibt für alle Produktquantitäten aus der Menge $X_{3.9}^Q$ die Wahrscheinlichkeit für eine Fehlmenge in Höhe von s FE Sauerkraut an. Die Unternehmensleitung der KRAUT KG interessiert sich insbesondere für die Wahrscheinlichkeit einer Vermeidung von Fehlmengen ($P\{g^\alpha(\mathbf{x}) \leqq 0\}$). Für etwa eine Produktmengenkombination von 30 PE_1 KRAUTIS BESTE und 30 PE_2 großer Dosen (Punkt K in Abb. 3.11) resultiert ein Sauerkrautbedarf von $(1 \cdot 30 + 2 \cdot 30 =)$ 90 FE Sauerkraut. Aus der obigen Wahrscheinlichkeitsverteilung ergibt sich für diesen Faktorbedarf:

$$P\{g^\alpha(30,30) \leqq 0\} = 0,5.$$

Die untersuchte Produktmengenkombination ist – wie alle aus CDFG – mit 50%iger Wahrscheinlichkeit zulässig. Ist diese Aussage auch für alle Produktquantitäten gültig, die auf den Grenzen der Menge CDFG liegen? So gilt etwa für den Punkt C, $\mathbf{x} = (60,10)^T$, bzw. Punkt D, $\mathbf{x} = (40,30)^T$:

$$P\{g^{\alpha}(60,10) \leqq 0\} = 0,9 \text{ bzw. } P\{g^{\alpha}(40,30) \leqq 0\} = 0,5,$$

d.h., alle Produktmengenkombinationen aus CDFG mit Ausnahme der Strecke CG führen zu einer Zulässigkeitswahrscheinlichkeit von 50%. Auf der Grundlage analoger Überlegungen läßt sich zeigen, daß alle Alternativen aus ABH mit 100%iger Wahrscheinlichkeit, solche aus aus BCGH (ohne BH) mit 90%iger und diejenigen aus DEF (ohne DF) mit 10%iger Wahrscheinlichkeit zulässig sind.

Bei einer isolierten Betrachtung der Zielsetzung, eine Nebenbedingungsverletzung zu vermeiden, erweisen sich alle Punkte aus ABH als optimal. Von allen Produktionsprogrammen aus dieser Menge ermöglicht der Punkt B, $\mathbf{x} = (60,0)^T$, mit 120 GE den höchsten Gesamtdeckungsbeitrag. Der Punkt B führt bei keiner Realisation von α zu einer Verletzung der stochastischen Nebenbedingung. Der Zielfunktionswert ist mit 120 GE erheblich geringer im Vergleich zu den 160 GE (Punkt E), die das Unternehmen erreichen könnte, wenn das Ziel der Gesamtdeckungsbeitragsmaximierung ohne Beachtung der stochastischen Nebenbedingung verfolgt würde.

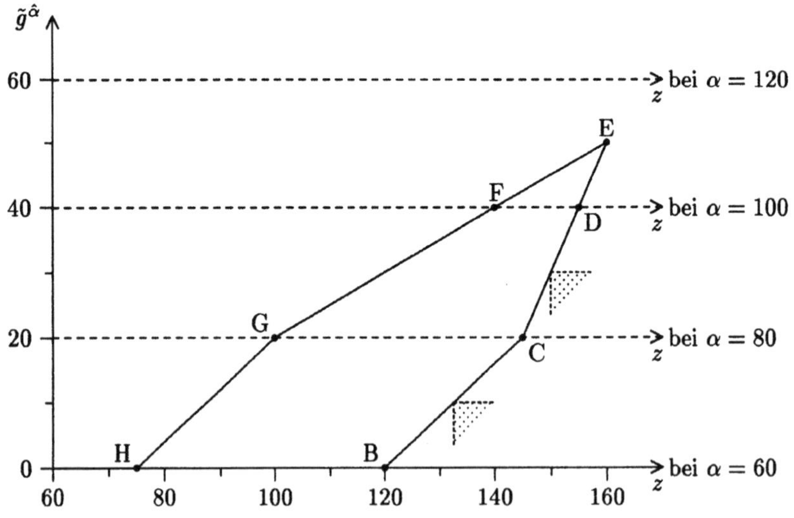

Abbildung 3.12: Zielraum für die KRAUT KG

Den Konflikt zwischen den beiden Zielsetzungen des Unternehmens veranschaulicht Abbildung 3.12, eine Darstellung des entsprechenden Zielraumes, die für alle $\mathbf{x} \in X^Q_{3.9}$ die erreichbaren Zielfunktionswerte und die jeweiligen Nebenbedingungsverletzungen $\tilde{g}^{60}(\mathbf{x})$ illustriert. Für jede Produktmengenkombination aus X^Q wird etwa untersucht, welcher Deckungsbeitrag anfällt sowie ob – und wenn ja, wieviel – Sauerkraut zur Produktion fehlt, wenn 60 FE Sauerkraut geerntet werden. Der Punkt D ($\mathbf{x} = (40, 30)^T$) beispielsweise würde einen Deckungsbeitrag von 155 GE ermöglichen; allerdings fehlen 40 FE Sauerkraut, um dieses Ergebnis zu erreichen. Diese Werte lassen sich für alle Alternativen aus X^Q ermitteln. Dabei fällt auf, daß die Alternativen aus der Fläche ABH (vgl. Abb. 3.11) bei $\alpha = 60$ zu keiner Nebenbedingungsverletzung führen, so daß die Zielwerte dieser Alternativen in Abbildung 3.12 auf der vom Ursprung ausgehenden Strecke zum Punkt B liegen. Der Zielraum besteht somit bei $\alpha = 60$ aus der Strecke vom Ursprung (Punkt A bei (0,0)) bis zum Punkt H vereinigt mit dem Fünfeck BCEGH.

Will man den Zielraum für die restlichen Realisationen von α aus Abbildung 3.12 entnehmen, so muß in diesen Fällen die Abszisse um jeweils 20 Einheiten nach oben verschoben werden. Da gemäß der Definition von $\tilde{g}^\alpha$ negative Abweichungen keine Rolle spielen, d.h., die zugehörigen Nebenbedingungsverletzungen den Wert Null haben, liegen die entsprechenden Zielwerte auf dem vom neuen Ursprung ausgehenden horizontalen Streckenabschnitt. Für z.B. $\alpha = 100$ liegt der neue Nullpunkt im Punkt $(0, 40)^T$. Auf der von diesem Ursprung ausgehenden Strecke zum Punkt D werden in diesem Fall alle Alternativen aus ABCDFG (vgl. Abb. 3.11) abgebildet. Nur für die Alternativen aus DEF muß eine Nebenbedingungsverletzung berücksichtigt werden. Diese Graphik macht deutlich, daß in Analogie zu den vektoriellen Entscheidungsmodellen (VEM) bzw. stochastischen Modellen (SEM_z) überlegt werden sollte, ob Alternativen existieren, die vernachlässigt werden können, da sie aufgrund einer – noch zu definierenden – Dominanzbeziehung nicht effizient sind. ◇

3.3.2 Stochastische Dominanzen

Die Ausführungen in dem vorangehenden Abschnitt legen es nahe, das hier betrachtete stochastische Entscheidungsmodell als ein vektorielles Entscheidungsmodell mit zwei Zielfunktionen zu interpretieren. Neben der Maximierung der Zielfunktion z ist für den Entscheidungsträger die Minimierung der stochastischen Nebenbedingungsverletzung $\tilde{g}^\alpha$ von Interesse.[34] Diese beiden Zielfunktionen extremiert ein Entscheidungsträger nun jedoch nicht mehr über der stochastischen Alternativenmenge von (SEM_X), sondern über der deterministischen Alternativenmenge X^Q. Dies führt zur Formulierung des folgenden *vektoriellen stochastischen Entscheidungsmodells*:

($VSEM_X$)	$max \left\{ \begin{pmatrix} z(\mathbf{x}) \\ -\tilde{g}^\alpha(\mathbf{x}) \end{pmatrix} \middle| \mathbf{x} \in X^Q \right\}$
mit	$\tilde{g}^\alpha(\mathbf{x}) := \begin{cases} g^\alpha(\mathbf{x}) & \text{falls } g^\alpha(\mathbf{x}) > 0 \\ 0 & \text{sonst} \end{cases}$
wobei	α Zufallsvariable mit bekannter Verteilung

Mögliche Unzulässigkeiten erfaßt bei dem Entscheidungsmodell ($VSEM_X$) mit einer deterministischen Alternativenmenge die stochastische Zielfunktion $\tilde{g}^\alpha$; Restriktionsverletzungen bleiben daher nicht unberücksichtigt. Die Besonderheit des vektoriellen Entscheidungsmodells ($VSEM_X$) beruht auf der Tatsache, daß neben der deterministischen Zielfunktion z die stochastische Funktion $\tilde{g}^\alpha$ simultan zu berücksichtigen ist. Bei der Herleitung einer Dominanzbeziehung kann auf die Definitionen effizienter Alternativen in bezug auf (VEM) und (SEM_z) zurückgegriffen werden.

In Anlehnung an die zwei genannten Modellformulierungen kann auch für das hier vorgestellte Modell eine perfekte Lösung (vgl. S. 37) existieren, d.h., es gibt mindestens eine Lösung, die einerseits in bezug auf X^Q zum maximalen Zielfunktionswert führt und andererseits mit der geringstmöglichen Nebenbedingungsverletzung verbunden ist. Eine weitere Analyse des Entscheidungsproblems ist in diesem Fall nicht erforderlich. Dies gilt im übrigen auch für diejenigen Fälle, in denen in bezug auf (SEM_X) keine zulässige Alternative existiert, weil bei jeder Realisation $\hat{\alpha}$ von α die Schnittmenge aus X^Q und $X^{\hat{\alpha}}$ leer ist (vgl. Abb. 3.10, S. 105).

[34] Vgl. u.a. ERMOLIEV/WETS 1988.

Beispiel 3.10 Müßte die KRAUT KG (vgl. Beispiel 3.9, S. 105) für das No-Name-Produkt mit einem negativen Deckungsbeitrag von z.B. −1 GE/PE_2 kalkulieren, so wäre unabhängig von der Realisation von α stets die Alternative $\mathbf{x} = (60,0)^T$ in bezug auf ($SEM_{3.10}$) optimal:

$$(SEM_{3.10}) \qquad max \left\{ 2x_1 - x_2 \;\middle|\; \mathbf{x} \in X^Q_{3.9} \cap X^\alpha_{3.9} \right\}.$$

Wie an Hand der Abbildung 3.11 (vgl. S. 106) leicht zu verfizieren ist, führt eine Maximierung dieser Zielfunktion immer zum Punkt B. Für diese mit 100%iger Wahrscheinlichkeit zulässige Lösung ist eine Nebenbedingungsverletzung ausgeschlossen. Der in Abbildung 3.13 dargestellte Zielraum für ($SEM_{3.10}$) zeigt,

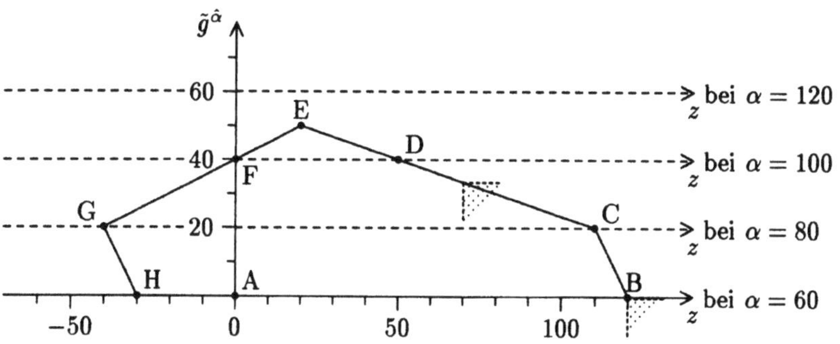

Abbildung 3.13: Perfekte Lösung für die KRAUT KG

daß ausschließlich der Punkt B, d.h. $\mathbf{x} = (60,0)^T$, in bezug auf das entsprechende vektorielle Entscheidungsmodell eine perfekte Lösung repräsentiert. Dieser Punkt „dominiert" in bezug auf ($SEM_{3.10}$) alle anderen Produktmengenkombinationen aus der Menge $X^Q_{3.9}$. ◇

In Anlehnung an die stochastische Dominanz nullten Grades bei Entscheidungsmodellen mit einer stochastischen Zielfunktion läßt sich auch in bezug auf (SEM_X) eine *stochastische Dominanz nullten Grades* definieren.[35] Eine Alternative $\mathbf{x}'$ dominiert in diesem Sinne eine Alternative $\mathbf{x}''$ ($\mathbf{x}', \mathbf{x}'' \in X^Q$), wenn $\mathbf{x}'$ zu einem höheren Zielfunktionswert oder bei mindestens einer Realisation von α zu einer geringeren Nebenbedingungsverletzung

[35] Vgl. u.a. Riess 1996, S. 120ff.

als $\mathbf{x}''$ führt, aber sowohl in bezug auf den Zielfunktionswert als auch in bezug auf die möglichen Restriktionsverletzungen in keinem Fall mit einem schlechteren Ergebnis verbunden ist. Diese Aussage läßt sich formal wiederum anschaulich für diskret verteilte Zufallsvariablen α mit den Realisationen α_k $(k = 1, \ldots, K)$ darstellen. Eine Alternative $\mathbf{x}'$ dominiert eine Alternative $\mathbf{x}''$ in bezug auf (SEM$_X$) im Sinne der stochastischen Dominanz nullten Grades, wenn gilt:

$$\begin{pmatrix} z(\mathbf{x}') \\ -\tilde{g}^{\alpha_1}(\mathbf{x}') \\ \vdots \\ -\tilde{g}^{\alpha_K}(\mathbf{x}') \end{pmatrix} \geq \begin{pmatrix} z(\mathbf{x}'') \\ -\tilde{g}^{\alpha_1}(\mathbf{x}'') \\ \vdots \\ -\tilde{g}^{\alpha_K}(\mathbf{x}'') \end{pmatrix}.$$

Sobald eine Alternative $\mathbf{x}'$ in mindestens einer Komponente besser und in keiner schlechter als $\mathbf{x}''$ ist, dominiert sie in diesem Sinne die andere Alternative. Um die Menge der entsprechend effizienten Alternativen allgemein zu definieren, d.h. für stetig und diskret verteilte Zufallsvariablen α, orientiert sich die Formulierung von X_{eff}^{0X} direkt an der Definition der Menge X_{eff}^{0z} (vgl. S. 74):

$$X_{eff}^{0X} := \left\{ \mathbf{x}_{eff}^{0X} \in X^Q \;\middle|\; \begin{array}{l} \text{es existiert kein } \mathbf{x}' \in X^Q \text{ mit :} \\ z(\mathbf{x}') \geqq z(\mathbf{x}_{eff}^{0X}) \text{ und } P\left\{\tilde{g}^{\alpha}(\mathbf{x}') \leqq \tilde{g}^{\alpha}(\mathbf{x}_{eff}^{0X})\right\} = 1 \\ z(\mathbf{x}') > z(\mathbf{x}_{eff}^{0X}) \begin{array}{c}\text{und}\\ \text{oder}\end{array} P\left\{\tilde{g}^{\alpha}(\mathbf{x}') < \tilde{g}^{\alpha}(\mathbf{x}_{eff}^{0X})\right\} > 0 \end{array} \right\}.$$

Nach dieser Definition dominiert eine Alternative eine andere, wenn sie mit einem höheren Zielfunktionswert und/oder mit positiver Wahrscheinlichkeit zu einer geringeren Restriktionsverletzung führt. Der Entscheidungsträger stellt sich in bezug auf diese beiden Zielsetzungen durch die Wahl einer effizienten Alternative auf keinen Fall schlechter. Die Definition der Menge X_{eff}^{0X} kombiniert somit die bereits eingeführten Definitionen X_{eff} und X_{eff}^{0z}. Auf die Einführung stochastischer Dominanzen höheren Grades, insbesondere ersten Grades, die die Wahrscheinlichkeitsverteilung der Zufallsvariablen $\tilde{g}^{\alpha}$ berücksichtigen und nicht nur deren absolute Höhe, wird an dieser Stelle verzichtet.

Eine etwas modifizierte Zielvorstellung äußert sich in der sogenannten *α-Effizienz*, die neben dem Zielfunktionswert die Wahrscheinlichkeit berücksichtigt, mit der eine Alternative zulässig ist.[36] Eine Alternative $\mathbf{x}'$ dominiert in diesem Sinne eine Alternative $\mathbf{x}''$ ($\mathbf{x}', \mathbf{x}'' \in X^Q$), wenn gilt:

$$\begin{pmatrix} z(\mathbf{x}') \\ P\{\tilde{g}^\alpha(\mathbf{x}') = 0\} \end{pmatrix} \geq \begin{pmatrix} z(\mathbf{x}'') \\ P\{\tilde{g}^\alpha(\mathbf{x}'') = 0\} \end{pmatrix},$$

d.h., die Alternative $\mathbf{x}'$ entweder einen höheren Zielfunktionswert aufweist oder mit einer höheren Wahrscheinlichkeit als $\mathbf{x}''$ zulässig ist, bzw. sich in bezug auf beide Zielvorstellungen als vorteilhaft erweist. Für einen Entscheidungsträger ist in diesem Fall das Ausmaß einer Restriktionsverletzung von untergeordneter Bedeutung. In bezug auf diese Zielsetzung orientiert er sich an der Wahrscheinlichkeit, daß keine Nebenbedingungsverletzung vorliegt.

Die Menge der in bezug auf (SEM$_X$) im Sinne der α-Effizienz nicht dominierten Alternativen X^α_{eff} lautet somit:

$$X^\alpha_{eff} := \left\{ \mathbf{x}^\alpha_{eff} \in X^Q \;\middle|\; \begin{array}{c} \text{es existiert kein } \mathbf{x}' \in X^Q \text{ mit:} \\ \begin{pmatrix} z(\mathbf{x}') \\ P\{\tilde{g}^\alpha(\mathbf{x}') = 0\} \end{pmatrix} \geq \begin{pmatrix} z(\mathbf{x}^\alpha_{eff}) \\ P\{\tilde{g}^\alpha(\mathbf{x}^\alpha_{eff}) = 0\} \end{pmatrix} \end{array} \right\}.$$

Beispiel 3.11 Für die KRAUT KG gelten die in Beispiel 3.9 (vgl. S. 105) eingeführten Daten, d.h., der Deckungsbeitrag für das No-Name-Produkt betrage 2,5 GE/PE$_2$. Der Zielkonflikt der Unternehmensleitung läßt sich im folgenden vektoriellen stochastischen Entscheidungsmodell erfassen:

(VSEM$_{3.11}$)	$max \left\{ \begin{pmatrix} z(\mathbf{x}) \\ -\tilde{g}^\alpha(\mathbf{x}) \end{pmatrix} \;\middle|\; \mathbf{x} \in X^Q_{3.9} \right\}$
mit	$\tilde{g}^\alpha(\mathbf{x}) = \begin{cases} x_1 + 2x_2 - \alpha & \text{falls } x_1 + 2x_2 > \alpha \\ 0 & \text{sonst} \end{cases}$

[36]Vgl. u.a. DINKELBACH 1981; WOLF 1985.

Die Menge der in bezug auf ($SEM_{3.9}$) bzw. ($VSEM_{3.11}$) effizienten Alternativen X^{0X}_{eff} läßt sich unmittelbar aus der Zielraumdarstellung der Abbildung 3.12 (vgl. S. 108) entnehmen. Diese Darstellung bietet sich zur Bestimmung der effizienten Alternativen für dieses Beispiel an, weil bei $\alpha = 60$ die jeweils maximal möglichen Nebenbedingungsverletzungen auftreten und sich bei den anderen Realisationen der Zufallsvariablen die relevanten Überschreitungen um jeweils einen konstanten Wert reduzieren. Effizient im Sinne der stochastischen Dominanz nullten Grades in bezug auf ($SEM_{3.9}$) sind daher nur die Alternativen, die auf der Strecke BCE liegen; alle anderen werden dominiert:

$$X^{0X}_{eff} = X^{0X}_{effI} \cup X^{0X}_{effII}$$

wobei

$$X^{0X}_{effI} = \left\{ \mathbf{x}^{0X}_{eff} \in X^{Q}_{3.9} \;\middle|\; \mathbf{x}^{0X}_{eff} = \lambda \begin{pmatrix} 60 \\ 0 \end{pmatrix} + (1-\lambda) \begin{pmatrix} 60 \\ 10 \end{pmatrix} \quad (\lambda \in [0,1]) \right\}$$

$$X^{0X}_{effII} = \left\{ \mathbf{x}^{0X}_{eff} \in X^{Q}_{3.9} \;\middle|\; \mathbf{x}^{0X}_{eff} = \lambda \begin{pmatrix} 60 \\ 10 \end{pmatrix} + (1-\lambda) \begin{pmatrix} 30 \\ 40 \end{pmatrix} \quad (\lambda \in [0,1]) \right\}.$$

So dominiert z.B. der Punkt D den Punkt F, da gilt:

$$\begin{pmatrix} z(40,30) \\ -\tilde{g}^{60}(40,30) \\ -\tilde{g}^{80}(40,30) \\ -\tilde{g}^{100}(40,30) \\ -\tilde{g}^{120}(40,30) \end{pmatrix} = \begin{pmatrix} 155 \\ -40 \\ -20 \\ 0 \\ 0 \end{pmatrix} \geq \begin{pmatrix} 140 \\ -40 \\ -20 \\ 0 \\ 0 \end{pmatrix} = \begin{pmatrix} z(20,40) \\ -\tilde{g}^{60}(20,40) \\ -\tilde{g}^{80}(20,40) \\ -\tilde{g}^{100}(20,40) \\ -\tilde{g}^{120}(20,40) \end{pmatrix}.$$

Jedoch dominiert beispielsweise der mit einem höheren Zielfunktionswert verbundene Punkt E nicht den Punkt D, weil er – mit Ausnahme von $\alpha = 120$ – stets eine höhere Nebenbedingungsverletzung zur Folge hat.

Abbildung 3.14 stellt den Zielraum zur Ermittlung α-effizienter Alternativen dar. Neben dem Zielfunktionswert $z(\mathbf{x})$ wird für jede Alternative $\mathbf{x} \in X^Q$ die Wahrscheinlichkeit $P\{\tilde{g}^{\alpha}(\mathbf{x}) = 0\}$ erfaßt. Aus der Abbildung 3.14 geht hervor, daß lediglich die Punkte B, C, D und E α-effizient sind:

$$X^{\alpha}_{eff} = \left\{ \begin{pmatrix} 60 \\ 0 \end{pmatrix}, \begin{pmatrix} 60 \\ 10 \end{pmatrix}, \begin{pmatrix} 40 \\ 30 \end{pmatrix}, \begin{pmatrix} 30 \\ 40 \end{pmatrix} \right\}.$$

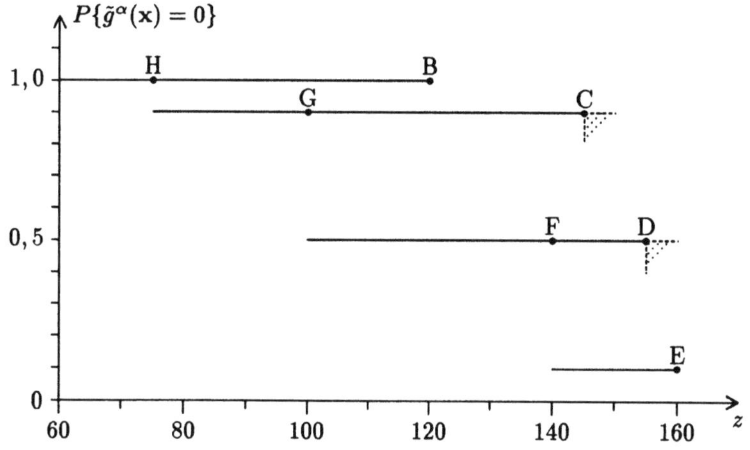

Abbildung 3.14: Zielraum zur Ermittlung α-effizienter Alternativen für die KRAUT KG

Alle anderen Punkte auf den entsprechenden Streckenzügen werden jeweils von Alternativen dominiert, die mit gleicher Wahrscheinlichkeit zulässig sind, jedoch einen höheren Zielfunktionswert aufweisen. ◇

3.3.3 Ersatzmodelle

Grundsätzlich kommt den *Ersatzmodellen* zur Lösung von Entscheidungsmodellen mit einer stochastischen Alternativenmenge die gleiche Aufgabe zu, wie denen zur Lösung von Modellen mit einer stochastischen Zielfunktion. Auf der Grundlage der vom Entscheidungsträger getroffenen Präferenzangaben ist das stochastische Problem in ein deterministisches zu überführen, das nach Möglichkeit numerisch lösbar ist; die Menge der optimalen Lösungen sollte mindestens eine nicht dominierte Alternative enthalten, d.h. eine in der Regel im Sinne der stochastischen Dominanz nullten Grades effiziente oder α-effiziente Alternative.

Die Vorgehensweise zur Bestimmung der Menge von in bezug auf eine bestimmte Ersatzformulierung optimalen Alternativen läßt sich an Abbildung 3.15 nachvollziehen. Den Alternativen aus der Menge X^Q wird jeweils ein Zielfunktionswert $z(\mathbf{x})$ und eine Wahrscheinlichkeitsver-

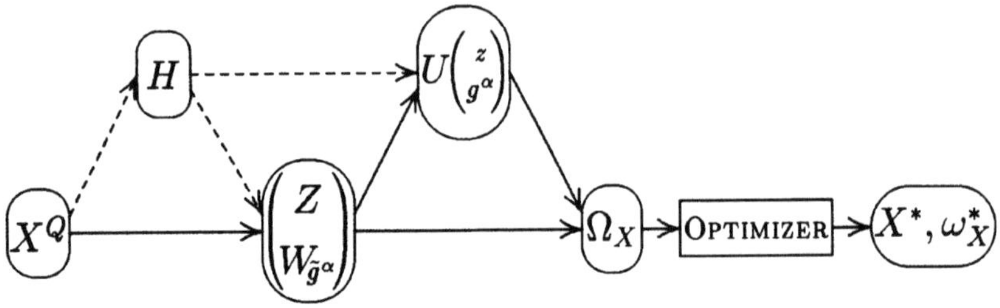

Abbildung 3.15: Entscheidungsfindungsprozeß mit Ersatzmodellen für (SEM_X)

teilung für eine Restriktionsverletzung aus der Menge $W_{\tilde{g}^\alpha}$ der Verteilungen von $\tilde{g}^\alpha$ zugeordnet. Der Entscheidungsträger steht vor der Aufgabe, dieses vektorielle stochastische Entscheidungsproblem lösen zu müssen. Anhand „direkter" Präferenzangaben oder nutzentheoretischer Überlegungen läßt sich dann jede Alternative $\mathbf{x} \in X^Q$ durch einen Präferenzwert $\omega_X(z(\mathbf{x}), \tilde{g}^\alpha(\mathbf{x})) \in \mathbb{R}$ charakterisieren. Dieser Präferenzwert stellt einerseits einen Kompromiß in bezug auf die vektorielle Problemformulierung und andererseits einen Ersatzwert in bezug auf die stochastische Problemformulierung dar:

$$\omega_X : \begin{pmatrix} Z \\ W_{\tilde{g}^\alpha} \end{pmatrix} \longrightarrow \Omega_X \subset \mathbb{R}, \quad \begin{pmatrix} z(\mathbf{x}) \\ \tilde{g}^\alpha(\mathbf{x}) \end{pmatrix} \longmapsto \omega_X(z(\mathbf{x}), \tilde{g}^\alpha(\mathbf{x})).$$

Die Ermittlung der Menge optimaler Lösungen X^* erfolgt wie bisher mit Hilfe des OPTIMIZERs.

Soweit es zur Berechnung eines Präferenzwertes $\omega_X(z(\mathbf{x}), \tilde{g}^\alpha(\mathbf{x}))$ erforderlich ist, erfolgt im Ersatzmodell (ER_X) die Erfassung zusätzlicher Nebenbedingungen in der Menge X^{ER_X}:

(ER_X)	$\max\left\{\omega_X(z(\mathbf{x}), \tilde{g}^\alpha(\mathbf{x})) \;\middle|\; \mathbf{x} \in X^Q \cap X^{ER_X}\right\}$

Eine Klasse von Ersatzmodellen löst den Konflikt zwischen den beiden Zielen, Maximierung der Zielfunktion z und Minimierung der stochastischen Nebenbedingungsverletzung $\tilde{g}^\alpha$, in Anlehnung an die Zieldominanz unter Berücksichtigung unterer Schranken (vgl. Abschnitt 2.3,

S. 47), indem in der Ersatzzielfunktion ω_X ausschließlich eine Zielsetzung aufgenommen wird. So entspricht die Ersatzzielfunktion ω_X im Erwartungswert- und Chance-Constrained-Modell gerade der Zielfunktion z (vgl. Tab. 3.12). Für den Entscheidungsträger hat bei diesen Ersatzmodellen die Maximierung der Funktion z eine „übergeordnete" Bedeutung. Bezüglich der zufallsabhängigen Restriktionsverletzung definiert der Entscheidungsträger – explizit oder implizit – ein Anspruchsniveau, das zudem die stochastische Nebenbedingung in eine deterministische Formulierung transformiert. Im *Erwartungswertmodell* ersetzt der Entscheidungsträger dazu die Zufallsvariable α durch ihren Erwartungswert $E[\alpha]$. Beim *Chance-Constrained-Modell* gibt er eine Mindestwahrscheinlichkeit λ_0 vor, mit der eine Alternative zulässig sein soll. Die Menge X^{ER_X} enthält in diesem Fall alle Alternativen, die diesem Anspruchsniveau genügen.[37] Ein Spezialfall des Chance-Constrained-Modells ist das sogenannte *Fat-Solution-Modell*, bei dem der Entscheidungsträger ausschließlich mit 100%iger Wahrscheinlichkeit zulässige Alternativen betrachtet ($\lambda_0 = 1$).

Im Unterschied zum Chance-Constrained-Modell steht für den Entscheidungsträger im *Zulässigkeitswahrscheinlichkeitsmodell*, im folgenden kurz Z-W-Modell genannt, die Minimierung der Wahrscheinlichkeit einer Nebenbedingungsverletzung bzw. die Maximierung einer Nebenbedingungseinhaltung (Zulässigkeit) im Mittelpunkt des Interesses; bezüglich der zu maximierenden Zielfunktion z definiert er ein Anspruchsniveau $\bar{z}_0$. Das Chance-Constrained- und das Z-W-Modell stellen ein Analogon zu den beiden Ersatzmodellen Fraktil- und Aspirationsmodell dar, die der Lösung von Entscheidungsmodellen mit einer stochastischen Zielfunktion dienen (vgl. Tab. 3.5, S. 83). Steigende Vorgaben λ_0 bzw. $\bar{z}_0$ sind auch hier in der Regel mit monoton sinkenden Ersatzzielfunktionswerten verbunden. Zu hohe Anspruchniveaus beinhalten bei diesen Ersatzformulierungen jedoch auch die Gefahr, daß in bezug auf das jeweils gewählte Modell keine zulässige und damit keine optimale Lösung existiert, weil

[37] Die Unterscheidung zwischen Chance-Constrained-Modellen mit verbundenen und getrennten Wahrscheinlichkeiten hat für das hier vorgestellte Modell (SEM_X) mit einer stochastischen Nebenbedingung keine Bedeutung.

Ersatzmodelle $\max\left\{\omega_X(z(\mathbf{x}), \tilde{g}^\alpha(\mathbf{x})) \,\middle|\, \mathbf{x} \in X^Q \cap X^{ER_X}\right\}$
Erwartungswertmodell $\omega_X(.,.) := z(\mathbf{x})$ $X^{ER_X} := \left\{\mathbf{x} \,\middle|\, g^{E[\alpha]}(\mathbf{x}) \leqq 0\right\}$
Chance-Constrained-Modell $\omega_X(.,.) := z(\mathbf{x})$ $X^{ER_X} := \left\{\mathbf{x} \,\middle|\, P\{\tilde{g}^\alpha(\mathbf{x}) = 0\} \geqq \lambda_0\right\}$ wobei $\lambda_0 \in]0,1]$
Zulässigkeitswahrscheinlichkeitsmodell (Z-W-Modell) $\omega_X(.,.) := \lambda$ $X^{ER_X} := \left\{\mathbf{x} \,\middle|\, \begin{array}{l} P\{\tilde{g}^\alpha(\mathbf{x}) = 0\} \geqq \lambda \\ z(\mathbf{x}) \geqq \bar{z}_0 \end{array}\right\}$ wobei $\bar{z}_0 \in \mathbb{R}$
Kompensationsmodell $\omega_X(.,.) := z(\mathbf{x}) - p_0\, \mathrm{E}[\tilde{g}^\alpha(\mathbf{x})]$ $X^{ER_X} := X^Q$ — oder als — *Ersatzmodell auf der Grundlage des* BERNOULLI-*Prinzips* $\omega_X(.,.) := \mathrm{E}[u(z(\mathbf{x}), g^\alpha(\mathbf{x}))]$ $u(.,.) := \begin{cases} z(\mathbf{x}) - p_0\, g^\alpha(\mathbf{x}) & \text{falls } g^\alpha(\mathbf{x}) > 0 \\ z(\mathbf{x}) & \text{sonst} \end{cases}$ $X^{ER_X} := X^Q$ wobei $p_0 \in \mathbb{R}_{++}$

Tabelle 3.12: Formulierung von Ersatzmodellen (ER_X)

die Schnittmenge aus X^Q und X^{ER_x} leer ist, obwohl mit positiver Wahrscheinlichkeit zulässige Alternativen vorhanden sind.[38]

Im Chance-Constrained-Modell hat der Entscheidungsträger die Möglichkeit, ausschließlich Anspruchsniveaus λ_0 aus dem Intervall $]0, 1]$ zu definieren, so daß nur mit positiver Wahrscheinlichkeit zulässige Alternativen optimal sein können. Eine entsprechende Anforderung läßt sich durch die Einführung einer Menge $X^{\mathcal{A}}$ auch im Erwartungswert- und Z-W-Modell integrieren:

$$X^{\mathcal{A}} := \left\{ \mathbf{x} \in \mathbb{R}_+^N \;\middle|\; P\{\tilde{g}^\alpha(\mathbf{x}) = 0\} > 0 \right\}.$$

Diese Menge enthält alle Alternativen, die mit positiver Wahrscheinlichkeit zulässig sind. Die Alternativenmengen der Ersatzformulierungen für das Erwartungswert- und das Z-W-Modell resultieren unter Einbeziehung dieser Anforderung jeweils aus dem Durchschnitt der Mengen X^Q, X^{ER_z} und $X^{\mathcal{A}}$.

Die bisher genannten Ersatzmodelle ermöglichen zwar die Bestimmung optimaler Lösungen vor Realisation der Zufallsvariable α, offen bleibt jedoch, wie sich der Entscheidungsträger verhalten soll, wenn die gefundene Lösung ex post, d.h. nach Realisation der Zufallsvariablen, unzulässig und damit nicht durchführbar ist. Beim *Kompensationsmodell*, das in Tabelle 3.12 in einer einfachen Variante vorgestellt wird, geht man davon aus, daß im Falle einer Nebenbedingungsverletzung der Entscheidungsträger eine diese Unzulässigkeit kompensierende Maßnahme durchführt. Diese Aktion verursacht Kosten in Höhe von p_0, die für jede Einheit anfallen, um die die entsprechende Nebenbedingung verletzt wird. Aus der Sicht der Vektoroptimierung handelt es sich bei dieser Ersatzformulierung um eine Zielgewichtung. Die stochastische Zielgröße $\tilde{g}^\alpha$ wird durch ihren Erwartungswert $E[\tilde{g}^\alpha(\mathbf{x})]$ ersetzt, mit p_0 gewichtet und von der Zielfunktion z abgezogen.

Erweiterungen des Kompensationsmodells lassen nicht nur eine kompensierende Maßnahme zu, sondern ein Bündel von Aktionen, so daß die

[38] Vgl. DINKELBACH 1982, S. 99ff.; LORSCHEIDER 1986, S. 56ff.

optimale Kompensationsalternative zunächst mit Hilfe eines sogenannten Notprogramms zu bestimmen ist. Die optimale Lösung dieses parametrischen Programms hängt sowohl von den Realisationen der Zufallsvariablen α als auch von den zur Auswahl stehenden Alternativen ab. Aus der Maximierung der Zielfunktion z abzüglich der zuvor bestimmten erwarteten Kompensationskosten über der Menge aller Alternativen X^Q resultiert die optimale Lösung dieses erweiterten Kompensationsmodells. Neben dem Erwartungswert können in bezug auf die unsicheren Kompensationskosten auch Ersatzformulierungen verwendet werden, die bereits aus den Ersatzmodellen zur Lösung stochastischer Entscheidungsmodelle (SEM_z) bekannt sind (vgl. Tab. 3.5, S. 83). Da es sich bei der hier eingeführten Kompensationsmaßnahme $\tilde{g}^\alpha$ aufgrund des Satisfizierungscharakters bereits um eine asymmetrische Zielgröße handelt, bietet sich der Erwartungswert zur Ermittlung einer optimalen Lösung an. Die Parallelen zum Erwartungswert-Mißerfolgserwartungs-Modell sind gerade unter nutzentheoretischen Aspekten offensichtlich.

Die äquivalente Formulierung des hier vorgestellten Kompensationsmodells auf der Grundlage des BERNOULLI-Prinzips läßt sich ebenfalls aus Tabelle 3.12 ablesen. Der Entscheidungsträger bewertet zunächst die deterministische Zielfunktion z und die unsichere Zielgröße g^α – wie in Abbildung 3.15, S. 116, dargestellt – mittels einer Nutzenfunktion. Ob dabei, wie in Tabelle 3.12, von einer in den beiden Zielkomponenten z und g^α additiv separablen Nutzenfunktion u oder von einer nur die stochastische Größe g^α berücksichtigenden Nutzenfunktion ausgegangen wird, spielt in diesem speziellen Fall keine Rolle. Die Zielfunktion z entspricht gerade dem ersten Summanden der Funktion u und die mit p_0 gewichtete Zielvariable g^α gerade dem zweiten Summanden. Analog zu den Ersatzmodellen auf der Grundlage der Erwartungsnutzentheorie läßt sich auch diese Modellformulierung axiomatisch begründen.[39]

[39] Erweiterungen dieses nutzentheoretischen Ansatzes berücksichtigen z.B. nicht nur einen Schwellenwert, sondern erlauben eine differenzierte Messung von Nebenbedingungsverletzungen durch die Vorgabe mehrerer kritischer Werte. Alternativ lassen sich auch Modelle mit quadratischen Nutzenfunktionen formulieren, die eine Restriktionsverletzung mittels der L_2-Norm erfassen (vgl. RIESS 1996, S. 139ff.).

Beispiel 3.12 Die optimalen Lösungen der unterschiedlichen Ersatzmodelle für den Konservenproduzenten, die KRAUT KG (vgl. Beispiel 3.9, S. 105), enthält Tabelle 3.13. Beim Erwartungswertmodell kalkuliert das Unternehmen mit einer erwarteten Weißkohlernte von 90 FE Sauerkraut. Durch die Substitution dieses Erwartungswertes in $g^{\alpha}(\mathbf{x})$ resultiert die in Tabelle 3.13 angegebene deterministische Nebenbedingung. Die Maximierung der Zielfunktion z unter Berücksichtigung dieser und der restlichen Restriktionen $X^{Q}_{3.9}$ führt zu einer optimalen Lösung, die mit der Herstellung von 50 PE_1 KRAUTIS BESTE und 20 PE_2 der großen Sauerkrautdosen verbunden ist.

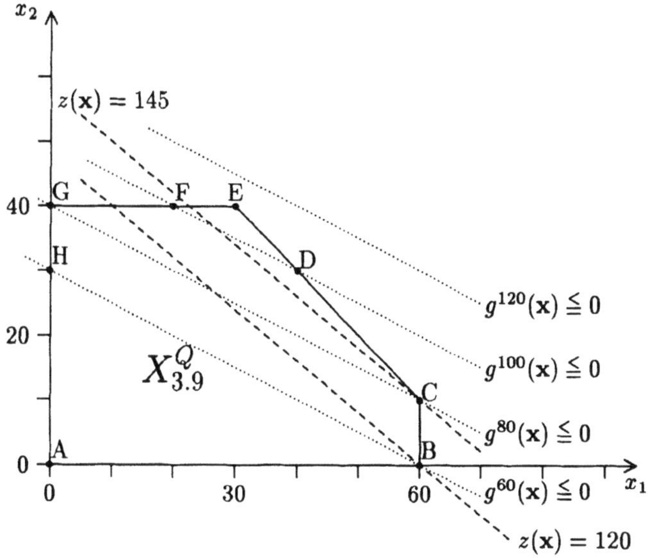

Abbildung 3.16: Ersatzmodelle bei stochastischer Alternativenmenge für die KRAUT KG

Legt die Unternehmensleitung ihren Überlegungen das Chance-Constrained-Modell zugrunde, wobei mit mindestens 80%iger Wahrscheinlichkeit die ermittelte Lösung zulässig sein soll ($\lambda_0 = 0,8$), so findet diese Forderung in einer deterministischen Restriktion Berücksichtigung, die einen Ernteertrag von maximal 80 FE Sauerkraut vorsieht. Eine Überschreitung dieses Wertes würde auch Alternativen in die Analyse integrieren, die nur mit 50%iger oder 10%iger Wahrscheinlichkeit zulässig sind. Aus der Maximierung der Zielfunktion z über alle Alternativen aus der Menge ABCG (vgl. Abb. 3.16) resultiert der optimale Produktionsvektor $\mathbf{x}^* = (60, 10)^T$ mit einem Deckungs-

Erwartungswertmodell

$$\max\left\{2x_1 + 2{,}5x_2 \,\middle|\, \mathbf{x} \in X_{3.9}^Q \cap \{\mathbf{x} \,|\, x_1 + 2x_2 \leqq 90\}\right\}$$

Optimale Lösung: $\omega_X^* = 150$; $X^* = \left\{(50, 20)^T\right\}$

Chance-Constrained-Modell

$$\max\left\{2x_1 + 2{,}5x_2 \,\middle|\, \mathbf{x} \in X_{3.9}^Q \cap \{\mathbf{x} \,|\, x_1 + 2x_2 \leqq 80\}\right\}$$

wobei $\lambda_0 = 0{,}8$

Optimale Lösung: $\omega_X^* = 145$; $X^* = \left\{(60, 10)^T\right\}$

Fat-Solution-Modell

$$\max\left\{2x_1 + 2{,}5x_2 \,\middle|\, \mathbf{x} \in X_{3.9}^Q \cap \{\mathbf{x} \,|\, x_1 + 2x_2 \leqq 60\}\right\}$$

Optimale Lösung: $\omega_X^* = 120$; $X^* = \left\{(60, 0)^T\right\}$

Zulässigkeitswahrscheinlichkeitsmodell (Z-W-Modell)

$$\max\left\{\lambda \,\middle|\, \mathbf{x} \in X_{3.9}^Q \cap \{\mathbf{x} \,|\, P\{x_1 + 2x_2 \leqq \alpha\} \geqq \lambda;\ 2x_1 + 2{,}5x_2 \geqq 145\}\right\}$$

wobei $\overline{z}_0 = 145$

Optimale Lösung: $\omega_X^* = 0{,}9$; $X^* = \left\{(60, 10)^T\right\}$

Kompensationsmodell

$$\max\left\{2x_1 + 2{,}5x_2 - 2\,\mathrm{E}[\tilde{g}^\alpha(\mathbf{x})] \,\middle|\, \mathbf{x} \in X_{3.9}^Q\right\}$$

$$\text{mit } \mathrm{E}[\tilde{g}^\alpha(\mathbf{x})] = \begin{cases} 0 & \text{falls } \quad x_1 + 2x_2 \leqq 60 \\ 0{,}1(x_1 + 2x_2) - 6 & \text{falls } 60 \leqq x_1 + 2x_2 \leqq 80 \\ 0{,}5(x_1 + 2x_2) - 38 & \text{falls } 80 \leqq x_1 + 2x_2 \leqq 100 \\ 0{,}9(x_1 + 2x_2) - 78 & \text{falls } 100 \leqq x_1 + 2x_2 \leqq 120 \\ x_1 + 2x_2 - 90 & \text{falls } 120 \leqq x_1 + 2x_2 \end{cases}$$

wobei $p_0 = 2$

Optimale Lösung: $\omega_X^* = 141$; $X^* = \left\{(60, 10)^T\right\}$

Tabelle 3.13: Ersatzmodelle (ER_X) für die KRAUT KG

beitrag von 145 GE. Verwendet man diesen Wert als Anspruchsniveau im Z-W-Modell ($\bar{z}_0 = 145$), dann stimmt die optimale Lösung mit der aus dem Chance-Constrained-Modell überein. Lediglich der Ersatzzielfunktionswert ist mit $\omega_X^* = 0,9$ wegen der diskreten Wahrscheinlichkeitsverteilung höher als im entsprechenden Chance-Constrained-Modell das Anspruchsniveau λ_0. Beim Fat-Solution-Modell, das nur Alternativen in Betracht zieht, die eine ex post Unzulässigkeit ausschließen, basiert die Produktionsplanung auf der im ungünstigsten Fall realisierten Erntemenge von 60 FE Sauerkraut. Aus der Maximierung der Zielfunktion über der Menge ABH ergibt sich die optimale Lösung $\mathbf{x}^* = (60, 0)^T$ mit einem Deckungsbeitrag von 120 GE.

Besteht für die Unternehmensleitung die Möglichkeit, Sauerkraut am Markt für $p_0 = 2$ GE/FE fremd zu beschaffen, sollte sich die Unternehmensleitung überlegen, welche Konsequenzen dieses Angebot auf die Entscheidung hat. Beim Kompensationsmodell resultiert der Ersatzzielfunktionswert für eine Alternative $\mathbf{x} \in X_{3.9}^Q$ aus der Differenz zwischen dem jeweiligen Gesamtdeckungsbeitrag $z(\mathbf{x})$ und den zu erwartenden Kompensationskosten $p_0 \cdot \mathrm{E}[\tilde{g}^\alpha(\mathbf{x})]$, die von der geplanten Produktionsmenge und damit vom Sauerkrautbedarf abhängen. Plant die Unternehmung z.B. die Herstellung von 50 PE_1 von KRAUTIS BESTE und 20 PE_2 des No-Name-Produktes, so erfordert dies 90 FE Sauerkraut. In diesem Fall belaufen sich die zu erwartenden Kompensationskosten auf 14 GE, da nur Ernteerträge von 60 FE bzw. 80 FE kompensierende Maßnahmen erfordern, die zu Kosten von 60 GE bzw. 20 GE und damit zu einem Erwartungswert von $(0,1 \cdot 2 \cdot 30 + 0,4 \cdot 2 \cdot 10 =)$ 14 GE führen. Die Tabelle 3.13 gibt die zu erwartenden Kompensationskosten allgemein in Abhängigkeit der Produktmengen an. Aus der Maximierung dieser abschnittsweise definierten Ersatzzielfunktion ergibt sich $\mathbf{x}^* = (60, 10)^T$ als optimale Lösung. ◇

3.4 Entscheidungen bei Ungewißheit

Die bisher analysierten Entscheidungsmodelle bei unvollkommener Information basieren auf der Annahme, daß dem Entscheidungsträger die Wahrscheinlichkeitsverteilungen der stochastischen Koeffizienten in der Zielfunktion oder einer Nebenbedingung bekannt sind. Bei *Entscheidungen bei Ungewißheit* – oder auch Unsicherheit – kennt der Entscheidungsträger nur die möglichen Ausprägungen einer unsicheren Größe δ, die die Werte $\delta_\ell (\ell = 1, \ldots, L)$ annehmen oder aus einem Intervall $[\bar{\delta}, \bar{\bar{\delta}}]$ stammen können. Im Unterschied zu entsprechenden diskreten oder stetigen

Zufallsvariablen fehlen in diesem Fall Informationen über die zugehörigen Wahrscheinlichkeiten. In Anlehnung an die stochastischen Entscheidungsmodelle (SEM_z) werden hier Entscheidungsmodelle (UEM_z) mit unsicheren Koeffizienten in der Zielfunktion untersucht, wobei $\mathcal{D}$ die Menge der möglichen Ausprägungen bezeichnet:

(UEM_z)	$max \{z^{\delta}(x) \mid x \in X\}$
wobei	$\delta \in \mathcal{D}$

Für den Entscheidungsträger besteht wie beim Modell (SEM_z) das Problem, daß er sich zum Entscheidungszeitpunkt, also vor Kenntnis der Ausprägung von δ, für eine Alternative entscheiden muß. Die in Abschnitt 3.2 vorgestellten Konzepte zur Analyse von (SEM_z) lassen sich jedoch auf diese Problemstellung nur übertragen, soweit sie die zugrundeliegende Wahrscheinlichkeitsverteilung vernachlässigen.

Daher bietet es sich zunächst an zu überprüfen, ob Alternativen existieren, die im Sinne der Zustandsdominanz effizient sind. Danach dominiert eine Alternative x' eine andere x'' ($x', x'' \in X$), wenn x' bei mindestens einer Ausprägung von δ zu einem höheren Zielfunktionswert und bei keiner Ausprägung zu einem geringeren Wert führt. Die Definition der Menge X^{0z}_{eff} läßt sich daher direkt auf die hier vorgestellte Modellformulierung übertragen. Da stochastische Dominanzen höheren Grades und Ersatzmodelle (ER_z) auf die Wahrscheinlichkeitsverteilungen zurückgreifen und eine perfekte Lösung (vgl. S. 37) nur in den seltensten Fällen existiert (vgl. Beispiel 3.3, S. 72), erfordert die Lösung von (UEM_z) eigenständige Ersatzformulierungen.

Basierend auf expliziten oder impliziten Präferenzangaben des Entscheidungsträgers transformiert ein Ersatzmodell (UER_z) die Modellformulierung (UEM_z) in eine numerisch lösbare Formulierung mit einer einwertigen Ersatzzielfunktion. Je nach Anzahl der Ausprägungen der unsicheren Größe δ läßt sich jede Alternative $x \in X$ durch unterschiedlich viele Zielfunktionswerte charakterisieren, die mittels einer Präferenzfunktion ω_{uz} zu einem Präferenzwert aggregiert werden:

$$\omega_{uz} : Z^{\delta} \longrightarrow \Omega_{uz} \subset \mathbb{R},\ z^{\delta}(x) \longmapsto \omega_{uz}(z^{\delta}(x)).$$

Ersatzmodelle auf nutzentheoretischer Basis fassen die durch eine Nutzenfunktion u bewerteten Zielfunktionswerte zu einem Präferenzwert zusammen. Die Menge der in bezug auf eine bestimmte Ersatzformulierung optimalen Lösungen X^* resultiert wiederum aus einer Optimierung (vgl. Abb. 3.17).

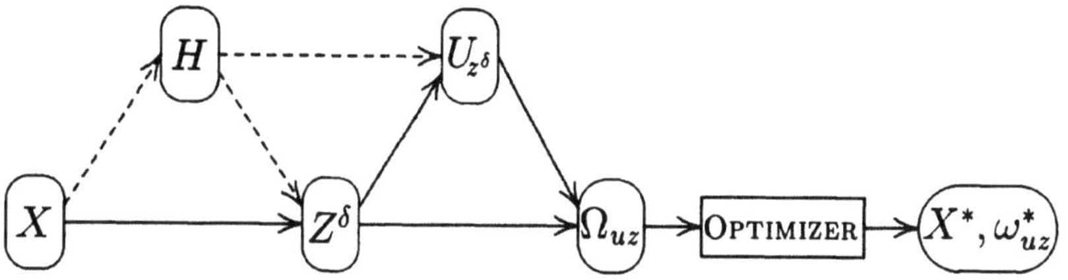

Abbildung 3.17: Entscheidungsfindungsprozeß bei Unsicherheit

Die Tabelle 3.14 stellt einige ausgewählte Ersatzformulierungen überblicksartig dar, wobei zur Vereinfachung von einer unsicheren Größe δ ausgegangen wird.[40]

Beim *Maximin-Modell* (WALD-Regel), das die Verhaltensweise eines vorsichtigen Entscheidungsträgers widerspiegelt, entspricht der Präferenzwert einer Alternative genau dem Zielfunktionswert, der bezogen auf die unterschiedlichen Ausprägungen der unsicheren Größe δ mindestens erreicht wird. Ein Entscheidungsträger wählt bei diesem Modell diejenige Alternative, die bei der ungünstigsten Ausprägung noch mit dem höchsten Zielfunktionswert verbunden ist. Dagegen entscheidet sich der Entscheidungsträger im *Maximax-Modell* für die Alternative, die bei der günstigsten Ausprägung von δ zum maximalen Zielfunktionswert führt. Ein Kompromiß im Sinne einer Zielgewichtung zwischen dem durch einen „pathologischen Pessimismus" gekennzeichneten Maximin-Modell und

[40]Vgl. u.a. DINKELBACH 1982, S. 94ff.; MAG 1990, S. 87ff.; SALIGER 1993, S.80ff.

Ersatzmodelle $\max\{\omega_{uz}(z^\delta(x)) \mid x \in X\}$
Maximin-Modell $\omega_{uz}(.) := \min\{z^\delta(x) \mid \delta \in \mathcal{D}\}$
Maximax-Modell $\omega_{uz}(.) := \max\{z^\delta(x) \mid \delta \in \mathcal{D}\}$
HURWICZ-*Modell* $\omega_{uz}(.) := \lambda \max\{z^\delta(x) \mid \delta \in \mathcal{D}\} + (1-\lambda) \min\{z^\delta(x) \mid \delta \in \mathcal{D}\}$ wobei $\lambda \in]0,1[$
LAPLACE-*Modell* $\omega_{uz}(.) := \begin{cases} \frac{1}{L}\sum_{\ell=1}^{L} z^{\delta_\ell}(x) & \text{falls } \mathcal{D} = \{\delta_1,\ldots,\delta_L\}, \\ \frac{1}{\bar{\bar{\delta}}-\bar{\delta}}\int_{\bar{\delta}}^{\bar{\bar{\delta}}} z^\delta(x)\mathrm{d}\delta & \text{falls } \mathcal{D} = \left[\bar{\delta},\bar{\bar{\delta}}\right] \end{cases}$
SAVAGE-NIEHANS-*Modell* $\omega_{uz}(.) := \min\left\{z^\delta(x) - \max\{z^\delta(y) \mid y \in X\} \,\middle|\, \delta \in \mathcal{D}\right\}$

Tabelle 3.14: Formulierung von Ersatzmodellen (UER_z)

dem mit einem „unverbesserlichen Optimismus" verbundenen Maximax-Modell strebt das HURWICZ-*Modell* an, indem die Zielfunktion des Maximax-Modells mit einem Optimismusparameter λ und die des Maximin-Modells mit einem Pessimismusparameter $(1-\lambda)$ gewichtet wird $(0 < \lambda < 1)$. Das LAPLACE-*Modell* (Regel des unzureichenden Grundes) behandelt die unsichere Größe δ wie eine Zufallsvariable, die diskret bzw. stetig gleichverteilt ist, und bestimmt auf der Grundlage dieser Wahrscheinlichkeitsverteilung für jede Alternative einen Erwartungswert. Das SAVAGE-NIEHANS-*Modell* überträgt die Vorgehensweise des Maximin-Modells auf die Werte des Bedauerns (daher auch Minimax-Regret-Prinzip oder Prinzip des kleinsten Bedauerns). Die Werte des Bedauerns lassen sich für die einzelnen Alternativen bestimmen, indem für jede Ausprägung von δ der maximal mögliche Zielfunktionswert von dem mit dieser Alternative erreichbaren Wert abgezogen wird. Auf diese modifizierten Zielgrößen wird dann das Maximin-Modell angewendet.[41]

Eine Ersatzformulierung auf der Grundlage nutzentheoretischer Überlegungen geht auf KRELLE zurück.[42] Die unsicheren Zielfunktionswerte werden dazu mit Hilfe einer Nutzenfunktion u, einer sogenannten Unsicherheitspräferenzfunktion, transformiert. Da das Modell von KRELLE diese Nutzenwerte mittels Addition bzw. Integration – analog zum LAPLACE-Modell – zu einem Präferenzwert (Erwartungswert) aggregiert, wird deutlich, daß dieses Modell in enger Beziehung zum BERNOULLI-Prinzip steht.

Analog zu den Entscheidungsmodellen mit einer stochastischen Zielfunktion kann auch für die hier vorgestellte Problemformulierung ein *Informationswert vollkommener Zusatzinformation* ermittelt werden. In der Ersatzformulierung (ER_I) (vgl. S. 97) muß dazu die Zufallsvariable γ durch die unsichere Größe δ und die Ersatzzielfunktion ω durch ω_{uz} ersetzt werden:

(UER_I)	$\max\{K \mid \omega_{uz}(ALT_I(K)) \geqq \omega^*_{uz}\}$
wobei	$\omega^*_{uz} := \max\{\omega_{uz}(z^\delta(x)) \mid x \in X\}$
	$\omega_{uz}(ALT_I(K)) := \omega_{uz}(z^{\delta *} - K)$
	$z^{\delta *} := max\ \{z^\delta(y) \mid y \in X\}$

Beispiel 3.13 Im Unterschied zum Beispiel 3.2 (vgl. S. 70) sei Frau Verti, die entweder den PC-Basic (ALT_1), den PC-Power (ALT_2), den PC-Multimedia (ALT_3) oder den PC-Professional (ALT_4) erwerben möchte, die Wahrscheinlichkeitsverteilung der unterschiedlichen Entwicklungen unbekannt.

Die optimalen Lösungen für die unterschiedlichen Ersatzformulierungen können der Tabelle 3.16 entnommen werden. Für das zugrundeliegende Minimumproblem sind die in Tabelle 3.14 vorgestellten Ersatzformulierungen entsprechend

[41] Zur Problematik dieser Ersatzformulierungen aufgrund von Anforderungskatalogen vgl. u.a. KRAMER 1966.

[42] KRELLE 1968, S. 184.

				Werte des Bedauerns		
	δ_1	δ_2	δ_3	δ_1	δ_2	δ_3
ALT_1	35	46	50	0	6	1
ALT_2	40	45	49	5	5	0
ALT_3	45	40	49	10	0	0
ALT_4	49	49	49	14	9	0

Tabelle 3.15: Werte des Bedauerns für Frau Verti

	Maximin	*Maximax*	HURWICZ	LAPLACE	SAVAGE-NIEHANS
ALT_1	50	35*	$42\frac{1}{2}$*	$43\frac{2}{3}$*	6
ALT_2	49*	40	$44\frac{1}{2}$	$44\frac{2}{3}$	5*
ALT_3	49*	40	$44\frac{1}{2}$	$44\frac{2}{3}$	10
ALT_4	49*	49	49	49	14

Tabelle 3.16: Ersatzmodelle (UER_z) für Frau Verti

den Überlegungen im Abschnitt 3.2.4 zu modifizieren. Nach dem Maximin-Modell ist die Werbekauffrau zwischen den drei Alternativen ALT_2, ALT_3 und der zustandsdominierten ALT_4 indifferent, da der Preis für die PCs im ungünstigsten Fall 49 GE beträgt und damit günstiger als für den PC-Basic (ALT_1) ausfällt. Da diese Alternative bei δ_1 mit 35 GE zu einem vergleichsweise günstigen Preis zu erwerben ist, erweist sie sich beim Maximax, HURWICZ-($\lambda = \frac{1}{2}$) und LAPLACE-Modell als optimal. Falls der Optimismusparameter einen Wert kleiner als $\frac{1}{6}$ annimmt, erweisen sich beim HURWICZ-Modell die beiden Alternativen ALT_2 und ALT_3 als optimal. Die zur Bestimmung einer optimalen Lösung des SAVAGE-NIEHANS-Modells notwendigen Werte des Bedauerns enthält Tabelle 3.15. Der maximale Wert fällt in diesem Beispiel bei der optimalen Alternative ALT_2 am geringsten aus.

Der Wert vollkommener Zusatzinformation beträgt nach dem Maximin-Modell 0 GE, nach dem LAPLACE-Modell $2\frac{1}{3}$ GE:[43]

Maximin-Modell:

$\min\{\max\{-z^{\delta_\ell}(x) \mid x \in X\} \mid \ell \in \{1,2,3\}\} - (-49) = -49 + 49 = 0,$

LAPLACE-*Modell:*

$\frac{1}{3} \cdot \sum_{\ell=1}^{3} \max\{-z^{\delta_\ell}(x)) \mid x \in X\} - (-43\frac{2}{3}) = -41\frac{1}{3} + 43\frac{2}{3} = 2\frac{1}{3}.$ ◇

[43]Hier wird der Bezug zu spieltheoretischen Ansätzen deutlich; die Matrix der möglichen Zielfunktionswerte entspricht einer Auszahlungsmatrix zweier Spieler in einem Nullsummenspiel; da das Spiel determiniert ist, d.h. oberer und unterer Spielwert übereinstimmen, ist der Wert vollkommener Zusatzinformation nach dem Maximin-Modell null.

4. Erweiterungen und Anwendungen

4.1 Vektorielle stochastische Entscheidungsmodelle im Überblick

Nachdem im ersten Kapitel deterministische Entscheidungsmodelle mit einer Zielfunktion, im zweiten Kapitel (deterministische) vektorielle Entscheidungsmodelle und im dritten Kapitel stochastische Entscheidungsmodelle jeweils isoliert betrachtet wurden, folgt nun zunächst eine kurze Charakterisierung von Entscheidungsmodellen, in denen ein Entscheidungsträger mehrere Ziele simultan verfolgt und sowohl die Zielfunktionen als auch die Nebenbedingungen von stochastischen Koeffizienten beeinflußt werden können. Die folgenden Überlegungen basieren auf den Darstellungen der vorangehenden Kapitel und kombinieren bzw. ergänzen deren Ausführungen. Zentrales Anliegen des ersten Abschnittes ist die Verknüpfung von vektoriellen und stochastischen Entscheidungsmodellen.

Wie bereits im zweiten Kapitel zu den vektoriellen Entscheidungsmodellen ausführlich erläutert, verfolgt ein Entscheidungsträger häufig mehrere Ziele simultan. Die mit den Alternativen verbundenen Konsequenzen müssen im folgenden nicht für alle Ziele mit Sicherheit bekannt sein. Darüber hinaus wird angenommen, daß der Entscheidungsträger eine gemeinsame Wahrscheinlichkeitsverteilung der stochastischen Einflußgrößen kennt, d.h., es handelt sich um eine Entscheidung bei Risiko und mehrfacher Zielsetzung. Die unterschiedlichen Ziele, die im Zielfunktionsvektor $\mathbf{z}$ erfaßt werden, lassen sich somit in zwei Klassen einteilen, die deterministischen Zielfunktionen $\mathbf{z}^Q$, deren Koeffizienten mit Sicherheit bekannt sind, und die Zielfunktionen $\mathbf{z}^\beta$ mit stochastischen Koeffizienten. Der Zielfunktionsvektor $\mathbf{z}$ entspricht somit einer Liste aller deterministischen und stochastischen Zielfunktionen, die zur Vereinfachung in $\mathbf{z}^Q$ und $\mathbf{z}^\beta$ getrennt erfaßt werden. Will ein Entscheidungsträger zwei Alternativen in bezug auf diese Zielvorstellungen seiner Präferenzen gemäß vergleichen, so muß er sich überlegen, wie er die unterschiedlichen deterministischen Zielfunktionswerte und die Wahrscheinlichkeitsverteilungen der stochastischen Zielfunktionswerte bewerten soll. Neben diesem durchweg nicht trivialen Problem muß der Entscheidungsträger darüber hinaus beachten, daß die betrachteten Alternativen möglicherweise nicht realisierbar sind, weil aufgrund einer oder mehrerer stochastischer Nebenbedingungen die Wahrscheinlichkeit für eine Restriktionsverletzung positiv ist.

Die beschriebene Problemstellung läßt sich unter Einbeziehung der bereits in den vorangehenden Abschnitten eingeführten Bezeichnungen und Definitionen in folgendem *vektoriellen stochastischen Entscheidungsmodell* (VSEM) formal erfassen:

(VSEM)	$max \left\{ \begin{pmatrix} \mathbf{z}^Q(\mathbf{x}) \\ \mathbf{z}^\beta(\mathbf{x}) \end{pmatrix} \middle\vert\ \mathbf{x} \in X^Q \cap X^\beta \right\}$
wobei	β ein Zufallsvariablenvektor mit bekannter gemeinsamer Verteilung

In Anlehnung an Entscheidungsmodelle mit stochastischen Alternativenmengen stehen auch in diesem Abschnitt nur Formulierungen zur Diskussion, deren Alternativen Elemente des N-dimensionalen Raumes der nichtnegativen reellen Zahlen sind ($\mathbf{x} \in \mathbb{R}_+^N$). Die Alternativen dieser Entscheidungsmodelle lassen sich somit meist nur implizit durch die Angabe von Restriktionen erfassen. Ein Entscheidungsträger muß sich in Hinblick auf die unterschiedlichen Zielsetzungen und die stochastische Alternativenmenge „here and now" für eine Alternative aus der Menge X^Q entscheiden.

Da der Entscheidungsträger neben den Zielen $\mathbf{z}^Q$ und $\mathbf{z}^\beta$ auch die Zielsetzung verfolgt, Nebenbedingungsverletzungen nach Möglichkeit zu vermeiden, bietet sich hier ebenfalls zur weiteren Analyse die Einführung einer Zufallsvariablen $\tilde{g}_m^\beta(\mathbf{x})$ an, die für eine Alternative $\mathbf{x} \in X^Q$ in bezug auf eine stochastische Nebenbedingung $g_m^\beta(\mathbf{x}) \leqq 0$ die Höhe der zufallsabhängigen Restriktionsverletzung berücksichtigt ($m = 1, \dots, M'$) (vgl. S. 103). In der folgenden Modellformulierung (VVSEM), die sich direkt an das Entscheidungsmodell (VSEM$_X$) anlehnt, enthält der Zielfunktionsvektor daher neben den zu maximierenden Funktionen $\mathbf{z}^Q$ und $\mathbf{z}^\beta$ zusätzlich die zu minimierenden stochastischen Nebenbedingungsverletzungen $\tilde{\mathbf{g}}^\beta = (\tilde{g}_1^\beta, \dots, \tilde{g}_{M'}^\beta)^T$. Die Alternativenmenge dieses Entscheidungsmodells entspricht wiederum der deterministischen Menge X^Q (vgl. S. 110):

(VVSEM)	$max \left\{ \begin{pmatrix} \mathbf{z}^Q(\mathbf{x}) \\ \mathbf{z}^\beta(\mathbf{x}) \\ -\tilde{\mathbf{g}}^\beta(\mathbf{x}) \end{pmatrix} \middle\vert\; \mathbf{x} \in X^Q \right\}$
mit	$\tilde{g}_m^\beta(\mathbf{x}) := \begin{cases} g_m^\beta(\mathbf{x}) & \text{falls } g_m^\beta(\mathbf{x}) > 0 \\ 0 & \text{sonst} \end{cases} \qquad (m = 1, \dots, M')$
wobei	β ein Zufallsvariablenvektor mit bekannter gemeinsamer Verteilung

Ausgehend von der Formulierung (VVSEM) läßt sich überprüfen, ob Alternativen existieren, die anhand einer noch genauer zu spezifizierenden Dominanzbeziehung aus der weiteren Betrachtung ausgeschlossen werden sollten, oder ob möglicherweise sogar eine perfekte Lösung vorliegt. Eine Alternative wird als eine bezüglich (VVSEM) perfekte Lösung bezeichnet, wenn sie sowohl in bezug auf alle deterministischen Zielfunktionen $\mathbf{z}^Q$ als auch bei allen Realisationen von β in bezug auf alle stochastischen Zielfunktionen $\mathbf{z}^\beta$ und in bezug auf alle stochastischen Nebenbedingungsverletzungen $\tilde{\mathbf{g}}^\beta$ eine individuell optimale Lösung darstellt (vgl. S. 37, S. 72 und S. 110). Alternativen, die diese Voraussetzungen erfüllen, lassen sich nur in seltenen Ausnahmefällen finden, so daß weitere oder andere Lösungskonzepte erforderlich sind.[1]

Unter Berücksichtigung des bei den vektoriellen Entscheidungmodellen eingeführten Dominanzbegriffes und der bei den Entscheidungsmodellen mit entweder nur einer stochastischen Zielfunktion oder genau einer stochastischen Nebenbedingung vorgestellten stochastischen Dominanzen nullten Grades läßt sich auch für das hier betrachtete vektorielle stochastische Entscheidungsmodell eine *stochastische Dominanz nullten Grades* definieren. Die Voraussetzungen, unter denen eine Alternative $\mathbf{x}' \in X^Q$ eine andere $\mathbf{x}'' \in X^Q$ in diesem Sinne dominiert, veranschaulicht für diskret verteilte Zufallsvariablen mit den Realisationen β_ℓ folgende Darstellung ($\ell = 1, \ldots, L$):

$$\begin{pmatrix} \mathbf{z}^Q(\mathbf{x}') \\ \mathbf{z}^{\beta_1}(\mathbf{x}') \\ \vdots \\ \vdots \\ \mathbf{z}^{\beta_L}(\mathbf{x}') \\ -\tilde{\mathbf{g}}^{\beta_1}(\mathbf{x}') \\ \vdots \\ \vdots \\ -\tilde{\mathbf{g}}^{\beta_L}(\mathbf{x}') \end{pmatrix} \geq \begin{pmatrix} \mathbf{z}^Q(\mathbf{x}'') \\ \mathbf{z}^{\beta_1}(\mathbf{x}'') \\ \vdots \\ \vdots \\ \mathbf{z}^{\beta_L}(\mathbf{x}'') \\ -\tilde{\mathbf{g}}^{\beta_1}(\mathbf{x}'') \\ \vdots \\ \vdots \\ -\tilde{\mathbf{g}}^{\beta_L}(\mathbf{x}'') \end{pmatrix}.$$

Die Alternative $\mathbf{x}' \in X^Q$ dominiert unter diesen Voraussetzungen die Alternative $\mathbf{x}'' \in X^Q$, wenn $\mathbf{x}'$ im Vergleich zu $\mathbf{x}''$ in bezug auf alle deterministischen Ziele $\mathbf{z}^Q$ und bei allen Realisationen der Zufallsvariablen β in bezug auf alle stochastischen Ziele $\mathbf{z}^\beta$ und $\tilde{\mathbf{g}}^\beta$ zu keinem schlechteren Zielfunktionswert führt, aber bei mindestens einem der genannten Ziele einen günstigeren Zielfunktionswert ermöglicht. Die Menge der in diesem Sinne nicht dominierten Alternativen, d.h. der bezüglich (VVSEM) – hier auch als bezüglich (VSEM) bezeichneten – effizienten Alternativen im Sinne der stochastischen Dominanz nullten Grades, lautet allgemein:

[1] Vgl. u.a. BEN ABDELAZIZ/LANG/NADEAU 1994.

$$X^0_{eff} := \left\{ \mathbf{x}^0_{eff} \in X^Q \;\middle|\; \begin{array}{l} \text{es existiert kein } \mathbf{x}' \in X^Q \text{ mit :} \\ \mathbf{z}^Q(\mathbf{x}') \geqq \mathbf{z}^Q(\mathbf{x}^0_{eff}) \text{ und} \\ P\left\{ \begin{pmatrix} \mathbf{z}^\beta(\mathbf{x}') \\ -\tilde{\mathbf{g}}^\beta(\mathbf{x}') \end{pmatrix} \geqq \begin{pmatrix} \mathbf{z}^\beta(\mathbf{x}^0_{eff}) \\ -\tilde{\mathbf{g}}^\beta(\mathbf{x}^0_{eff}) \end{pmatrix} \right\} = 1 \\ \text{sowie} \\ \mathbf{z}^Q(\mathbf{x}') \geq \mathbf{z}^Q(\mathbf{x}^0_{eff}) \text{ und/oder} \\ P\left\{ \begin{pmatrix} \mathbf{z}^\beta(\mathbf{x}') \\ -\tilde{\mathbf{g}}^\beta(\mathbf{x}') \end{pmatrix} \geq \begin{pmatrix} \mathbf{z}^\beta(\mathbf{x}^0_{eff}) \\ -\tilde{\mathbf{g}}^\beta(\mathbf{x}^0_{eff}) \end{pmatrix} \right\} > 0 \end{array} \right\}$$

Unter Einbeziehung der Wahrscheinlichkeitsverteilung der Zufallsvariablen β lassen sich auch für die hier betrachtete Modellformulierung stochastische Dominanzen höheren Grades definieren.[2] Diese bleiben hier ebenso unberücksichtigt wie mögliche Kombinationen aus der stochastischen Dominanz nullten oder höheren Grades mit der im Abschnitt 3.3.2 eingeführten α-Effizienz.

Beispiel 4.1 Die KRAUT KG (vgl. Beispiel 3.1, S. 64) wird nun neben dem bisherigen alleinigen Komplementär auch von dessen Sohn geführt, der gerade sein Studium der Betriebswirtschaftslehre erfolgreich abgeschlossen hat. Dieser erklärt seinem Vater, daß die Deckungsbeitragsmaximierung durchaus eine wichtige Zielsetzung sei, er jedoch auch berücksichtigen sollte, welche Schadstoffquantitäten bei der Produktion entstehen. Nach seiner Einschätzung ist die Umweltbelastung bei der Herstellung von KRAUTIS BESTE aufgrund der völlig veralteten Produktionstechnik viermal so hoch wie beim No-Name-Produkt – jeweils bezogen auf eine gefertigte Produkteinheit. Da das Unternehmen bisher in keine neue Produktionstechnik investiert hat, stehen kurzfristig, d.h. für die kommende Planungsperiode, keine neuen umweltfreundlichen Fertigungsmöglichkeiten zur Verfügung. Er schlägt daher vor, die Umweltbelastung möglichst gering zu halten, zumal die Konkurrenz bereits mit ihren neuen umweltfreundlichen Herstellungsmethoden wirbt. Sein Vater hält diese Argumentation für plausibel, gibt aber zu bedenken, daß das Unternehmen

[2] Vgl. RIESS 1996, S. 153 ff.

nur einen Gewinn erzielen kann, wenn auch eine hinreichende Stückzahl Sauerkrautdosen verkauft werde. In diesem Punkt stimmt sein Sohn zu und betont deshalb, daß die KRAUT KG die *Schadstoffminimierung* als ein Ziel neben der Deckungsbeitragsmaximierung verfolgen sollte.

Aus diesen Angaben resultiert unter Einbeziehung der bereits bekannten Daten folgendes vektorielle stochastische Entscheidungsmodell (vgl. Beispiel 3.1, S. 64ff.):[3]

($\text{VSEM}_{4.1}$)	$max\left\{\begin{pmatrix} -z^Q(\mathbf{x}) \\ z^\gamma(\mathbf{x}) \end{pmatrix} \middle\vert\ \mathbf{x} \in X^Q_{4.1} \cap X^\alpha_{4.1}\right\}$
mit	$z^Q(\mathbf{x}) = 4x_1 + x_2$ $z^\gamma(\mathbf{x}) = 2x_1 + (\gamma - 14)x_2$ $X^\alpha_{4.1} = \left\{\mathbf{x} \in \mathbb{R}^2_+ \mid x_1 + 2x_2 - \alpha \leqq 0\right\}$ $X^Q_{4.1} = \left\{\mathbf{x} \in \mathbb{R}^2_+ \ \middle\vert\ \begin{array}{l} x_1 + x_2 - 70 \leqq 0 \\ x_1 - 60 \leqq 0 \\ x_2 - 40 \leqq 0 \end{array}\right\}$
wobei	γ und α stochastisch unabhängig sowie $P\{\gamma = 15\} = P\{\gamma = 16\} = 0,25$ $P\{\gamma = 17\} = P\{\gamma = 18\} = 0,25$ $P\{\alpha = 60\} = P\{\alpha = 120\} = 0,1$ $P\{\alpha = 80\} = P\{\alpha = 100\} = 0,4$

Neben den bereits im Abschnitt 3.1 diskutierten Fragestellungen in bezug auf die stochastischen Einflußgrößen muß nun auch beachtet werden, daß das Unternehmen zwei Zielsetzungen verfolgt, die Maximierung des stochastischen Gesamtdeckungsbeitrages und die Schadstoffminimierung. Zwischen diesen beiden Zielen besteht ein Zielkonflikt, denn bei mindestens einer Realisation (hier bei jeder Realisation) der Zufallsvariablen ist die Schnittmenge der individuell optimalen Lösungen bezüglich z^Q und $z^{\hat{\gamma}}$ leer. Während die individuell optimalen Lösungen von $z^{\hat{\gamma}}$ von der Zufallsvariablen in der Zielfunktion und der in der Alternativenmenge abhängen, läßt sich in bezug auf die Schadstoffminimierung die entsprechende individuell optimale, von α unabhängige

[3] Wie in den bisherigen Abschnitten werden in diesem Beispiel die Zufallsvariable in der Alternativenmenge als α und die in der Zielfunktion als γ bezeichnet.

Produktmengenkombination direkt angeben. Bei der isolierten Betrachtung dieser Zielsetzung ist es optimal, keine Konservendosen zu produzieren. Da – wie der Vater bereits ausführte – in diesem Fall das Unternehmen keinen Gewinn erzielen kann, konkurrieren die beiden Ziele.

Für die weitere Analyse des Entscheidungsproblems ist es zweckmäßig, das Entscheidungsmodell ($\text{VSEM}_{4.1}$) mit einer stochastischen Alternativenmenge in ein korrespondierendes Entscheidungsmodell ($\text{VVSEM}_{4.1}$) mit einer deterministischen Alternativenmenge zu überführen (vgl. (VSEM_X), S. 110 und (VVSEM), S. 132):

($\text{VVSEM}_{4.1}$)	$max \left\{ \begin{pmatrix} -z^Q(\mathbf{x}) \\ z^\gamma(\mathbf{x}) \\ -\tilde{g}^\alpha(\mathbf{x}) \end{pmatrix} \middle\vert\ \mathbf{x} \in X^Q_{4.1} \right\}$
mit	$\tilde{g}^\alpha(\mathbf{x}) = \begin{cases} x_1 + 2x_2 - \alpha & \text{falls } x_1 + 2x_2 > \alpha \\ 0 & \text{sonst} \end{cases}$

In einem nächsten Schritt stellt sich die Frage nach Alternativen, die in bezug auf ($\text{VVSEM}_{4.1}$) effizient im Sinne der stochastischen Dominanz nullten Grades sind. Um in die Analyse dieser Frage schrittweise einzuführen, werden zunächst die Ziele Deckungsbeitragsmaximierung und Schadstoffminimierung jeweils isoliert mit der Minimierung der Nebenbedingungsverletzung betrachtet. Letzteres Ziel, d.h., $\tilde{g}^\alpha(\mathbf{x})$ zu minimieren, ist bereits aus dem Beispiel 3.9 (vgl. S. 105f.) bekannt.

In bezug auf die beiden stochastischen Ziele z^γ und $\tilde{g}^\alpha$ sind alle Alternativen auf der Strecke BCE im obigen Sinne effizient (vgl. Abb. 4.1). Beispielsweise dominiert der Punkt C den Punkt G und alle Alternativen auf der Strecke zwischen C und G, weil bei einer gleichhohen Restriktionsverletzung bei allen Realisationen der Zufallsvariablen γ für den Punkt C kein geringerer Zielfunktionswert z^γ resultiert. – Die beiden Ziele Schadstoffminimierung und Minimierung einer Restriktionsverletzung konkurrieren nicht miteinander. In bezug auf diese beiden Ziele existiert mit dem Punkt A, $\mathbf{x} = (0,0)^T$, eine perfekte Lösung, bei der weder eine Restriktion verletzt wird noch positive Schadstoffquantitäten anfallen. – In Hinblick auf ($\text{VVSEM}_{4.1}$) liegt jedoch insgesamt ein Zielkonflikt vor, weil dieser bereits allein durch zwei konkurrierende Ziele begründet wird (vgl. S. 37).

Bei der simultanen Betrachtung aller drei Zielsetzungen ergibt sich als Menge der in bezug auf ($\text{VVSEM}_{4.1}$) im Sinne der stochastischen Dominanz null-

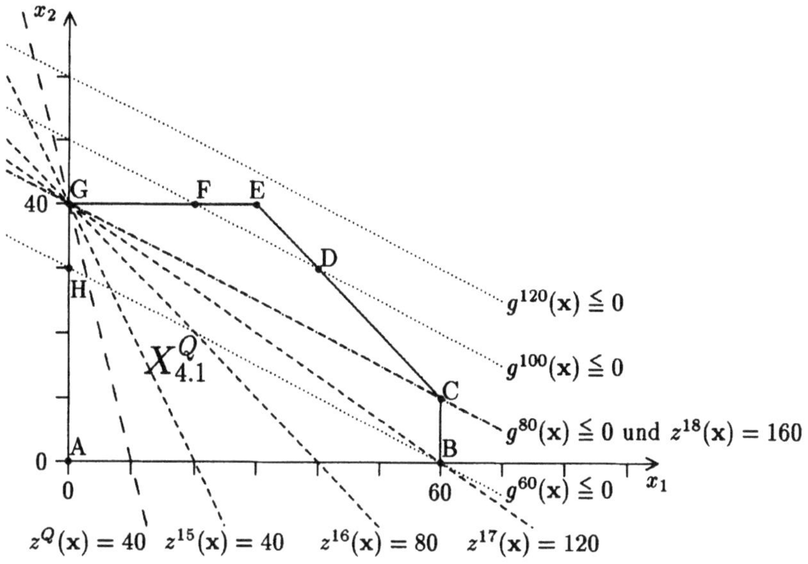

Abbildung 4.1: Vektorielles stochastisches Entscheidungsmodell für die KRAUT KG

ten Grades effizienten Alternativen in Abbildung 4.1 die Strecke AH und das Fünfeck BCEGH, d.h.:

$$X^0_{eff} = \left\{\mathbf{x}^0_{eff} \in X^Q_{4.1} \;\middle|\; x_1 = 0\right\} \cup \left\{\mathbf{x}^0_{eff} \in X^Q_{4.1} \;\middle|\; x_1 + 2x_2 \geqq 60\right\}.$$

Bezogen auf die drei Ziele Schadstoffminimierung, Deckungsbeitragsmaximierung und Minimierung der Restriktionsverletzung dominiert die Alternative C jetzt nicht mehr die Alternative G, denn es gilt:

$$\begin{pmatrix} -z^Q(60,10) \\ z^{\gamma_1}(60,10) \\ z^{\gamma_2}(60,10) \\ z^{\gamma_3}(60,10) \\ z^{\gamma_4}(60,10) \\ -\tilde{g}^{\alpha_1}(60,10) \\ -\tilde{g}^{\alpha_2}(60,10) \\ -\tilde{g}^{\alpha_3}(60,10) \\ -\tilde{g}^{\alpha_4}(60,10) \end{pmatrix} = \begin{pmatrix} -250 \\ 130 \\ 140 \\ 150 \\ 160 \\ -20 \\ 0 \\ 0 \\ 0 \end{pmatrix} \not\geq \begin{pmatrix} -40 \\ 40 \\ 80 \\ 120 \\ 160 \\ -20 \\ 0 \\ 0 \\ 0 \end{pmatrix} = \begin{pmatrix} -z^Q(0,40) \\ z^{\gamma_1}(0,40) \\ z^{\gamma_2}(0,40) \\ z^{\gamma_3}(0,40) \\ z^{\gamma_4}(0,40) \\ -\tilde{g}^{\alpha_1}(0,40) \\ -\tilde{g}^{\alpha_2}(0,40) \\ -\tilde{g}^{\alpha_3}(0,40) \\ -\tilde{g}^{\alpha_4}(0,40) \end{pmatrix}.$$

Die Überprüfung von Alternativen auf stochastische Dominanz nullten Grades in bezug auf (VSEM$_{4.1}$) erweist sich bereits in diesem kleinen Beispiel als durchaus aufwendig, so daß ein Testprogramm – wie es für vektorielle Entscheidungsmodelle im zweiten Kapitel vorgestellt wurde (vgl. S. 43) – ein hilfreiches Instrumentarium zur Unterstützung eines Entscheidungsträgers darstellt. Für das vorliegende lineare Programm mit zwei diskreten Zufallsvariablen bietet sich die Formulierung eines Testprogramms (TEST$_{4.1}$) an, das aufgrund der abschnittsweise definierten Funktion $\tilde{g}^{\alpha}$ für dieses Ziel die Hilfsvariablen $y_{\tilde{g}}^{\alpha_k}$ verwendet ($k = 1, \ldots, 4$). Diese nichtnegativen Variablen messen die Nebenbedingungsverletzung bei einer bestimmten Realisation von α. Um festzustellen, ob in diesen Fällen eine Alternative existiert, die im Vergleich mit der Testalternative $\mathbf{x}^{\square}$ zu einer gleichhohen oder geringeren Restriktionsverletzung führt, werden die Hilfsvariablen jeweils durch $\tilde{g}^{\alpha_k}(\mathbf{x}^{\square})$ nach oben beschränkt. Die Zielfunktion dieses Testprogramms maximiert die Summe über alle Realisationen der (zu maximierenden) stochastischen Zielfunktion z^{γ} abzüglich der (zu minimierenden) deterministischen Zielfunktion z^{Q} und abzüglich aller (zu minimierenden) Restriktionsverletzungen, die sich durch die Realisationen von α ergeben:

(TEST$_{4.1}$)	$\max\{z_{test}(\mathbf{x}) \mid \mathbf{x} \in X_{test}\}$
mit	$z_{test}(\mathbf{x}) := \sum_{\ell=1}^{4} z^{\gamma_\ell}(\mathbf{x}) - z^{Q}(\mathbf{x}) - \sum_{k=1}^{4} y_{\tilde{g}}^{\alpha_k}$ $X_{test} := \left\{ \mathbf{x} \in X_{4.1}^{Q} \;\middle|\; \begin{array}{rcll} z^{Q}(\mathbf{x}) & \leqq & z^{Q}(\mathbf{x}^{\square}) & \\ z^{\gamma_\ell}(\mathbf{x}) & \geqq & z^{\gamma_\ell}(\mathbf{x}^{\square}) & (\ell = 1, \ldots, 4) \\ g^{\alpha_k}(\mathbf{x}) & \leqq & y_{\tilde{g}}^{\alpha_k} & (k = 1, \ldots, 4) \\ 0 \leqq y_{\tilde{g}}^{\alpha_k} & \leqq & \tilde{g}^{\alpha_k}(\mathbf{x}^{\square}) & (k = 1, \ldots, 4) \end{array} \right\}$

Falls die Alternative $\mathbf{x}^{\square}$ eine optimale Lösung dieses Testprogramms darstellt, so ist sie auch im Sinne der stochastischen Dominanz nullten Grades in bezug auf (VSEM$_{4.1}$) effizient (vgl. Satz 2.2, S. 43). Durch Einsetzen von $\mathbf{x}^{\square} = (0, 40)^T$ zeigt sich beispielsweise, daß nur dieser Punkt eine zulässige und damit auch optimale Lösung des Testprogramms ist (vgl. Abb. 4.1). ◇

Die hier vorgestellte Dominanzbeziehung erlaubt zwar eine Vorauswahl von Alternativen, ist jedoch häufig nicht mit einer Lösung des Entscheidungsproblems verbunden, da eine Vielzahl von Alternativen die genannten Voraussetzungen erfüllen kann. Abbildung 4.2 zeigt den Entscheidungsfindungsprozeß für vektorielle stochastische Entscheidungsmo-

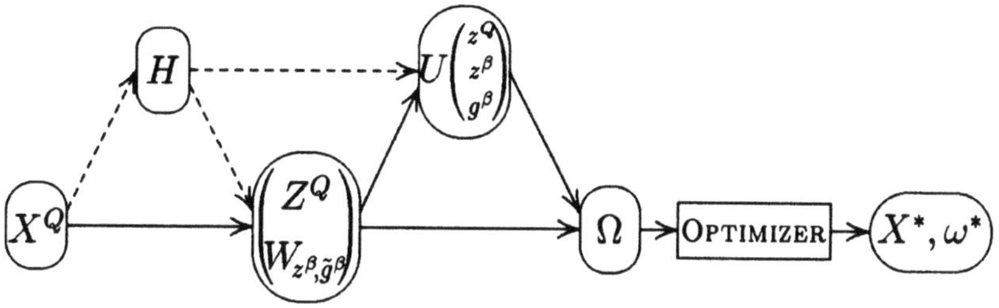

Abbildung 4.2: Entscheidungsfindungsprozeß mit Kompromißersatzmodellen

delle. Jede Alternative aus der Menge X^Q läßt sich durch einen Vektor von deterministischen Zielfunktionswerten und einer (gemeinsamen) Wahrscheinlichkeitsverteilung bezüglich der stochastischen Zielfunktionen und Nebenbedingungsverletzungen charakterisieren. Diesen Komponenten ordnet der Entscheidungsträger in einem *Kompromißersatzmodell* entweder direkt oder mittels einer Nutzenfunktion einen Präferenzwert zu. Mit Hilfe der Präferenzfunktion ω lassen sich somit die deterministischen und stochastischen Ziele sowie die unsicheren Restriktionsverletzungen durch einen deterministischen Präferenzwert abbilden, so daß für ω gilt:

$$\omega : \begin{pmatrix} Z^Q \\ W_{\mathbf{z}^\beta,\tilde{\mathbf{g}}^\beta} \end{pmatrix} \longrightarrow \Omega \subset \mathbb{R}, \quad \begin{pmatrix} \mathbf{z}^Q(\mathbf{x}) \\ \mathbf{z}^\beta(\mathbf{x}) \\ \tilde{\mathbf{g}}^\beta(\mathbf{x}) \end{pmatrix} \longmapsto \omega\Big(\mathbf{z}^Q(\mathbf{x}), \mathbf{z}^\beta(\mathbf{x}), \tilde{\mathbf{g}}^\beta(\mathbf{x})\Big).$$

Soweit im entsprechenden Kompromißersatzmodell die Ermittlung des Präferenzwertes zusätzliche Restriktionen erfordert, werden diese in der Menge X^{KERM} zusammengefaßt. Aus diesen Angaben resultiert folgendes Kompromißersatzmodell:

(KERM)	$\max\Big\{\omega\Big(\mathbf{z}^Q(\mathbf{x}), \mathbf{z}^\beta(\mathbf{x}), \tilde{\mathbf{g}}^\beta(\mathbf{x})\Big) \;\Big|\; \mathbf{x} \in X^Q \cap X^{KERM}\Big\}$

Der Entscheidungsträger sucht auf der Grundlage von (KERM) nach einem Kompromiß in bezug auf die unterschiedlichen Zielsetzungen und nach einer geeigneten Ersatzformulierung, die das stochastische Entscheidungsproblem in ein deterministisches überführt. Zur Lösung des stochastischen Problems bieten sich die im Abschnitt 3.2.4 zu stochastischen Zielfunktionen und die in Abschnitt 3.3.3 zu stochastischen Alternativenmengen eingeführten Ersatzformulierungen an, die nun in geeigneter Weise mit den im Abschnitt 2.3 zu vektoriellen Entscheidungsmodellen beschriebenen Kompromißmodellen kombiniert werden können. Darüber hinaus lassen sich möglicherweise Nutzenfunktionen angeben, die die unterschiedlichen Komponenten des zugrundeliegenden Entscheidungsmodells verknüpfen.

Im folgenden werden aus der Vielzahl der Kombinationsmöglichkeiten zwei Kompromißersatzmodelle exemplarisch vorgestellt. Ein Kompromißersatzmodell (KERM) kann etwa in bezug auf den Zielkonflikt zwischen den deterministischen Zielfunktionen und den stochastischen Zielfunktionen, die durch ihren Erwartungswert ersetzt werden, auf dem Zielgewichtungsmodell und in bezug auf die stochastische Alternativenmenge auf dem Fat-Solution-Modell basieren. Entspricht $\mathbf{t}$ einem Zeilenvektor mit den Gewichten für alle deterministischen und stochastischen Zielfunktionen, dann nimmt das Kompromißersatzmodell folgende Gestalt an:

$$\max\left\{ \mathbf{t}\begin{pmatrix} \mathbf{z}^Q(\mathbf{x}) \\ \mathrm{E}[\mathbf{z}^\beta(\mathbf{x})] \end{pmatrix} \middle| \mathbf{x} \in X^Q \cap \{\mathbf{x} \,|\, P\{\tilde{\mathbf{g}}^\beta(\mathbf{x}) = \mathbf{o}\} = 1\} \right\}.$$

Ein Kompromißersatzmodell auf nutzentheoretischer Basis könnte beispielsweise das Zielgewichtungs-, Erwartungswert- und Kompensationsmodell verknüpfen. In der zugehörigen Nutzenfunktion entsprechen die Parameter p_{0m} den Zielgewichten in bezug auf die Restriktionsverletzungen ($m = 1, \ldots, M'$), so daß diese neben den Zielgewichten $\mathbf{t}$ den Wert der Kompromißersatzzielfunktion $\omega(.) = \mathrm{E}[u(.)]$ beeinflussen:

$$u(\mathbf{z}^Q(\mathbf{x}), \mathbf{z}^\beta(\mathbf{x}), \mathbf{g}^\beta(\mathbf{x})) := \mathbf{t}\begin{pmatrix} \mathbf{z}^Q(\mathbf{x}) \\ \mathbf{z}^\beta(\mathbf{x}) \end{pmatrix} - \sum_{\substack{m=1 \\ g_m^\beta > 0}}^{M'} p_{0m}\, g_m^\beta(\mathbf{x}).$$

Beispiel 4.2 Die Lösung des in Beispiel 4.1 (vgl. S. 134) erörterten Entscheidungsproblems ($VSEM_{4.1}$) mit Hilfe der beiden skizzierten Kompromißersatzmodelle soll abschließend kurz erläutert werden. Kommt die Geschäftsleitung der KRAUT KG zu dem Ergebnis, daß die beiden Ziele Deckungsbeitragsmaximierung und Schadstoffminimierung im Verhältnis 2:1 gewichtet werden, dann ergibt sich bei Zugrundelegung des Erwartungswertmodells bezüglich z^{γ} und des Fat-Solution-Modells bezüglich $\tilde{g}^{\alpha}$ folgende Problemformulierung:

$$\max\left\{\frac{1}{3}(-4x_1 - x_2) + \frac{2}{3}(2x_1 + 2{,}5x_2) \,\middle|\, \mathbf{x} \in X_{4.1}^{Q} \cap \left\{\mathbf{x} \mid x_1 + 2x_2 \leqq 60\right\}\right\}.$$

Die optimale Lösung dieses Kompromißersatzmodells lautet: $\mathbf{x}^* = (0, 30)^T$, d.h., die KRAUT KG verzichtet auf die Herstellung von KRAUTIS BESTE und produziert ausschließlich 30 PE_2 der großen Sauerkrautdosen. Bei dieser Produktmengenkombination ist eine Verletzung der stochastischen Nebenbedingung ausgeschlossen.

Gewichtet die Geschäftsleitung die beiden Ziele Deckungsbeitragsmaximierung und Schadstoffminimierung wie bisher im Verhältnis 2:1 und besteht die Möglichkeit, Sauerkraut am Markt für 2 GE/FE zu beschaffen (vgl. Erläuterungen zum Kompensationsmodell in Beispiel 3.12, S. 121f.), so läßt sich ein auf der obigen Nutzenfunktion u basierendes Kompromißersatzmodell angeben:

$$\max\left\{\frac{1}{3}(-4x_1 - x_2) + \frac{2}{3}(2x_1 + 2{,}5x_2) - 2\,\mathrm{E}[\tilde{g}^{\alpha}(\mathbf{x})] \,\middle|\, \mathbf{x} \in X_{4.1}^{Q}\right\}.$$

Die zu erwartenden Fehlmengen

$$\mathrm{E}[\tilde{g}^{\alpha}(\mathbf{x})] = \begin{cases} 0 & \text{falls} \quad x_1 + 2x_2 \leqq 60 \\ 0{,}1(x_1 + 2x_2) - 6 & \text{falls} \quad 60 \leqq x_1 + 2x_2 \leqq 80 \\ 0{,}5(x_1 + 2x_2) - 38 & \text{falls} \quad 80 \leqq x_1 + 2x_2 \leqq 100 \\ 0{,}9(x_1 + 2x_2) - 78 & \text{falls} \quad 100 \leqq x_1 + 2x_2 \leqq 120 \\ x_1 + 2x_2 - 90 & \text{falls} \quad 120 \leqq x_1 + 2x_2 \end{cases}$$

sind bereits aus dem Beispiel 2.1 bekannt (vgl. Tab. 3.13, S. 122). Auf eine explizite Herleitung dieser Funktion kann verzichtet werden, wenn das folgende lineare Programm ($LP_{4.2}$) gelöst wird. In diesem Programm berücksichtigt die Variable $\mathrm{E}_{\tilde{g}}^{\alpha}$ die mit einer Alternative zu erwartenden Fehlmengen, indem sie für jede Realisation von α die mit einer bestimmten Produktmengenkombination verbundenen und mit den entsprechenden Wahrscheinlichkeiten gewichtete Fehlmenge an Sauerkraut erfaßt.

($LP_{4.2}$)	$\max \frac{1}{3}(-4x_1 - x_2) + \frac{2}{3}(2x_1 + 2{,}5x_2) - 2\,E_{\bar{g}}^{\alpha}$
u.d.N.	$x_1 + 2x_2 - 60 \leqq y_{\bar{g}}^{60}$
	$x_1 + 2x_2 - 80 \leqq y_{\bar{g}}^{80}$
	$x_1 + 2x_2 - 100 \leqq y_{\bar{g}}^{100}$
	$x_1 + 2x_2 - 120 \leqq y_{\bar{g}}^{120}$
	$0{,}1y_{\bar{g}}^{60} + 0{,}4y_{\bar{g}}^{80} + 0{,}4y_{\bar{g}}^{100} + 0{,}1y_{\bar{g}}^{120} = E_{\bar{g}}^{\alpha}$
	$\mathbf{x} \in X_{4.1}^{Q}$
	$y_{\bar{g}}^{60}, y_{\bar{g}}^{80}, y_{\bar{g}}^{100}, y_{\bar{g}}^{120}, E_{\bar{g}}^{\alpha} \geqq 0$

Als optimale Lösung dieses linearen Programms ergibt sich: $\mathbf{x}^* = (0, 40)^T$. Im Unterschied zu dem zuvor untersuchten Kompromißersatzmodell erlaubt die Kompensationsmöglichkeit eine Erhöhung der Produktion der großen Sauerkrautdosen auf 40 PE_2. ◇

4.2 Portfolio Selection: Ein Beratungsgespräch

4.2.1 Einführung

Unter *Portfolio Selection* versteht man im Bereich von Investition und Finanzierung in Anlehnung an MARKOWITZ[4] Finanzinvestitionen bei Risiko. Die frühen Arbeiten von MARKOWITZ haben eine Fülle von wissenschaftlichen Weiterentwicklungen und praktischen Anwendungen gefunden; sie sind darüber hinaus Ausgangspunkt und Grundlage der „modernen" Kapitalmarkttheorie. In diesem Abschnitt interessiert das Grundmodell von MARKOWITZ vornehmlich als ein spezielles stochastisches Entscheidungsmodell mit konkurrierenden Ersatzzielfunktionen, welches im folgenden insbesondere unter entscheidungstheoretischen Aspekten exemplarisch vorgestellt wird.

Die Alternativenmenge eines Entscheidungsmodells zur Portfolio Selection, im folgenden kurz *Portfolio-Modell* genannt, wird durch das Budget $\overline{\overline{x}}$ bestimmt, das dem Investor zur Verfügung steht, wobei $\overline{\overline{x}}$ vielfach auf 1 oder 100 normiert wird. Dem Investor stehen N Wertpapiere $\text{WP}_1, \ldots,$ WP_N zum Kauf zur Auswahl, auf die er sein Budget aufteilen möchte, wobei x_n dem nichtnegativen Anteil seines Budgets entspricht, der auf das n-te Wertpapier entfällt ($n = 1, \ldots, N$). Von Leerverkäufen wird somit im folgenden abgesehen. Ein Vektor $\mathbf{x} = (x_1, \ldots, x_N)^T \in \mathbb{R}_+^N$ stellt damit eine Wertpapiermischung dar und heißt auch *Portfolio* (Portefeuille). – In die Zielfunktion gehen üblicherweise die zufallsabhängigen, sich im wesentlichen aus Kursveränderungen und Dividenden ergebenden Renditen γ_n der Wertpapiere ein, die hier der Einfachheit halber in % des investierten Betrages angegeben werden.[5] Weiterhin werden vorgegebene Wahrscheinlichkeitsverteilungen für die zufallsabhängigen Renditen γ_n unterstellt ($n = 1, \ldots, N$). Damit läßt sich ein Portfolio-Modell wie folgt zusammenfassen:

[4]Vgl. u.a. MARKOWITZ 1959.

[5]Zu weiteren Einzelheiten vgl. u.a. ELTON/GRUBER 1991; SCHMIDT/TERBERGER 1996; UHLIR/STEINER 1994.

(PORT)	$max\,\{z^{\gamma}(\mathbf{x})\,\|\,\mathbf{x} \in X\}$
mit	$z^{\gamma}(\mathbf{x}) := \gamma_P(\mathbf{x}) := \gamma_1 x_1 + \ldots + \gamma_N x_N$ $X := \left\{ \mathbf{x} = \begin{pmatrix} x_1 \\ \vdots \\ x_N \end{pmatrix} \in \mathbb{R}_+^N \;\middle\|\; x_1 + \ldots + x_N = \bar{\bar{x}} \right\}$
wobei	$\gamma = (\gamma_1, \ldots, \gamma_N)^T$ Zufallsvariablenvektor mit bekannter gemeinsamer Verteilung

Das Portfolio-Modell stellt ein Beispiel für das in Kapitel 3 eingeführte Entscheidungsmodell (SEM_z) mit einer stochastischen Zielfunktion dar (vgl. S. 69). Einige Aspekte über Lösungsmöglichkeiten von (PORT) werden in dem nun folgenden Bericht über eine Anlageberatung angesprochen.

Der Anlageberater K. Portler, Chef der PORTLER UND PARTNER GMBH, berät seine Kunden u.a. bei der Portfolio Selection, d.h. bei der Zusammensetzung von Portefeuilles aus risikobehafteten Wertpapieren, wie z.B. Aktien. Eine seiner Klientinnen, Frau Dr. Kate, hat sich bereits vorab für zwei bestimmte Wertpapiere, WP_1 und WP_2, entschieden. Ihr aktuelles Problem besteht darin, in welchem Verhältnis sie ihr Budget in Höhe von 100 GE auf die beiden Wertpapiere aufteilen bzw. mischen soll. Frau Kate hat nur unklare Vorstellungen, wie sie ihre Ziele über eine „möglichst hohe“ und „möglichst sichere“ Rendite konkretisieren könnte. Da sie einsieht, daß beide Ziele gleichzeitig voll nicht erreichbar sind, sie aber dennoch zu irgendeiner Lösung kommen muß, bittet sie Herrn Portler um eine Beratung bezüglich ihres Zielkonfliktes. Herr Portler bittet um zwei Stunden Zeit zur Vorbereitung seiner Beratungen. Frau Kate hat noch einige kleinere Einkäufe zu erledigen und verläßt das Büro von Herrn Portler.

Sogleich beginnen Herr Portler und sein Assistent, Herr Dipl.-Inform. Kissing, mit der Analyse des Entscheidungsproblems von Frau Kate.

Sie werten in ihren mit modernsten Informationstechnologien ausgestatteten Büroräumen die Börsenkurse der vergangenen Jahre der in Frage stehenden Aktien aus, indem sie Häufigkeiten der Tupel (Kurs von WP_1, Kurs von WP_2) ermitteln, die entsprechenden Renditen (in %) berechnen und ihre Ergebnisse in einer gemeinsamen Wahrscheinlichkeitstabelle (oder auch Wahrscheinlichkeitsverteilung) für die Zufallsvariablen γ_1 und γ_2 darstellen (vgl. Tab. 4.1).[6] Die erste Spalte in Tabelle

$\gamma_1 \backslash \gamma_2$	8	10	12	13
10	0	0,1	0,1	0,2
15	0,2	0,2	0	0.2

Tabelle 4.1: Gemeinsame Wahrscheinlichkeitstabelle der Renditen

4.1 enthält die möglichen Renditen des Wertpapiers WP_1 (Realisationen der Zufallsvariablen γ_1), entsprechend die erste Zeile die analogen Werte des Wertpapiers WP_2. Die Elemente $p_{m\ell}$ der Matrix im Inneren der Tabelle geben die Wahrscheinlichkeiten für das gemeinsame Eintreten der m-ten Rendite γ_1^m von WP_1 und der ℓ-ten Rendite γ_2^ℓ von WP_2 an ($m = 1,2$; $\ell = 1,2,3,4$). Aus den Angaben der Tabelle 4.1 lassen sich die Randwahrscheinlichkeitsfunktionen (Randverteilungen) – wie in Tabelle 4.2 angegeben – berechnen.[7]

4.2.2 Das Grundmodell nach MARKOWITZ

Nach Erarbeitung der Datenbasis für das zu analysierende Entscheidungsproblem stellt sich die Frage, wie der Zielkonflikt von Frau Kate modellmäßig erfaßt werden kann. Hierzu ist die Heranziehung eines Maßes sowohl für den Erfolg als auch für das Risiko der Renditen eines Portfolios (einer Wertpapiermischung) erforderlich. In einer ersten Phase

[6] Vgl. u.a. LOISTL 1991, S. 214ff.

[7] Vgl. u.a. BUCHNER 1981, S. 266ff.; SPREMANN 1990, S. 451ff.

$\gamma_1 \backslash \gamma_2$		8	10	12	13
	$p_m \backslash p_\ell$	0,2	0,3	0,1	0,4
10	0,4	0	0,1	0,1	0,2
15	0,6	0,2	0,2	0	0,2

Tabelle 4.2: Randwahrscheinlichkeitsfunktionen der Renditen

wird in der „klassischen" Portfoliotheorie nach MARKOWITZ der Erfolg eines Wertpapiers durch den Erwartungswert und das entsprechende Risiko durch die Varianz der zufallsabhängigen Rendite gemessen, um in einer zweiten Phase den Zielkonflikt zwischen Maximierung des Erwartungswertes der Rendite eines Portfolios einerseits und Minimierung der Varianz der Rendite eines Portfolios andererseits zu analysieren.

Die skizzierte Vorgehensweise wird nunmehr mit Hilfe der geschilderten Beispielsituation konkretisiert bzw. illustriert, wobei zunächst die erforderlichen Momente von γ_1 und γ_2 berechnet werden. Im einzelnen gilt:

$$\mu_1 = \mathrm{E}[\gamma_1] = 13 \qquad \mu_2 = \mathrm{E}[\gamma_2] = 11$$

$$\sigma_1^2 = \mathrm{V}[\gamma_1] = \mathrm{E}[\gamma_1^2] - (\mathrm{E}[\gamma_1])^2 = 6 \quad \sigma_2^2 = \mathrm{V}[\gamma_2] = \mathrm{E}[\gamma_2^2] - (\mathrm{E}[\gamma_2])^2 = 3,8$$

$$\mathrm{Cov}[\gamma_1, \gamma_2] = \mathrm{E}[(\gamma_1 - \mu_1)(\gamma_2 - \mu_2)] = \mathrm{E}[\gamma_1 \cdot \gamma_2] - \mathrm{E}[\gamma_1]\,\mathrm{E}[\gamma_2] = -2$$

$$\rho_{12} = \mathrm{Cov}[\gamma_1, \gamma_2] / \sqrt{\sigma_1^2 \cdot \sigma_2^2} = -0,4188.$$

In einem nächsten Schritt sind entsprechende Momente für die Zufallsvariable „Rendite des Portfolios" γ_P zu bestimmen. Die zufällige Rendite des gebildeten Portfolios ist $\gamma_P(x_1, x_2) = \gamma_1 x_1 + \gamma_2 x_2$, d.h. eine mit x_1 und x_2 gewichtete Summe von Zufallsvariablen. Um das unvollständig formulierte Entscheidungsmodell (PORT) für das vorliegende Beispiel in ein Ersatzmodell nach MARKOWITZ überführen zu können, ist zunächst der Erwartungswert μ_P und die Varianz σ_P^2 der Rendite des Portfolios zu ermitteln. Es gilt:

$$\begin{aligned} \mu_P &= \mathrm{E}[\gamma_1 x_1 + \gamma_2 x_2] = \mathrm{E}[\gamma_1]x_1 + \mathrm{E}[\gamma_2]x_2 = \mu_1 x_1 + \mu_2 x_2 \\ &= 13x_1 + 11x_2 \end{aligned}$$

$$\begin{aligned} \sigma_P^2 &= \mathrm{V}[\gamma_1 x_1 + \gamma_2 x_2] = \mathrm{V}[\gamma_1]x_1^2 + \mathrm{V}[\gamma_2]x_2^2 + 2\mathrm{Cov}[\gamma_1 x_1, \gamma_2 x_2] \\ &= 6x_1^2 + 3{,}8x_2^2 - 4x_1x_2. \end{aligned}$$

Mit diesen Angaben läßt sich der Zielkonflikt zwischen der Maximierung der erwarteten Rendite und der Minimierung der Varianz bei der Bestimmung eines „optimalen" Portfolios durch das folgende vektorielle Entscheidungsmodell, das im folgenden auch als (μ, σ)-Modell bezeichnet wird, beschreiben:

(PORT1)	$max \left\{ \begin{pmatrix} \mu_P(\mathbf{x}) \\ -\sigma_P^2(\mathbf{x}) \end{pmatrix} \in \mathbb{R}^2 \;\middle|\; \mathbf{x} = (x_1, x_2)^T \in X_{Port} \right\}$
mit	$\mu_P(\mathbf{x}) := 13x_1 + 11x_2$ $\sigma_P^2(\mathbf{x}) := 6x_1^2 + 3{,}8x_2^2 - 4x_1x_2$ $X_{Port} := \left\{(x_1, x_2)^T \in \mathbb{R}_+^2 \mid x_1 + x_2 = 100\right\}$

Nutzt man die Tatsache aus, daß im Zwei-Wertpapier-Portfolio die Alternativenmenge mit Hilfe nur einer Variablen x ($x := x_1 = 100 - x_2$) äquivalent dargestellt werden kann, vereinfacht sich (PORT1) zu:

(PORT2)	$max \left\{ \begin{pmatrix} \mu_P(x) \\ -\sigma_P^2(x) \end{pmatrix} \in \mathbb{R}^2 \;\middle|\; x \in X_{port} \right\}$
mit	$\mu_P(x) := 1100 + 2x$ $\sigma_P^2(x) := 13{,}8x^2 - 1160x + 38000$ $X_{port} := \left\{x \in \mathbb{R} \;\middle|\; 0 \leqq x \leqq 100\right\}$

Die individuell optimalen Lösungen (vgl. S. 36) sind zum einen das *Maximalrendite-Portfolio* (MRP)[8]

$$x_{MRP} := x_{\mu}^{\circledast} \in \operatorname{argmax}\{\mu_P(x) \mid x \in X_{port}\} = \{100\}$$
$$\text{mit } \mu_{MRP} = 1300 \text{ und } \sigma^2_{MRP} = 60000$$

und zum anderen das *Minimalvarianz-Portfolio* (MVP) [9]

$$x_{MVP} := x_{\sigma^2}^{\circledast} \in \operatorname{argmax}\{-\sigma_P^2(x) \mid x \in X_{port}\} = \{42,03\}$$
$$\text{mit } \mu_{MVP} = 1184 \text{ und } \sigma^2_{MVP} = 13623.$$

Da die zwei – eindeutigen – individuell optimalen Lösungen nicht übereinstimmen, liegt in der Tat ein Zielkonflikt vor. In Abbildung 4.3 sind

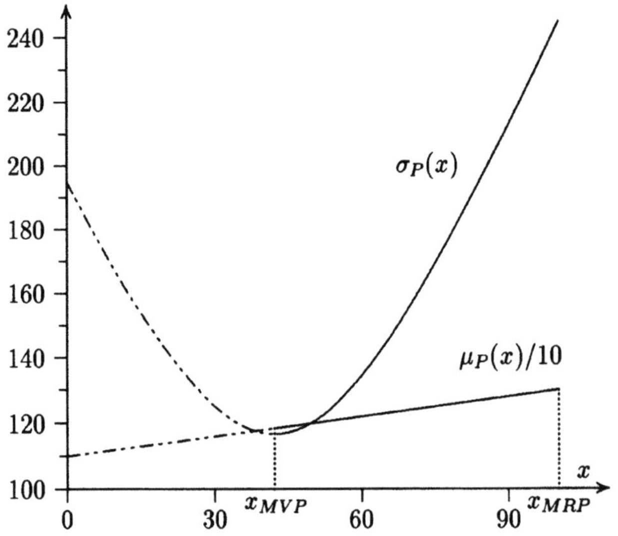

Abbildung 4.3: Erwartungswerte und Standardabweichungen der Renditen der Portfolios

[8] Vgl. u.a. ELTON/GRUBER 1991, S. 52.

[9] Vgl. u.a. ELTON/GRUBER 1991, S. 49.

die Funktionen $\mu_P(x)$ und $\sigma_P(x)$ wiedergegeben. Bei Portfolios mit mehr als zwei Wertpapieren sind der Abbildung 4.3 entsprechende Darstellungen nicht möglich. In diesen Fällen muß auf den Zielraum (vgl. S. 36)

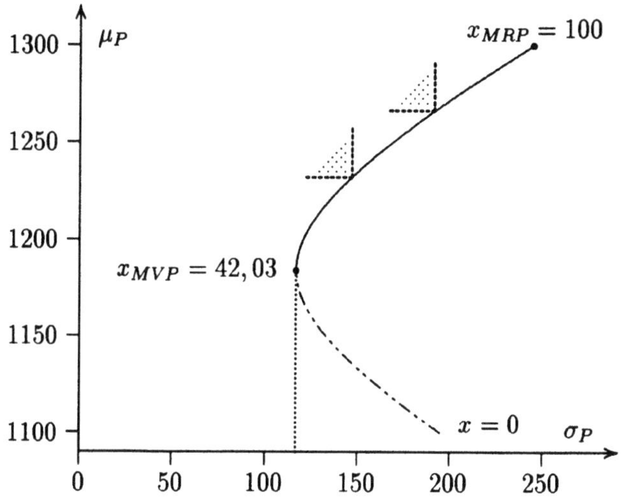

Abbildung 4.4: Effizienzlinie im (μ, σ)-Diagramm

zurückgegriffen werden. Im hier betrachteten Zwei-Wertpapier-Portfolio gilt für den Zielraum des vorliegenden Beispiels:

$$Z_{port} := \left\{ \begin{pmatrix} \mu_P(x) \\ -\sigma_P^2(x) \end{pmatrix} \in \mathbb{R}^2 \;\middle|\; 0 \leqq x \leqq 100 \right\}.$$

Er zeigt, daß es sich bei $x \in [x_{MVP}, x_{MRP}] = [42,03; 100]$ um (μ, σ)-*effiziente Portfolios* handelt (vgl. (μ, σ)-effiziente Alternativen, S. 85). Damit lautet die Menge der effizienten Portfolios:

$$Z_{port,eff} := \left\{ \begin{pmatrix} \mu_P(x) \\ -\sigma_P^2(x) \end{pmatrix} \in \mathbb{R}^2 \;\middle|\; x_{MVP} \leqq x \leqq 100 \right\} \subset Z_{port}.$$

Aus gewissen Praktikabilitätsgründen wird in der Literatur zur Portfoliotheorie häufig von der Standardabweichung an Stelle der Varianz ausgegangen und der Zielraum der zulässigen Portfolios dann in einem (σ_P, μ_P)-Koordinatensystem dargestellt und die (μ, σ)-effizienten Portfolios auf der sogenannten *Effizienzlinie* – hier mit zwei Dominanzkegeln – besonders hervorgehoben (vgl. Abb. 4.4).[10]

Zur Lösung der vektoriellen (μ, σ)-Modelle (PORT1) und (PORT2) wird üblicherweise auf eine Zielgewichtung zurückgegriffen, wie sie in (PORT3) dargestellt ist.

(PORT3)	$\max \{\mu_P(x) \; - \; p_0 \, \sigma_P^2(x) \mid x \in X_{port}\}$
mit	$\mu_P(x) := 1100 + 2x$ $\sigma_P^2(x) := 13{,}8x^2 - 1160x + 38000$ $X_{port} := \left\{x \in \mathbb{R} \;\middle|\; 0 \leqq x \leqq 100\right\}$
wobei	$p_0 > 0$

Nach Satz 2.3 ist garantiert, daß alle optimalen Portfolios von (PORT3) (μ, σ)-effizient sind (vgl S. 49).

Auf der Grundlage von in Abschnitt 2.3 genannten Kompromißmodellen macht Herr Portler nunmehr seiner Klientin drei Vorschläge:

a) Bei einer ins Auge gefaßten Mindestrendite von $\overline{\mu}_P = 1240$ ist mit $x_1 = 70$ und $x_2 = 30$ eine minimale Varianz von $\sigma_P^2 = 24420$ zu erreichen.

b) Wird von einer vorgegebenen Höchstvarianz von $\overline{\overline{\sigma}}_P^2 = 14500$ ausgegangen, könnte mit $x_1 = x_2 = 50$ eine maximale erwartete Rendite in Höhe von $\mu_P = 1200$ erzielt werden.

c) Eine Gewichtung der erwarteten Portfoliorendite μ_P mit 1 und der Portfoliovarianz σ_P^2 mit $1/248$ führt zu $x_1 = 60$ und $x_2 = 40$ mit $\mu_P = 1220$ und $\sigma_P^2 = 18080$. Dieser Lösungsvorschlag hätte sich auch bei Anwendung des Erwartungswert-Varianz-Modells mit $p_0 = 1/248$ ergeben (vgl. S. 84).

[10] vgl. u.a. BITZ 1981, S. 131; ELTON/GRUBER 1991, S. 86; FRANKE/HAX 1994, S. 313; KRUSCHWITZ 1995, S. 213.

Da sich Frau Kate mit keinem der Vorschläge anfreunden kann, bietet Herr Portler an, zwei weitere Lösungsvorschläge unter Zugrundelegung asymmetrischer Risikomaße vorzubereiten.

4.2.3 Asymmetrische Risikomaße

4.2.3.1 Verlustwahrscheinlichkeit

Ersatzmodelle mit asymmetrischen Risikomaßen wurden im Abschnitt 3.2.4 eingeführt. Herr Portler möchte zunächst einen Lösungsvorschlag unter Verwendung des Erwartungswert-Verlustwahrscheinlichkeits-Modells (vgl. S. 86) erarbeiten. In diesem Ersatzmodell wird zum einen der Erwartungswert des zufälligen Zielfunktionswertes maximiert und zum anderen die Wahrscheinlichkeit (Ausfallrisiko, Shortfall Risk) $\kappa_P(x)$, mit der sich ergebende Zielfunktionswerte einen vorgegebenen Schwellenwert $\overline{z}_0$ unterschreiten, minimiert. Die Kombination der beiden (Ersatz-) Zielfunktionen erfolgt – wie beim Erwartungswert-Varianz-Modell – durch eine gewichtete Addition. Für das Beispiel lautet das vorgeschlagene Ersatzmodell:

(PORT4)	$\max\left\{\mu_P(x) \;-\; p_0\,\kappa_P(x) \mid x \in X_{port} \cap X^{ER_z}\right\}$
mit	$\mu_P(x) := 1100 + 2x$ $X^{ER_z} := \left\{x \;\middle|\; P\{100\gamma_2^\ell + (\gamma_1^m - \gamma_2^\ell)x < \overline{z}_0\} \leqq \kappa_P(x)\right\}$ $X_{port} := \left\{x \in \mathbb{R} \;\middle|\; 0 \leqq x \leqq 100\right\}$
wobei	$p_0 > 0$

Herr Portler setzt nach Rücksprache mit Frau Kate den Schwellenwert $\overline{z}_0 = 1100$, d.h. gleich dem Erwartungswert der Rendite des zweiten Wertpapiers WP_2 (!), und hält den Gewichtungsparameter p_0 zunächst variabel.[11]

[11] In (PORT4) hängt die die Alternativenmenge gegebenenfalls einschränkende Menge X^{ER_z} von dem Schwellenwert $\overline{z}_0$ und der Variablen $\kappa_P(x)$ ab; sie hat in erster Linie einen definitorischen Charakter in bezug auf $\kappa_P(x)$, so daß es nicht immer sinnvoll ist, zunächst die Menge X^{ER_z} explizit zu bestimmen.

Um die Verlustwahrscheinlichkeit für alle $x \in X_{port}$ angeben zu können, ist für sämtliche Tupel $(\gamma_1^m, \gamma_2^\ell)$ mit $p_{m\ell} > 0$ zu überprüfen, mit welcher Wahrscheinlichkeit der Schwellenwert $\overline{z}_0 = 1100$ jeweils unterschritten wird. So tritt z.B. für die mit Wahrscheinlichkeit 0,2 eintretende Realisation $(\gamma_1^2, \gamma_2^2) = (15,\ 10)$ für folgende Portfolios ein Verlust ein:

$$100 \cdot 10 + (15 - 10)x < 1100 \quad \text{bzw.} \quad x < 20.$$

Darüber hinaus wird für $x < 20$ bei $(\gamma_1^2, \gamma_2^1) = (15,\ 8)$ mit Wahrscheinlichkeit 0,2 und bei $(\gamma_1^1, \gamma_2^2) = (10,\ 10)$ mit Wahrscheinlichkeit 0,1 der Schwellenwert $\overline{z}_0 = 1100$ nicht erreicht. Mit anderen Worten: Wählt der Entscheidungsträger ein $x < 20$, dann wird mit Wahrscheinlichkeit 0,5 der Schwellenwert $\overline{z}_0 = 1100$ unterschritten. Wiederholt man diese Überlegungen für alle Realisationen und alle zulässigen Werte von x, dann läßt sich die Ersatzzielfunktion $\omega_z(x; p_0) := \omega_z(\gamma_P(x); p_0) := \mu_P(x) - p_0\, \kappa_P(x)$ des Erwartungswert-Verlustwahrscheinlichkeits-Modells direkt angeben:

$$\omega_z(x; p_0) = 1100 + 2x - \begin{cases} 0,5p_0 & \text{für} \quad 0 \leqq x < 20 \\ 0,3p_0 & \text{für} \quad 20 \leqq x < \frac{300}{7} \\ 0,1p_0 & \text{für} \quad \frac{300}{7} \leqq x \leqq 50 \\ 0,2p_0 & \text{für} \quad 50 < x \leqq \frac{200}{3} \\ 0,4p_0 & \text{für} \quad \frac{200}{3} < x \leqq 100. \end{cases}$$

Abbildung 4.5 zeigt eine graphische Wiedergabe der Funktion $\omega_z(x; 333\frac{1}{3})$ und – zum Vergleich – den Erwartungswert der Rendite $\mu_P(x)$. Das Maximum von $\omega_z(x; 333\frac{1}{3}) = 1166\frac{2}{3}$ wird an den Stellen $x = 50$, $x = \frac{200}{3}$ und $x = 100$ angenommen.

Wie man unmittelbar zeigen kann, gilt für alle $p_0 > 0$ folgende Ungleichung:

$$\omega_z(x; p_0) < \omega_z(50; p_0) \quad \text{für} \quad 0 \leqq x < 50.$$

Diese Tatsache erinnert an die (μ, σ)-Effizienz (vgl. S. 85). Offensichtlich werden alle $x'' \in [0,\ 50[$ in dem Sinne von $x' = 50$ dominiert, daß für x'' der Erwartungswert der Rendite kleiner oder die Verlustwahrscheinlichkeit größer als für x' ist. Es können somit die angegebenen x'' nicht zu

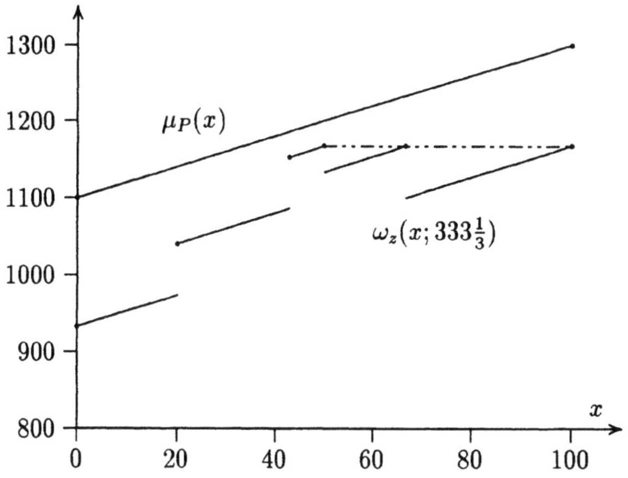

Abbildung 4.5: Kompromißzielfunktion

(μ, κ)-*effizienten Portfolios* führen, d.h. zu Portfolios, die bezüglich des vektoriellen Entscheidungsmodells

$$max \left\{ \begin{pmatrix} \mu_P(x) \\ -\kappa_P(x) \end{pmatrix} \in \mathbb{R}^2 \;\middle|\; x \in X_{port} \right\}$$

effizient sind.[12] Neben $x = 50$ sind von den Werten $x > 50$ in diesem Beispiel nur $x = \frac{200}{3}$ und $x = 100$ (μ, κ)-effizient (vgl. Abb. 4.5 und 4.6). Für $p_0 = 333\frac{1}{3}$ sind die drei genannten Portfolios zugleich kompromißoptimal. Gilt $p_0 > 333\frac{1}{3}$, ist nur $x = 50$, gilt hingegen $p_0 < 333\frac{1}{3}$, ist nur $x = 100$ optimal bezüglich des Erwartungswert-Verlustwahrscheinlichkeits-Modells (vgl. Tabelle 4.3).

RIESS hat gezeigt, wie sich eine optimale Lösung des Erwartungswert-Verlustwahrscheinlichkeits-Modells mit Hilfe eines gemischt ganzzahligen linearen Programms bestimmen läßt.[13] Dazu sind für $p_{m\ell} > 0$ folgende Binärvariablen zu definieren:

[12] Vgl. auch (μ, κ)-effiziente Alternativen S. 87.

[13] RIESS 1996, S. 98.

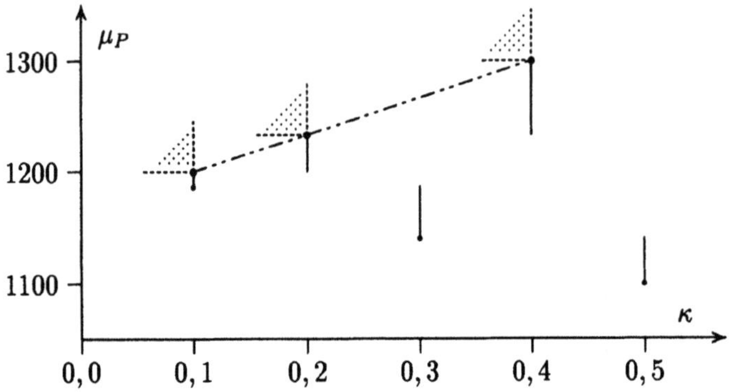

Abbildung 4.6: (μ, κ)-effiziente Portfolios

p_0	x^*	$\mu_P(x^*)$	$\kappa_P(x^*)$	$\omega_z(x^*)$
$p_0 < 333\frac{1}{3}$	100	1300	0,4	$1300 - 0,4\,p_0$
$p_0 = 333\frac{1}{3}$	100	1300	0,4	$1166\frac{2}{3}$
	$66\frac{2}{3}$	$1233\frac{1}{3}$	0,2	$1166\frac{2}{3}$
	50	1200	0,1	$1166\frac{2}{3}$
$p_0 > 333\frac{1}{3}$	50	1200	0,1	$1200 - 0,1\,p_0$

Tabelle 4.3: (μ, κ)-optimale Lösungen

$$y_{m\ell} = \begin{cases} 1 & \text{für} \quad 100\gamma_2^\ell + (\gamma_1^m - \gamma_2^\ell)x < \overline{z}_0, \\ 0 & \text{sonst.} \end{cases}$$

Mit $y_{m\ell} = 1$ wird ein Nichterreichen des Schwellenwertes $\overline{z}_0$, d.h. das Eintreten eines Verlustes, indiziert, dessen Wahrscheinlichkeit in der Zielfunktion des folgenden linearen Programms Berücksichtigung findet:

$(\mathrm{LP}_{\mu\kappa})$	$\max\ 1100 + 2x \ -\ p_0 \sum_{p_{m\ell}>0} p_{m\ell}\, y_{m\ell}$				
u.d.N.	$100\gamma_2^\ell + (\gamma_1^m - \gamma_2^\ell)x \ +\ M\, y_{m\ell}$	$\geqq$	1100	$(p_{m\ell} > 0)$
	$y_{m\ell}$	$\in$	$\{0,\ 1\}$	$(p_{m\ell} > 0)$
	x	$\in$	X_{port}	
wobei	$p_0 > 0$ und M hinreichend groß			

Mit der numerischen Lösung dieses gemischt ganzzahligen linearen Programms lassen sich die bereits angegebenen Ergebnisse bestätigen.

Herr Portler notiert sich als Vorschlag für seine Klientin die gefundenen bezüglich des Erwartungswert-Verlustwahrscheinlichkeits-Modells optimalen Lösungen in Tabelle 4.3. Ergänzend zu dieser Analyse betrachtet er nun ein weiteres asymmetrisches Risikomaß.

4.2.3.2 Mißerfolgserwartung

Neben der Minimierung der Wahrscheinlichkeit eines Verlustes läßt sich auch der Erwartungswert eines Verlustes jeweils in einer vom Entscheidungsträger vorgegebenen Höhe als eigenständige zweite, das Risiko der Entscheidung repräsentierende Zielfunktion betrachten, die ähnlich wie beim Erwartungswert-Varianz-Modell bzw. beim Erwartungswert-Verlustwahrscheinlichkeits-Modell gewichtet vom Erwartungswert der zufälligen Rendite eines Portfolios zu substrahieren ist, um auf diese Weise wieder zu einem Kompromißmodell zu gelangen. Das damit angedeutete Erwartungswert-Mißerfolgserwartungs-Modell (vgl. S. 87) wird nunmehr von Herrn Portler zur Bestimmung eines weiteren Vorschlages herangezogen, wobei wieder von $\overline{z}_0 = 1100$ ausgegangen wird.

Der Verlust $h(x)$ bei einer Realisation γ_1^m und γ_2^ℓ beträgt:

$$h(x) := \begin{cases} 1100-(100\gamma_2^\ell+(\gamma_1^m-\gamma_2^\ell)x) & \text{für } 100\gamma_2^\ell+(\gamma_1^m-\gamma_2^\ell)x < 1100, \\ 0 & \text{sonst.} \end{cases}$$

Mit $\nu_P(x) := \mathrm{E}[h(x)]$ lautet das Erwartungswert-Mißerfolgserwartungs-Modell:

(PORT5)	$\max\{\mu_P(x) - p_0\,\nu_P(x) \mid x \in X_{port}\}$
mit	$\mu_P(x) := 1100 + 2x$ $\nu_P(x) := \sum_{p_{m\ell}>0} p_{m\ell} \max\left\{0; 1100-(100\gamma_2^\ell + (\gamma_1^m - \gamma_2^\ell)x)\right\}$ $X_{port} := \left\{x \in \mathbb{R} \,\middle|\, 0 \leqq x \leqq 100\right\}$
wobei	$p_0 > 0$

Um dieses Ersatzmodell numerisch zu lösen, überprüft man für einige Werte von p_0 und alle $x \in X_{port}$ das Vorliegen bzw. das Nichtvorliegen eines Verlustes und bestimmt sodann den zugehörigen maximalen Wert $\omega_z^*(p_0)$ der Ersatzzielfunktion $\omega_z(x;p_0) := \mu_P(x) - p_0\,\nu_P(x)$ in Abhängigkeit von p_0. Dies führt zu:

$$\omega_z^*(p_0) = \begin{cases} 1300 - 40p_0 & \text{für } p_0 \in [0;\, 2,5] \text{ mit } x^* = 100 \\ 1200 & \text{für } p_0 = 2,5 \text{ mit } x^* \in [66\tfrac{2}{3},\, 100] \\ 1233\tfrac{1}{3} - 13\tfrac{1}{3}p_0 & \text{für } p_0 \in [2,5;\, 10] \text{ mit } x^* = 66\tfrac{2}{3} \\ 1100 & \text{für } p_0 = 10 \text{ mit } x^* \in [50,\, 66\tfrac{2}{3}] \\ 1200 - 10p_0 & \text{für } p_0 \in [10;\, \infty[\text{ mit } x^* = 50. \end{cases}$$

Einen eleganten Weg zur numerischen Lösung von (PORT5) hat SERF durch Formulierung eines linearen Programms vorgeschlagen, das für das hier zur Diskussion stehende Beispiel wie folgt lautet:[14]

$(\mathrm{LP}_{\mu\nu})$	$\max\ 1100 + 2x - p_0 \sum_{p_{m\ell}>0} p_{m\ell}\, h_{m\ell}$
u.d.N.	$100\gamma_2^\ell + (\gamma_1^m - \gamma_2^\ell)x + h_{m\ell} \geqq 1100 \quad (p_{m\ell} > 0)$ $h_{m\ell} \geqq 0 \quad (p_{m\ell} > 0)$ $x \in X_{port}$
für	$p_0 > 0$

[14]SERF 1995, S. 178.

Es handelt sich hierbei um ein parametrisches lineares Programm mit einem Parameter in der Zielfunktion.

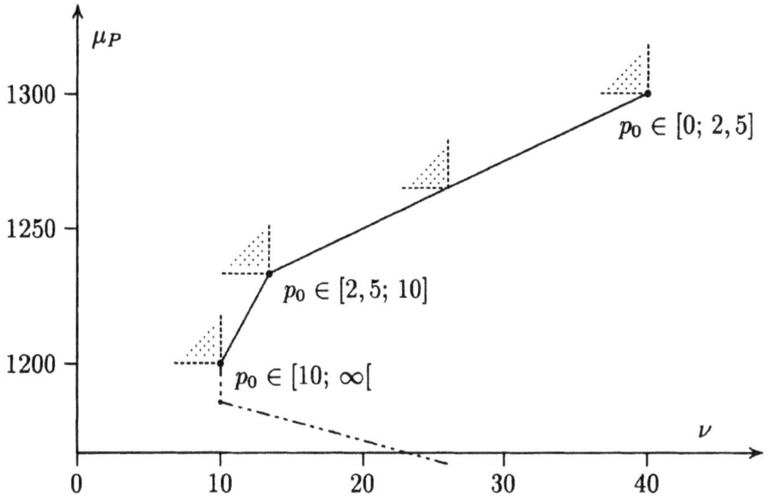

Abbildung 4.7: (μ, ν)-Diagramm

Das zugehörige (ν, μ)-Diagramm ist in Abbildung 4.7 wiedergegeben; es zeigt, daß alle für $p_0 > 0$ gefundenen Portfolios (μ, ν)-*effizient* sind, d.h. effizient bezüglich des vektoriellen Entscheidungsmodells[15]

$$max \left\{ \left(\begin{array}{c} \mu_P(x) \\ -\nu_P(x) \end{array} \right) \in \mathbb{R}^2 \;\middle|\; x \in X_{port} \right\}.$$

Im obigen Ersatzmodell ergeben sich für $p_0 = 2,5$ und $p_0 = 10$ jeweils Mehrfachlösungen. Für drei ausgewählte Werte von p_0 enthält die Tabelle 4.4 jeweils die Angaben der bezüglich des Erwartungswert-Mißerfolgserwartungs-Modells optimalen Lösungen, soweit diese für den Entscheidungsträger von Interesse sein könnten.

[15]Vgl. auch (μ, ν)-effiziente Alternativen S. 88.

p_0	x^*	$\mu_P(x^*)$	$\nu_P(x^*)$	$\omega_z(x^*)$
$p_0 = 2$	100	1300	40	1220
$p_0 = 8$	$66\frac{2}{3}$	$1233\frac{1}{3}$	$13\frac{1}{3}$	$1126\frac{2}{3}$
$p_0 = 16$	50	1200	10	1040

Tabelle 4.4: (μ, ν)-optimale Lösungen

Maximiert man lediglich die zweite Zielfunktion bzw. minimiert man den Erwartungswert des Mißerfolgs

$$\sum_{p_{m\ell}>0} p_{m\ell}\, h_{m\ell}$$

über den Nebenbedingungen von $(\mathrm{LP}_{\mu\nu})$, ergeben sich die folgenden individuell optimalen Portfolios, genauer die *mißerfolgserwartungs-minimalen Portfolios*,

$$X_\nu^{\circledast} = \{x_\nu^{\circledast} \in X_{port} \,|\, 42\tfrac{6}{7} \leqq x \leqq 50\}$$
$$\text{mit} \quad \nu_P(50) = 10,$$

von denen nur $x^{\circledast} = 0$ (μ, ν)-effizient ist (vgl. Abb. 4.7).

Frau Kate nimmt die von Herrn Portler in den Tabellen 4.3 und 4.4 vorgelegten Lösungsvorschläge mit Interesse zur Kenntnis, wobei sie die zahlreichen Parameter eher verwirren, denn sie zu einem Entschluß kommen lassen.

4.2.4 Goal-orientierte Portfolios

Frau Kate erinnert sich, im Wirtschaftsteil einer internationalen Tageszeitung etwas über Benchmarks gelesen zu haben, und fragt Herrn Portler, ob nicht mit Hilfe dieses Konzepts eine akzeptable Lösung zu finden ist. *Benchmarks*, so erklärt Herr Portler, finden zum einen *ex post* bei der

Performance-Analyse als Vergleichsportfolios, zum anderen aber auch *ex ante* bei der Entscheidungsfindung als vom Entscheidungsträger angestrebte *Ziel-Portfolios* (Referenz-Portfolios) Anwendung.[16] In diesem Sinne ist ein Benchmark-Portfolio „ein individuell gestaltetes Portfolio ..., um die Zielvorstellungen des Entscheidungsträgers oder eines Auftraggebers hinsichtlich der erwarteten Portfolio-Rendite und des Portfolio-Risikos zu operationalisieren".[17] Dann aber sind Benchmarks nichts anderes als Goals im Sinne des Goal Programming (vgl. Abschnitt 2.3.3).

Von den vorgetragenen Ideen ist Frau Kate begeistert und formuliert ein aus ihrer – subjektiven – Sicht anzustrebendes Benchmark- bzw. Ziel-Portfolio:

$$\overline{\mu}_P = 1250 \text{ und } \overline{\overline{\sigma}}_P^2 = 16900.$$

Es handelt sich bei der erwünschten Rendite um eine Untergrenze sowie bei dem hinzunehmenden Risiko um eine Obergrenze im Sinne des Goal Programming in Verbindung mit dem (μ, σ)-Modell der Portfolio-Optimierung (vgl. S. 147). Ein Blick auf Abbildung 4.4 (vgl. S. 149) zeigt, daß weder ein (μ, σ)-effizientes Portfolio $x \in X_{port,eff}$ noch ein zulässiges Portfolio $x \in X_{port}$ existiert, mit dessen Wahl die angestrebten Zielwerte erreichbar sind. Weitere Einzelheiten bei der folgenden Ermittlung einer Kompromißlösung überläßt Frau Kate ihrem Berater, der sich abermals mit seinem Assistenten, Herrn Kissing, zurückzieht.

Als Kompromißzielfunktion schlägt Herr Kissing eine Abstandsfunktion (vgl. S. 52) vor, und zwar eine gewichtete quadratische Abweichung (euklidischer Abstand) vom vorgegebenen Ziel-Portfolio, d.h., es ist

$$\begin{aligned}\psi(\mu,\sigma) &= \psi(\mu_P(x), \sigma_P(x)) \\ &:= \left\| \begin{pmatrix} 1250 \\ -16900 \end{pmatrix} - \begin{pmatrix} \mu_P(x) \\ -\sigma_P^2(x) \end{pmatrix} \right\|_2^{(t_1,t_2)} \\ &= t_1(1250 - \mu_P(x))^2 + t_2(\sigma_P^2(x) - 16900)^2,\end{aligned}$$

[16] Vgl. LINKE 1996, S. 125f. und die dort angegebene Literatur.

[17] LINKE 1996, S. 126.

wobei er die Gewichtungskoeffizienten in der ihm eigenen Weise ermittelt. Zusammenfassend lautet damit das Kompromiß-Modell:

(PORT6)	$\min\{\psi(\mu,\sigma) \mid x \in X_{port,eff}\}$
mit	$\psi(\mu,\sigma) := t_1(1250 - \mu_P(x))^2 + t_2(\sigma_P^2(x) - 16900)^2$ $X_{port,eff} := \{x \in \mathbb{R} \mid 42,03 \leqq x \leqq 100\}$
wobei	$t_1 = 1$ und $t_2 = 1/63479$

Mit elementaren Kenntnissen der Analysis läßt sich dieses nichtlineare (konvexe) Programm lösen. Die (eindeutige) optimale Lösung lautet

$$x^* = 65 \text{ mit } \mu_P(65) = 1230 \text{ und } \sigma_P^2(65) = 20905.$$

Die Differenzen $\overline{\mu}_P - \mu_P(x)$ und $\sigma_P^2(x) - \overline{\overline{\sigma}}_P$ entsprechen im übrigen den Abweichungsvariablen im Kompromißmodell (KM_{GP}) beim Goal Programming (vgl. S. 58). In Abbildung 4.8 sind das Ziel-Portfolio und die gefundene Kompromißlösung veranschaulicht. Die Kurve EF stellt den relevanten Teil der Effizienzlinie dar, bei der Kurve D_1D_2 handelt es sich um die Abstandsisoquante durch die optimale Lösung. Die nunmehr vorgelegten Ergebnisse, insbesondere die Abbildung 4.8, beeindrucken Frau

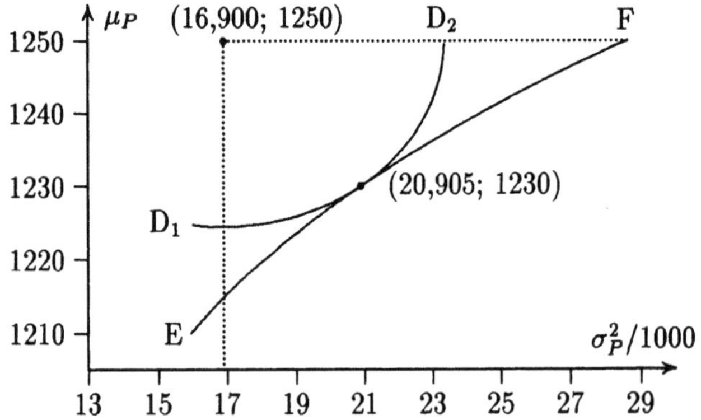

Abbildung 4.8: Ziel-Portfolio und kompromißoptimale Lösung

Kate außerordentlich. Sie ist davon überzeugt, daß dieser letzte Kompromißvorschlag ihren Zielvorstellungen am nächsten kommt und beauftragt Herrn Portler, das nunmehr gefundene Portfolio für sie zu kaufen.

Bei der abschließenden Schlußbesprechung aller Beteiligten wird folgendes festgehalten: Bei stochastischen vektoriellen Entscheidungsmodellen muß der Entscheidungsträger sowohl in bezug auf die Stochastik Ersatzformulierungen als auch für den Zielkonflikt Kompromißformulierungen subjektiv deklarieren. Weil die Portfolio Selection in erster Linie als ein stochastisches Entscheidungsproblem anzusehen ist, wurden im Laufe der Beratungen mehrere Ersatzmodelle exemplarisch vorgestellt und deren mögliche Auswirkungen aufgezeigt. Bezüglich der dabei auftretenden Zielkonflikte wurden ebenfalls exemplarisch mehrere Kompromißmodelle verwendet. So konnte in besonderer Weise verdeutlicht werden, daß die Portfolio Selection ein sehr gut geeignetes Beispiel ist, um verschiedene entscheidungstheoretische Zusammenhänge anschaulich herauszuarbeiten.

4.3 Zweipersonen-Entscheidungsmodell bei asymmetrischer Information: Eine Vertragsverhandlung

4.3.1 Einführung

Im Gegensatz zu den bisherigen Ausführungen werden in diesem Abschnitt nunmehr Zweipersonen-Entscheidungsmodelle als spezielle Mehrpersonen-Entscheidungsmodelle betrachtet. Entscheidungsprobleme, bei denen mehrere Entscheidungsträger nicht unabhängig voneinander Entscheidungen zu treffen haben, sind insbesondere Gegenstand der Theorie strategischer Spiele, der sogenannten *Spieltheorie*. Jeder Spieler eines Spiels muß bei seinen Entscheidungen berücksichtigen, daß durch die Wahl seiner Alternative (Strategie) nicht nur sein eigenes Ziel (Nutzen, Auszahlung) beeinflußt wird, sondern auch die Ziele der anderen Spieler, die sich ihrerseits dieser Interdependenzen bei ihren Entscheidungen bewußt sind.[18] Lösungen dieser Entscheidungsprobleme basieren gerade bei nichtkooperativen Spielen, bei denen die Spieler keine verbindliche Absprachen treffen können, auf sogenannten Gleichgewichtskonzepten. Bei einem NASH-*Gleichgewicht* hat beispielsweise kein Spieler einen Anreiz, durch die Änderung seiner gewählten Strategie von der Gleichgewichtslösung abzuweichen.[19] Ob diese Lösungen auch effizient im Sinne der vektoriellen Entscheidungstheorie sind, muß zusätzlich untersucht werden.

Entscheidungstheoretisch sind Zweipersonen-Nullsummen-Spiele[20], bei denen die Summe der Auszahlungen an beide Spieler stets null ist, für die Überlegungen dieses Abschnittes ebenso wie konfliktfreie Team-Entscheidungsprobleme[21] von geringerem Interesse. Im folgenden wird ein Zweipersonen-Nichtnullsummen-Spiel als Modell eines noch genauer zu

[18]Vgl. u.a. BURGER 1959; EICHBERGER 1993; GÜTH 1992; HOLLER/ILLING 1993; NEUMANN/MORGENSTERN 1961.

[19]Vgl. NASH 1951.

[20]Vgl. u.a. RAUHUT/SCHMITZ/ZACHOW 1979, S. 123ff.

[21]Vgl. u.a. POENSGEN 1976.

beschreibenden Zielkonfliktes betrachtet. Dazu wird eine Differenzierung in Zweipersonen-Spiele mit symmetrischer und asymmetrischer Information vorgenommen. Zweipersonen-Spiele mit symmetrischer Information sind dadurch gekennzeichnet, daß beide Spieler zu jedem Entscheidungszeitpunkt über dieselben - mehr oder weniger vollkommenen - Informationen verfügen.[22] Bei *Spielen mit asymmetrischer Information* gibt es Situationen, in denen ein Spieler etwa die Strategienmenge des jeweils anderen Spielers nicht kennt oder ein Spieler die gewählte Strategie des jeweils anderen Spielers weder beobachten noch aufgrund der Ergebnisse verifizieren kann. Letztere führen zur *Prinzipal-Agent-Theorie*, die auf speziellen asymmetrischen Informationsverteilungen basierende Interessenkonflikte (Zielkonflikte) zwischen den beiden Entscheidungsträgern Prinzipal und Agent untersucht. Im folgenden wird exemplarisch gezeigt, wie der angedeutete spieltheoretische Ansatz entscheidungstheoretisch einzuordnen ist und sich mit Hilfe der im zweiten und dritten Kapitel vorgestellten Instrumentarien analysieren läßt.

4.3.2 Spieltheoretische Aspekte einer Investitionsentscheidung

Herr Prinzig, selbständiger Unternehmer, überlegt, ob er eine zusätzliche Maschine anschaffen soll, mit der er einen mit dem derzeitigen Maschinenbestand nicht realisierbaren Großauftrag abwickeln könnte.[23] Ohne an dieser Stelle auf Einzelheiten der betriebswirtschaftlichen Investitionsrechnung einzugehen, wird davon ausgegangen, daß Herr Prinzig nach einer intensiven Analyse der mit dem Investitionsprojekt verbundenen Zahlungsreihe zu dem Ergebnis kommt, daß der Endwert (Vermögensendwert) der neuen Maschine 75 GE beträgt. Bei der Berechnung dieses Endwertes bleibt zunächst eine Konventionalstrafe von 30 GE unberücksichtigt, die das Unternehmen bei einer verspäteten Auftragsabwicklung zu leisten hat und die den Endwert gegebenenfalls vermindert. Weiterhin muß bei einer Abwicklung des Großauftrages für die Bedienung und

[22] Vgl. u.a. RASMUSEN 1989, S. 51ff.

[23] Zum hier erläuterten Beispiel vgl. KLEINE 1996, S. 66ff.

Wartung der Maschine ein zusätzlicher Mitarbeiter eingestellt werden, der für seine Leistungen eine Lohnzahlung erhält, die den Endwert ebenfalls verringert.

Herr Prinzig kann bzw. will die Tätigkeiten dieses Mitarbeiters nicht ständig beobachten, so daß sich für ihn am Ende der Abrechnungsperiode nicht nachvollziehen läßt, aus welchem Grund in der Vergangenheit Maschinenausfälle auftraten. Die Ursachen können neben einer unzureichenden Wartung durch den Mitarbeiter auch auf nicht von diesem zu verantwortenden in der Regel zufallsabhängigen Einflüssen beruhen, wie etwa auf kurzfristigen Stromausfällen, auf vom Lieferanten der Maschine verursachten Herstellungsfehlern oder Materialermüdungen. Angeregt durch einen für Herrn Prinzig zunächst sehr abstrakt erscheinenden Beitrag zur Prinzipal-Agent-Theorie in einer betriebswirtschaftlichen Fachzeitschrift, die Herr Prinzig seit Abschluß seines Studiums bezieht, plant er, den neuen Mitarbeiter am Erfolg des Unternehmens zu beteiligen. Die Entlohnung soll daher neben einem ergebnisunabhängigen Fixum die Zahlung einer Prämie vorsehen, die nur bei einer termingerechten Ausführung des Großauftrages anfällt.

Auf das veröffentlichte Stellenangebot von Herrn Prinzig meldet sich der zur Zeit arbeitslose Herr Angert, der für die Ausführung der anstehenden Aufgaben sehr befähigt ist. Für Herrn Prinzig, der an einer Einstellung von Herrn Angert interessiert ist, stellt sich nun das Problem, welche Lohnzahlung Herrn Angert angeboten werden soll. Herr Angert erhält ein Arbeitslosengeld in Höhe von 1 GE und bezieht im Rahmen von Nebentätigkeiten für Herrn Prinzig nicht nachvollziehbare zusätzliche Einkünfte. Das Angebot an Herrn Angert muß daher über dem Arbeitslosengeld liegen.

Nach einem längeren Gespräch mit Herrn Angert stellt Herr Prinzig fest, daß beim Bewerber – wie bei fast allen Beschäftigten – von drei unterschiedlichen Arbeitsleistungen (Anstrengungen), den Alternativen ALT_1^A, ALT_2^A und ALT_3^A, ausgegangen werden kann. Entweder Herr Angert führt nur die notwendigsten Tätigkeiten aus (Alternative $\mathrm{ALT}_1^A =: x_1^A$), so daß die Gefahr von Maschinenausfällen und damit die Zahlung einer Konventionalstrafe sehr hoch ist, oder der neue Mitarbeiter investiert sehr viel Zeit und Mühe in seine Tätigkeit ($\text{ALT}_3^A =: x_3^A$), was mit einer geringeren Wahrscheinlichkeit zur Zahlung der Konventionalstrafe führt, oder seine Anstrengungen können als durchschnittlich eingestuft werden ($\text{ALT}_2^A =: x_2^A$). Die Alternativenmenge von Herrn Angert lautet damit: $X^A = \{x_1^A, x_2^A, x_3^A\}$. Die Wahrscheinlichkeiten für einen Maschinenausfall in Abhängigkeit der gewählten Aktion (Alternative) sowie die subjektive Einschätzung des Herrn Angert in bezug auf den Aufwand für diese Tätigkeiten faßt Tabelle 4.5 zusammen. Über diese Informationen verfügen nach Abschluß des Gespräches sowohl Herr Angert als auch Herr Prinzig.

Aktion	x_1^A	x_2^A	x_3^A
Wahrscheinlichkeit für die Zahlung der Konventionalstrafe	0,95	0,70	0,25
Aufwand der unterschiedlichen Aktionen gemessen in NE	0	0,25	1

Tabelle 4.5: Aktionen des Agenten und deren Konsequenzen

Für den potentiellen neuen Mitarbeiter besteht ein Anreiz, eine Anstrengung gemäß x_1^A zu wählen, da sie aus seiner Sicht mit dem geringsten Aufwand verbunden ist. Soweit keine Kontrollen vorgesehen oder sonstige Konsequenzen für Herrn Angert zu erwarten sind, entscheidet er sich stets für diese Handlungsalternative. Herr Prinzig weist Herrn Angert deshalb bereits im Einstellungsgespräch darauf hin, daß sein Lohn neben einem Fixum auch eine ergebnisabhängige Prämie enthalten wird, die nur gezahlt wird, wenn keine Konventionalstrafe anfällt. Herr Angert trägt somit durch sein Verhalten maßgeblich zum Erfolg des Unternehmens bei. Zudem wird sich Herr Prinzig nur zur Einstellung von Herrn Angert entschließen, falls der zu erwartende Endwert für die neue Maschine nach Zahlung einer Entlohnung und einer möglichen Konventionalstrafe nicht negativ, nach Möglichkeit aber deutlich höher als null ist. Wenn es zu einem Vertragsabschluß kommen soll, müssen sich beide Vertragspartner auf eine sowohl aus der Sicht von Herrn Prinzig als auch aus der Sicht von Herrn Angert angemessene Entlohnung einigen.

Die soweit beschriebene Entscheidungssituation könnte im Rahmen der Prinzipal-Agent-Theorie analysiert werden. Der Agent, Herr Angert, verfügt im Vergleich zum Prinzipal, Herrn Prinzig, über einen Informationsvorsprung, weil sich die Wahl einer Alternative aus der Menge X^A für Herrn Prinzig nicht nachvollziehen läßt. Da sich die unterschiedlichen Informationen der beiden Entscheidungsträger in diesem Fall auf die vom Agenten ausgewählte Aktion beziehen, bezeichnet man diese Situation auch als *Hidden-Action-Fall.*[24] Das hier vorgestellte Szenario unterscheidet sich von den in der Prinzipal-Agent-Theorie üblicherweise unterstellten Annahmen, daß der Prinzipal nicht genau weiß, welche Entlohnung dem Agenten zu zahlen ist, damit dieser ein Vertragsangebot akzeptiert. Unter diesem Aspekt erhält der Agent hier zunächst eine stärkere Position, so daß bezüglich des auszuhandelnden Lohns die beiden Entscheidungsträger Prinzipal und Agent als „gleichberechtigte Partner" anzusehen sind. Auf die asymmetrische Informationsverteilung hat diese modifizierte Annahme jedoch keinen Einfluß.

4.3.3 Modellformulierung

In der folgenden vorzustellenden Modellformulierung bezeichne u^A die Risikonutzenfunktion des Agenten, wobei sein Nutzen vom Arbeitseinsatz x^A und der unsicheren Entlohnung x^P durch den Prinzipal abhängt. Um den Agenten zu einem geeigneten Arbeitseinsatz zu motivieren, zahlt der Prinzipal den Lohn in Abhängigkeit eines für beide Seiten nachvollziehbaren, aber zufallsabhängigen Ergebnisses β_{x^A}, das der Agent durch seinen Arbeitseinsatz beeinflußt und das daher mit x^A indiziert wird. Dieses Ergebnis determiniert neben der Entlohnung auch den unsicheren Nutzen des Prinzipals u^P. Die Alternativenmenge X^P des Prinzipals enthält die möglichen Entlohnungen x^P in Abhängigkeit des erwirtschafteten Erfolgs. Allgemein läßt sich das Prinzipal-Agent-Modell, d.h. das

[24]Vgl. u.a. ARROW 1985; HART/HOLMSTROM 1987; KIENER 1990, S. 22ff.

Zweipersonen-Entscheidungsmodell bei asymmetrischer Information mit den beiden Entscheidungsträgern Prinzipal und Agent, wie folgt formal darstellen:[25]

(PAM)	$max \left\{ \begin{pmatrix} u^P(\beta_{x^A}, x^P(\beta_{x^A})) \\ u^A(x^A, x^P(\beta_{x^A})) \end{pmatrix} \mid x^A \in X^{AS};\ x^P(\beta_{x^A}) \in X^P \right\}$
mit	$X^{AS} := \left\{ x^A \in X^A \mid x^A \in \underset{x'^A \in X^A}{argmax} \left\{ u^A(x'^A, x^P(\beta_{x'^A})) \right\} \right\}$
wobei	β_{x^A} Zufallsvariablen mit jeweils bekannter Verteilung für alle $x^A \in X^A$

In diesem vektoriellen stochastischen Entscheidungsmodell enthält der Zielvektor die beiden Zielfunktionen der nutzenmaximierenden Entscheidungsträger. Es handelt sich dabei um zwei stochastische Zielfunktionen, denn der Nutzen der Entscheidungsträger wird von den Zufallsvariablen β_{x^A} beeinflußt. Beim Agenten wirkt sich die stochastische Größe mittelbar über die erfolgsabhängige Entlohnung aus, beim Prinzipal dagegen auch direkt. Die Modellformulierung (PAM) verdeutlicht die für Spiele typische Aufteilung der Alternativenmenge in Teilmengen, den jeweiligen Strategienmengen eines Spielers, über die dieser isoliert entscheidet. Während sich die Alternativenmenge X^P des Prinzipals, d.h. die Menge der zulässigen Entlohnungsregeln (-funktionen), in der Regel direkt angeben läßt, muß beim Agenten berücksichtigt werden, daß seine Entscheidung von der des Prinzipals abhängt. Bei diesem dynamischen Spiel wählt der Agent erst eine bestimmte Aktion aus, nachdem der Prinzipal eine aus der Sicht des Agenten akzeptable Entlohnung angeboten hat. Die Strategienmenge des Agenten X^{AS} enthält daher alle Aktionen x^A aus der Alternativenmenge X^A, die seinen Nutzen unter Berücksichtigung der angebotenen Entlohnung maximiert. Da der Prinzipal den Agenten durch eine Entlohnung zu einer geeigneten Aktion motivieren will, heißen die korrespondierenden Restriktionen aus X^{AS} auch Anreizbedingungen.

Die Alternativenmenge von (PAM) hängt aufgrund der ergebnisabhängigen Entlohnung auch von den Zufallsvariablen β_{x^A} ab. Gemäß Abschnitt

[25]Vgl. KLEINE 1996, S. 169ff.

4.1 handelt es sich bei (PAM) um ein Entscheidungsmodell mit zwei stochastischen Zielfunktionen und einer stochastischen Alternativenmenge, die sich in zwei disjunkte Teilmengen zerlegen läßt. Sowohl die beiden Zielfunktionen als auch die Alternativenmenge enthalten hier die gleichen Zufallsvariablen β_{x^A}. Die von Zufallsgrößen unabhängige Menge der zulässigen Aktionen X^A stellt in diesem Zusammenhang den Definitionsbereich für die Menge der zulässigen Strategien X^{AS} dar.

Im Hinblick auf die im vorangehenden Abschnitt eingeführten Daten des Entscheidungsproblems der beiden Herren Prinzig und Angert läßt sich unter Einbeziehung ihrer Nutzenfunktionen die allgemeine Modellformulierung (PAM) weiter konkretisieren. Die Nutzen- bzw. Zielfunktion des risikoneutralen Herrn Prinzig setzt sich aus der Differenz zwischen dem zufallsabhängigen Ergebnis β_{x^A} und der Entlohnung x^P zusammen, d.h., sein Nutzen steigt, je höher das Ergebnis und je geringer die Entlohnung ausfällt. Im Unterschied dazu ist der risikoscheue Herr Angert an einer möglichst hohen Entlohnung und an einem möglichst geringen Arbeitseinsatz interessiert.[26] Seine additiv separable Nutzenfunktion setzt sich aus dem Nutzen der Entlohnung abzüglich dem Nutzen (*Disutility*) des Arbeitsaufwands zusammen. Die Nutzenwerte in bezug auf den Arbeitseinsatz ($\tilde{u}(x^A)$) enthält die Tabelle 4.5 (vgl. S. 165); in bezug auf die unsichere Entlohnung läßt sich die risikoscheue Einstellung durch die natürliche Logarithmusfunktion erfassen. Wie in der Prinzipal-Agent-Theorie üblich wird auch hier unterstellt, daß diese Informationen Herrn Prinzig zur Verfügung stehen.

Bedenkt man, daß die Entlohnung des Herrn Angert von nur zwei Ergebnissen abhängt – Maschinenausfällen, die zu einer oder zu keiner Zahlung der Konventionalstrafe führen –, so läßt sich hier die Entlohnungsfunktion durch die beiden entsprechenden Lohnzahlungen charakterisieren. Herr Prinzig zahlt x_1^P GE, falls eine Konventionalstrafe anfällt, d.h. $\beta_{x^A} = 75 - 30 = 45$ gilt, oder er leistet x_2^P GE, falls $\beta_{x^A} = 75$ ein-

[26]Zur Bedeutung der Annahme eines risikoaversen Agenten im Hinblick auf die „Risikoallokation" zwischen den beiden Entscheidungsträgern vgl. u.a. NEUS 1989, S. 54ff.

tritt. Das folgende Modell (PAM1) faßt die bisherigen Überlegungen und Annahmen in einem vektoriellen stochastischen Entscheidungsmodell zusammen:

(PAM1)	$max \left\{ \begin{pmatrix} \beta_{x^A} - x^P(\beta_{x^A}) \\ \ln(x^P(\beta_{x^A})) - \tilde{u}(x^A) \end{pmatrix} \middle\vert\, x^A \in X^{AS};\ x^P(\beta_{x^A}) \in X^P \right\}$
mit	$X^{AS} := \left\{ x^A \in X^A \,\middle\vert\, x^A \in \underset{x'^A \in X^A}{argmax} \left\{ \ln(x^P(\beta_{x'^A})) - \tilde{u}(x'^A) \right\} \right\}$ $X^A := \left\{ x_1^A, x_2^A, x_3^A \right\}$ $X^P := \left\{ x^P(\beta_{x^A}) \,\middle\vert\, x^P(\beta_{x^A}) = \begin{cases} x_1^P & \text{falls } \beta_{x^A} = 45 \\ x_2^P & \text{falls } \beta_{x^A} = 75 \end{cases} \text{ mit } x_1^P, x_2^P > 0 \right\}$
wobei	$\tilde{u}(x_1^A) = 0 \quad \tilde{u}(x_2^A) = 0,25 \quad \tilde{u}(x_3^A) = 1$ $P\{\beta_{x_1^A} = 45\} = 0,95 \quad P\{\beta_{x_1^A} = 75\} = 0,05$ $P\{\beta_{x_2^A} = 45\} = 0,70 \quad P\{\beta_{x_2^A} = 75\} = 0,30$ $P\{\beta_{x_3^A} = 45\} = 0,25 \quad P\{\beta_{x_3^A} = 75\} = 0,75$

In (PAM1) sind negative Entlohnungen, d.h. Zahlungen von Herrn Angert an Herrn Prinzig, ausgeschlossen. Herr Angert stuft bereits (infinitesimal) kleine positive Zahlungen aufgrund der angegebenen Nutzenfunktion als extrem unvorteilhaft ein. Er bewertet somit geringe Entlohnungen subjektiv bereits wie eine „Strafe". Der Wertebereich der zulässigen Entlohnungsregeln ist daher auf die Menge der positiven reellen Zahlen beschränkt.

Bei einer Analyse der Alternativen auf stochastische Dominanz in bezug auf das zufallsabhängige Ergebnis β_{x^A} fällt zunächst auf, daß eine Alternative $x'^A \in X^A$ mit einem hohen Arbeitseinsatz eine Aktion $x''^A \in X^A$ ($\tilde{u}(x''^A) < \tilde{u}(x'^A)$) mit einem niedrigeren Arbeitseinsatz im Sinne der Wahrscheinlichkeitsdominanz dominiert (vgl. S. 74).[27] Die Realisationen

[27]Vgl. u.a. KIENER 1990, S. 45f.; LAUX 1990, S. 108.

der Zufallsvariablen unterscheiden sich nicht, weil der Prinzipal anderenfalls in bestimmten Fällen am Ergebnis feststellen könnte, welche Aktion der Agent gewählt hat. Im Sinne der Zustandsdominanz lassen sich daher auch für diese Aktionen keine Aussagen treffen. Abbildung 4.9 zeigt die Risikoprofile der drei möglichen Aktionen von Herrn Angert. Die mit der größten Anstrengung verbundene Aktion x_3^A dominiert im Sinne der Wahrscheinlichkeitsdominanz die beiden anderen Alternativen x_1^A und x_2^A. Aufgrund dieser Aussage können dennoch die beiden letztgenannten Alternativen nicht aus der Analyse von (PAM1) ausgeschlossen werden, denn hierbei handelt es sich nur um eine Komponente in der Zielfunktion von Herrn Prinzig. Die Entlohnung bleibt bei dieser Betrachtung unberücksichtigt. Durch eine entsprechend günstige Entlohnung von x_1^A kann die zugehörige Alternative auch im Sinne der Wahrscheinlichkeitsdominanz effizient sein, zumal der Nutzen von Herrn Angert unberücksichtigt bleibt.

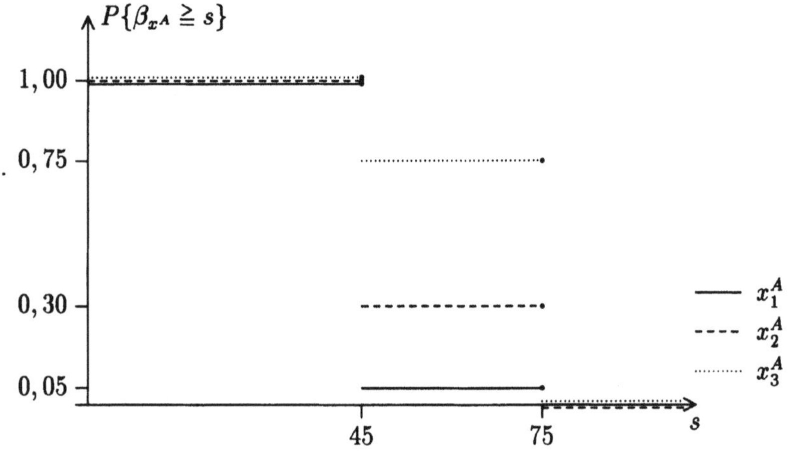

Abbildung 4.9: Risikoprofile der Aktionen von Herrn Angert

4.3.4 Zielkonflikt

Die Transformation des vektoriellen stochastischen Entscheidungsmodells (PAM) bzw. (PAM1) in ein skalares deterministisches Modell erfolgt im folgenden in zwei Schritten. Um den Interessenkonflikt (Zielkonflikt) zwischen den beiden Entscheidungsträgern Prinzipal und Agent zu verdeutlichen, steht zunächst ein vektorielles (deterministisches) Ersatzproblem im Mittelpunkt der Analysen. Die Ersatzformulierung bezüglich des stochastischen „Teilproblems“ basiert in diesem vektoriellen Entscheidungsmodell auf dem Erwartungsnutzenwert des Prinzipals und dem des Agenten.

In Hinblick auf das eingeführte Entscheidungsproblem zwischen den Herren Prinzig und Angert läßt sich die Angabe der jeweiligen Erwartungsnutzenwerte durch einige Vereinbarungen vereinfachen. Die beiden möglichen Entlohnungen x_1^P bzw. x_2^P, die bei $\beta_{x^A} = \beta_{x^A}^1 := 45$ bzw. $\beta_{x^A} = \beta_{x^A}^2 := 75$ zu leisten sind, enthält im folgenden der Entlohnungsvektor $\mathbf{x}^P := (x_1^P, x_2^P)^T$. Unter Einbeziehung der korrespondierenden Wahrscheinlichkeiten $p_{x^A}^i := P\{\beta_{x^A} = \beta_{x^A}^i\}$ lauten die Erwartungsnutzenwerte von Herrn Prinzig und Herrn Angert ($i = 1, 2$):

$$\mu_u^P(\mathbf{x}^P, x^A) := \sum_{i=1}^{2} p_{x^A}^i \left(\beta_{x^A}^i - x_i^P\right)$$
$$\mu_u^A(\mathbf{x}^P, x^A) := \sum_{i=1}^{2} p_{x^A}^i \ln(x_i^P) - \tilde{u}(x^A).$$

Im folgenden erfaßt die Menge der zulässigen Entlohnungen X^P zur Vereinfachung lediglich die beiden möglichen Lohnzahlungen x_1^P und x_2^P, d.h. den Vektor $\mathbf{x}^P$.

Unter Berücksichtigung der bisher vernachlässigten Vorgaben der beiden Entscheidungsträger – Herr Prinzig führt die Investion nur bei einem nichtnegativen erwarteten Endwert durch, und Herr Angert beansprucht mindestens eine Entlohnung in Höhe des Arbeitslosengeldes von 1 GE, was einem erwarteten Nutzenwert von ($\ln 1 =$) 0 NE entspricht – hat das vektorielle Prinzipal-Agent-(Ersatz-)Modell folgendes Aussehen:

(VPAM)	$max \left\{ \begin{pmatrix} \mu_u^P(\mathbf{x}^P, x^A) \\ \mu_u^A(\mathbf{x}^P, x^A) \end{pmatrix} \in \mathbb{R}_+^2 \middle\vert x^A \in X^{AS};\ \mathbf{x}^P \in X^P \right\}$
mit	$X^{AS} := \left\{ x^A \in X^A \middle\vert x^A \in \underset{x'^A \in X^A}{\operatorname{argmax}} \left\{ \mu_u^A(\mathbf{x}^P, x'^A) \right\} \right\}$ $X^A := \left\{ x_1^A, x_2^A, x_3^A \right\}$ $X^P := \left\{ \mathbf{x}^P \in \mathbb{R}^2 \middle\vert\, x_i^P > 0 \quad (i = 1, 2) \right\}$

Dieses vektorielle Entscheidungsmodell enthält die beiden Ersatzzielfunktionen μ_u^P und μ_u^A. Der Erwartungsnutzenwert des Agenten stellt ebenfalls eine geeignete Ersatzformulierung der bisher stochastischen Menge X^{AS} sicher. Für dieses vektorielle Ersatzmodell lassen sich alle effizienten Alternativen bestimmen.

Bei der Ermittlung der effizienten Lösungen bietet sich eine zweistufige Vorgehensweise an, wie sie GROSSMAN/HART für Prinzipal-Agent-Modelle mit der hier vorgestellten Struktur empfehlen.[28] Eine isolierte Betrachtung der jeweiligen Aktionen des Agenten dient zunächst einer Bestimmung der jeweils effizienten Entlohnungen. Diese Entlohnungen können den Agenten zu einer Entscheidung zu Gunsten der ins Auge gefaßten Aktion motivieren. Im zweiten Schritt erfolgt ein Vergleich der resultierenden Erwartungsnutzenwerte über alle Aktionen, um so festzustellen, welche Entlohnungen in Verbindung mit welcher Aktion effizient sind. Am eingeführten Entscheidungsproblem der beiden Herren Prinzig und Angert läßt sich dieses Vorgehen anschaulich nachvollziehen.

Bei einer Analyse der Aktion x_2^A etwa sind alle effizienten Entlohnungen für den Fall zu ermitteln, daß sich für Herrn Angert eine Entscheidung für die Alternative x_2^A als optimal erweist. Gesucht sind alle bezüglich des folgenden Entscheidungsmodells (VPAM$_{x_2^A}$) effizienten Entlohnungen:

[28]Vgl. GROSSMAN/HART 1983, die von einem gegebenen Erwartungsnutzenwert des Agenten (Reservationsnutzen, vgl. Abschnitt 4.3.5.2) ausgehen.

$(\text{VPAM}_{x_2^A})$	$max \left\{ \begin{pmatrix} \mu_u^P(\mathbf{x}^P, x_2^A) \\ \mu_u^A(\mathbf{x}^P, x_2^A) \end{pmatrix} \in \mathbb{R}_+^2 \;\middle|\; \mathbf{x}^P \in X_{x_2^A} \right\}$
mit	$X_{x_2^A} := \left\{ \mathbf{x}^P \in \mathbb{R}_{++}^2 \;\middle|\; \begin{matrix} \mu_u^A(\mathbf{x}^P, x_2^A) \geqq \mu_u^A(\mathbf{x}^P, x_1^A) \\ \mu_u^A(\mathbf{x}^P, x_2^A) \geqq \mu_u^A(\mathbf{x}^P, x_3^A) \end{matrix} \right\}$
	$\mu_u^P(\mathbf{x}^P, x_2^A) := 54 - 0,7x_1^P - 0,3x_2^P$
	$\mu_u^A(\mathbf{x}^P, x_1^A) := 0,95 \ln(x_1^P) + 0,05 \ln(x_2^P) - 0$
	$\mu_u^A(\mathbf{x}^P, x_2^A) := 0,70 \ln(x_1^P) + 0,30 \ln(x_2^P) - 0,25$
	$\mu_u^A(\mathbf{x}^P, x_3^A) := 0,25 \ln(x_1^P) + 0,75 \ln(x_2^P) - 1$

Die Restriktionen der Menge $X_{x_2^A}$ stellen sicher, daß Herr Angert durch eine Entscheidung für die Alternativen x_1^A oder x_3^A im Vergleich zu x_2^A auf keinen Fall einen höheren Erwartungsnutzenwert erreicht und ausschließlich positive Entlohnungen möglich sind. Bei dieser isolierten Betrachtungsweise einer Aktion verknüpft $X_{x_2^A}$ die beiden Mengen X^{AS} und X^P aus dem Modell (VPAM).

Abbildung 4.10 stellt den Zulässigkeitsbereich des vektoriellen Entscheidungsmodells $(\text{VPAM}_{x_2^A})$ in einem $(\ln(x_1^P), \ln(x_2^P))$-Diagramm dar. Diese Transformation der Entscheidungsvariablen bietet sich an, um insbesondere lineare Anreizbedingungen abbilden zu können. Die Alternativenmenge wird somit durch die beiden Anreizbedingungen A_2P_2 und AP sowie den Vorgaben AA_2 von Herrn Prinzig und PP_2 von Herrn Angert begrenzt. Die jeweiligen Isoziellinien AA_2 und PP_2 entsprechen Erwartungsnutzenwerten des Herrn Prinzig bzw. Herrn Angert in Höhe von null Geld- bzw. Nutzeneinheiten $(\mu_u^A(\mathbf{x}^P, x_2^A) = \mu_u^P(\mathbf{x}^P, x_2^A) = 0)$. Soweit sie diesen Wert nicht erreichen, kommt kein Vertrag zwischen den beiden Entscheidungsträgern zustande.[29]

[29] Im Sinne der kooperativen Spieltheorie lassen sich diese Vorgaben der beiden Spieler als ein Garantiepunkt interpretieren, der besagt, daß die Spieler nur zu einer Kooperation bereit sind, wenn sie mindestens diese Vorgaben erreichen (vgl. u.a. BINMORE 1992, S. 178).

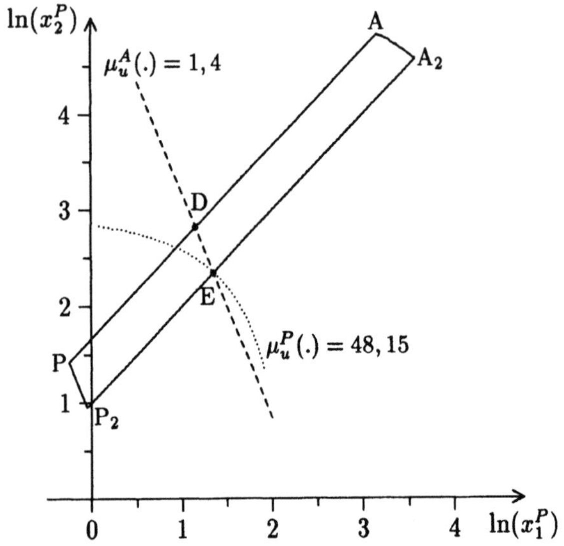

Abbildung 4.10: Effiziente Entlohnungen bei x_2^A

Die individuell optimale Lösung in bezug auf das Ziel von Herrn Prinzig liegt im Punkt P_2, die von Herrn Angert im Punkt A_2 (vgl. auch Abb. 4.11). In diesen Punkten muß sich der Gegenspieler gerade mit der bekannten Vorgabe begnügen. Da keine perfekte Lösung existiert, konkurrieren die beiden Ziele miteinander. Dieser Zielkonflikt bringt die divergierenden Interessen der beiden Vertragspartner bereits bei der isolierten Betrachtung einer Aktion zum Ausdruck. Herr Prinzig versucht, unter Beachtung der Anreizbedingung die Entlohnung möglichst gering zu halten, wodurch der zu erwartende Nutzen des Herrn Angert sinkt.

Dieser Zielkonflikt läßt sich ebenfalls aus der Abbildung 4.11 ablesen, einer Darstellung des entsprechenden Zielraumes. Die beiden Abbildungen 4.10 und 4.11 zeigen deutlich, daß effiziente Lösungen ausschließlich auf der Kurve A_2P_2 liegen. Der Punkt E dominiert etwa den Punkt D, weil Herr Prinzig durch eine modifizierte Entlohnung einen höheren Endwert nach Entlohnung erwartet. Für Herrn Angert verändert sich die Situati-

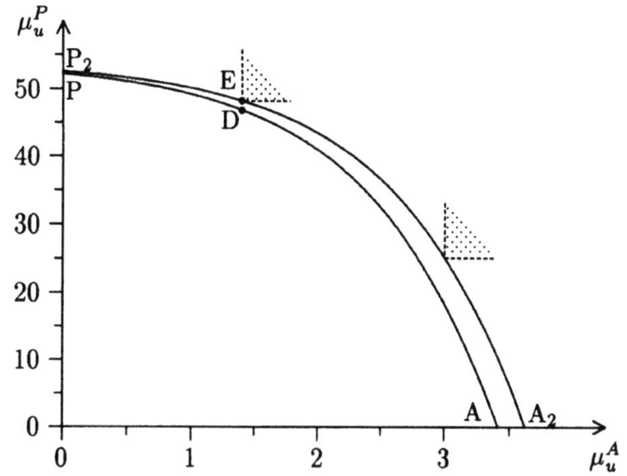

Abbildung 4.11: Effiziente Entlohnungen bei x_2^A im Zielraum

on durch diese Maßnahme nicht, denn für ihn liegen die beiden Punkte D und E auf einer Zielisoquante ($\mu_u^A(\mathbf{x}^P, x_2^A) = 1,4$).

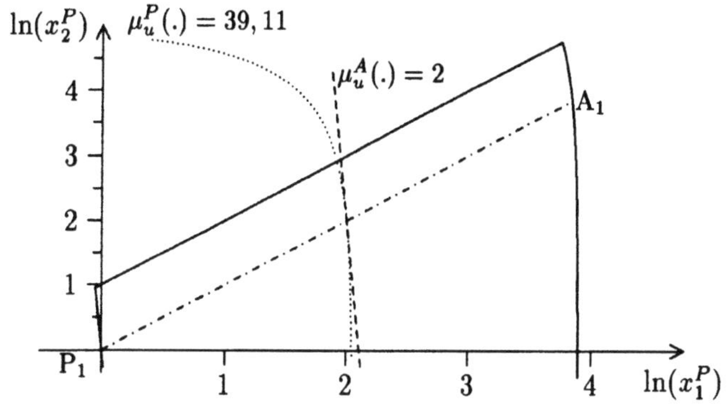

Abbildung 4.12: Effiziente Entlohnungen bei x_1^A

Durch analoge Überlegungen lassen sich die hinsichtlich der Implementierung von x_1^A und x_3^A effizienten Entlohnungen bestimmen. Abbildung 4.12 zeigt einen Ausschnitt des Zulässigkeitsraumes für die Alternative x_1^A. Im

Unterschied zur vorher betrachteten Aktion x_2^A wird die Menge der effizienten Entlohnungen durch keine Anreizbedingung begrenzt, sondern lediglich an den „Ecken“ A_1 und P_1 durch die Vorgaben der beiden Entscheidungsträger. Alle Tangentialpunkte der Zielisoquanten der beiden Entscheidungsträger liegen genau auf einer vom Ursprung ausgehenden 45°-Achse, der Strecke A_1P_1. – Dieser Sachverhalt läßt sich ebenfalls für das zugrundeliegende Prinzipal-Agent-Modell anschaulich interpretieren. Die Alternative x_1^A ist für den Agenten, Herrn Angert, mit dem geringsten Arbeitsaufwand verbunden. Unter Vernachlässigung der zu zahlenden Entlohnung präferiert er diese Alternative. Herr Prinzig muß Herrn Angert folglich keinen monetären Anreiz bieten, d.h., die Zahlung einer Risikoprämie (vgl. S. 81) ist nicht erforderlich. Daher entlohnt Herr Prinzig den risikoscheuen Herrn Angert unabhängig vom zufallsabhängigen Ergebnis stets durch eine gleichhohe Zahlung ($x_1^P = x_2^P$).

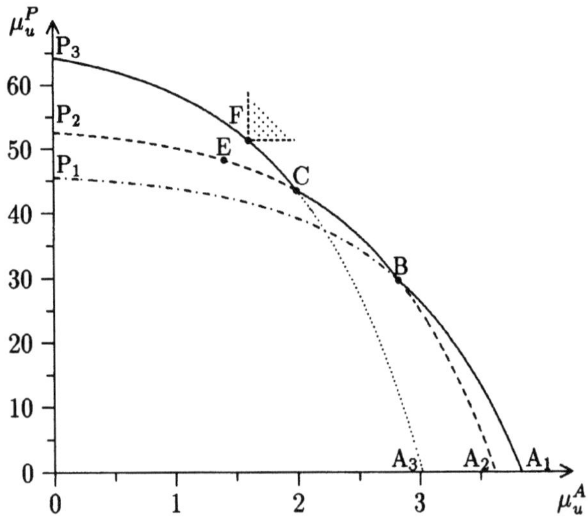

Abbildung 4.13: Effizienzlinie im (μ_u^A, μ_u^P)-Diagramm

Abbildung 4.13 faßt die bisherigen Analysen in einem Diagramm zusammen. Die Graphik enthält alle im ersten Schritt ermittelten effizienten Entlohnungen, die sich bei isolierter Betrachtung der Aktionen ergeben.

Effizient im Sinne von (VPAM) sind jedoch nur diejenigen Aktionen und Entlohnungen, die auf dem durchgezogenen Kurvenzug A_1BCP_3 liegen, der sogenannten *Effizienzlinie.*[30] Die Bestimmung dieser Effizienzlinie ist das Ziel der Analyse im zweiten Schritt. Auf der Strecke A_1B liegen dabei alle effizienten Entlohnungen, die sich mit der Aktion x_1^A, auf der Strecke BC, die sich mit x_2^A und auf der Strecke CP_3, die sich mit x_3^A erreichen lassen. Beispielsweise dominiert der Punkt F den Punkt E. Im Punkt F zahlt Herr Prinzig zwar eine Entlohnung von $x_1^P = 3,86$ GE und $x_2^P = 20,42$ GE, die bei Vermeidung der Konventionalstrafe wesentlich höher als die im Punkt E mit $x_1^P = 3,86$ GE und $x_2^P = 10,49$ GE ist, jedoch kompensiert die mit der Aktion x_3^A verbundene höhere Wahrscheinlichkeit für ein Ergebnis $\beta_{x^A}^2 = 75$ die höhere Entlohnung. Im Punkt F übersteigt daher sowohl der Erwartungsnutzenwert des Herrn Prinzig als auch der des Herrn Angert die entsprechenden Werte im Punkt E:

$$\begin{pmatrix} \mu_u^P(3,86;20,42;x_3^A) \\ \mu_u^A(3,86;20,42;x_3^A) \end{pmatrix} = \begin{pmatrix} 51,22 \\ 1,60 \end{pmatrix} \geq \begin{pmatrix} 48,15 \\ 1,40 \end{pmatrix} = \begin{pmatrix} \mu_u^P(3,86;10,49;x_2^A) \\ \mu_u^A(3,86;10,49;x_2^A) \end{pmatrix}$$

4.3.5 Kompromißlösungen

Wie die Auflistung möglicher Kompromißmodelle für vektorielle Entscheidungsmodelle zeigt (vgl. S. 44), existiert eine Vielzahl von Möglichkeiten, um den im Entscheidungsmodell (VPAM) aufgezeigten Zielkonflikt zwischen den beiden Entscheidungsträgern zu lösen. Ein Kompromiß könnte etwa auf dem Zielgewichtungsmodell beruhen. Da die Menge der zulässigen Entlohnungen und Aktionen im Zielraum bezüglich des effizienten Randes nicht die Anforderungen an eine konvexe Menge erfüllt, scheiden unter Zugrundelegung der Zielgewichtung einige Alternativen für einen Kompromiß aus. In Abbildung 4.13 kommen beispielsweise die Punkte B und C sowie ein Teil ihrer benachbarten Lösungen auf der Effizienzlinie nicht für einen Kompromiß in Frage. Diese effizienten, aber

[30] Alle Punkte auf der Effizienzlinie entsprechen aus Sicht der Spieltheorie NASH-Gleichgewichten.

nicht wesentlich effizienten Alternativen aus der Betrachtung zu eliminieren, ist unbegründet, so daß zur Abbildung möglicher Kompromisse auf modifizierte Modellformulierungen zurückgegriffen wird.

In den beiden folgenden Abschnitten basiert der Kompromiß auf der Abstandsminimierung gemäß der TSCHEBYSCHEFF-Norm und der Zieldominanz unter der Berücksichtigung einer unteren Schranke für den Agenten. Letztere Formulierung entspricht der in der Prinzipal-Agent-Theorie allgemein üblichen Lösung des Zielkonfliktes, so daß das entsprechende Kompromißmodell hier als „Klassisches Prinzipal-Agent-Modell“ bezeichnet wird.

4.3.5.1 Kompromiß nach TSCHEBYCHEFF

Kompromißmodelle auf der Grundlage von Abstandsfunktionen insbesondere der TSCHEBYCHEFF-Norm werden ausführlich im Abschnitt 2.3.2 diskutiert. In diesem Abschnitt soll gezeigt werden, wie sich die allgemeinen Überlegungen auf ein Prinzipal-Agent-Modell übertragen lassen. Eine kompromißoptimale Lösung hängt bei diesem Kompromißmodell vom Idealzielpunkt und den Zielgewichten ab. Für das hier zugrundeliegende Prinzipal-Agent-Modell bedürfen diese Größen einiger zusätzlicher Erläuterungen.

Herr Prinzig weiß, daß Herr Angert ein Arbeitslosengeld in Höhe von 1 GE bezieht und daher sein Anspruchsniveau mindestens 0 NE entspricht. Täuscht Herr Angert die zusätzlichen Nebeneinkünfte nur vor, oder fallen diese so gering aus, daß sie den damit verbundenen Arbeitsaufwand gerade kompensieren – für eine mit x_3^A vergleichbare Tätigkeit erhält Herr Angert z.B. 2,72 GE ($\ln 2,72 = 1 = \tilde{u}(x_3^A)$) –, dann könnte Herr Prinzig einen Endwert von 64,21 GE erwarten. Unter Verwendung der in (VPAM) eingeführten Bezeichnungen lautet seine individuell optimale Lösung:

$$\mu_u^{P\circledast} := \max \left\{ \mu_u^P(\mathbf{x}^P, x^A) \;\middle|\; \begin{array}{l} x^A \in X^{AS}; \quad \mathbf{x}^P \in X^P \\ \mu_u^A(\mathbf{x}^P, x^A) \geqq 0 \end{array} \right\} = 64,21$$

bei einer Entlohnung von $\mathbf{x}^P = (0,78; 4,12)^T$, die Herrn Angert zur Wahl der Aktion x_3^A motiviert (vgl. in Abb. 4.13, S. 176, Punkt P_3).

Andererseits wird Herr Angert versuchen, seine Möglichkeiten auszuschöpfen. Wenn sich Herr Prinzig mit einem erwarteten Endwert nach Entlohnung von 0 GE zufrieden gibt, erreicht Herr Angert seine individuell optimale Lösung

$$\mu_u^{A\circledast} := \max\left\{ \mu_u^A(\mathbf{x}^P, x^A) \;\middle|\; \begin{array}{l} x^A \in X^{AS}; \;\; \mathbf{x}^P \in X^P \\ \mu_u^P(\mathbf{x}^P, x^A) \geqq 0 \end{array} \right\} = 3,84$$

bei einer ergebnisunabhängigen Entlohnung $\mathbf{x}^P = (46,5; 46,5)^T$, so daß er sich für die Alternative x_1^A entscheidet (vgl. in Abb. 4.13, S. 176, Punkt A_1). Der Idealzielpunkt $(\mu_u^{P\circledast}, \mu_u^{A\circledast})^T = (64,21; 3,84)^T$ läßt sich, wie bereits im Abschnitt 4.3.4 erläutert, nicht erreichen.

Sowohl Herr Prinzig als auch Herr Angert werden jedoch versuchen, ihre Vorstellungen (Wünsche, Ansprüche), also ihre individuell optimale Lösung, durchzusetzen. Da beide Vertragspartner nicht gleichzeitig ihr angestrebtes Ziel verwirklichen können, hängt der Kompromiß wesentlich vom jeweiligen Verhandlungsgeschick ab. Es stellt sich die Frage, in welchem Ausmaß ein Kompromiß von den Idealvorstellungen der beiden Entscheidungsträger abweichen darf. Im Rahmen des hier vorgeschlagenen Kompromißmodells werden diese Abweichungen minimiert. Nach der TSCHEBYCHEFF-Norm sollen die jeweils maximal möglichen Abweichungen vom Idealzielpunkt möglichst gering ausfallen. Die Zielgewichte bringen in diesem Zusammenhang das Verhandlungsgeschick der Herren Prinzig und Angert zum Ausdruck. Bei den hier zum Einsatz kommenden Nutzenfunktionen wird unterstellt, daß die auftretenden Differenzen verglichen werden können, was bei der üblichen BERNOULLI-Axiomatik nicht gewährleistet ist.

In dem Kompromißmodell (KPAM1) symbolisieren t^P und t^A die Zielgewichte der beiden Entscheidungsträger:

(KPAM1)	$\min\left\{\psi(\mu_u^P,\mu_u^A)\,\middle\vert\, x^A \in X^{AS};\ \mathbf{x}^P \in X^P;\ (\mu_u^P,\mu_u^A)^T \in \mathbb{R}_+^2\right\}$
mit	$\psi(\mu_u^P,\mu_u^A) := \max\limits_{k\in\{P,A\}} \left\{t^k\left(\mu_u^{k\circledast} - \mu_u^k(\mathbf{x}^P,x^A)\right)\right\}$ $X^{AS} := \left\{x^A \in X^A \,\middle\vert\, x^A \in \operatorname{argmax}\limits_{x'^A\in X^A}\left\{\mu_u^A(\mathbf{x}^P,x'^A)\right\}\right\}$ $X^A := \left\{x_1^A, x_2^A, x_3^A\right\}$ $X^P := \left\{\mathbf{x}^P \in \mathbb{R}^2 \,\middle\vert\, x_i^P > 0 \quad (i=1,2)\right\}$
wobei	$t^P + t^A = 1 \quad (t^P, t^A > 0)$

Um die Zielgewichte und damit auch den Kompromiß nach (KPAM1) leichter interpretieren zu können, erfolgt eine Normierung der Zielgewichte auf die Menge der effizienten Erwartungsnutzenwerte. Zur Vereinfachung stimmt man dazu die Werte des Herrn Prinzig mit denen des Herrn Angert ab. Daraus ergibt sich folgender Korrekturfaktor τ:

$$\tau := \frac{\mu_u^{A\circledast} - 0}{\mu_u^{P\circledast} - 0} = \frac{3,84}{64,21} = 0,06.$$

Durch eine Multiplikation des Zielgewichtes t^P mit dem Korrekturfaktor τ läßt sich nun unmittelbar aus den Gewichtungsfaktoren ablesen, auf welchen „Eingeständnissen" der beiden Entscheidungsträger ein Kompromiß beruht. Bei einem Kompromiß mit gleichhohen Zielgewichten ($t^P = t^A = 0,5$) erwarten sowohl Herr Prinzig als auch Herr Angert eine gleichhohe prozentuale Abweichung von ihrem jeweiligen individuellen Optimum. Beide Verhandlungspartner können in diesem Fall als gleich „stark" eingestuft werden.

Die folgende Berechnung eines Kompromißvorschlages orientiert sich wiederum an der bereits bekannten zweistufigen Vorgehensweise. Nach der Minimierung des maximalen Abstandes für jede Aktion aus X^A folgt im zweiten Schritt die Ermittlung der kompromißoptimalen Alternative durch einen Vergleich der jeweils minimalen Abstände. Dieses Vorgehen läßt sich auch in einem gemischt ganzzahligen nichtlinearen Programm abbilden. Die folgende Modellformulierung lehnt sich an die im Abschnitt 1.1 allgemein erläuterte Möglichkeit zur Abbildung von Alternativenmengen an, deren Elemente in wenigstens einer von mehreren Mengen enthalten sein muß (vgl. S. 9). Die Binärvariable y_j nimmt in diesem Prinzipal-Agent-Modell den Wert null an, wenn Herr Prinzig Herrn Angert zur Aktion x_j^A motiviert ($j = 1,2,3$):

$$y_j := \begin{cases} 0, & \text{falls Herr Angert die Aktion } x_j^A \text{ wählt,} \\ 1, & \text{sonst.} \end{cases}$$

Damit mindestens eine Aktion mit einem minimalen Abstand gefunden werden kann, darf in dem entsprechenden nichtlinearen Programm zur Bestimmung einer kompromißoptimalen Lösung die Summe der Binärvariablen den Wert zwei nicht überschreiten.

Den gewichteten minimalen Abstand zwischen der Effizienzlinie und dem Idealzielpunkt mißt die bereits in (LP_∞) eingeführte zu minimierende Variable y (vgl. S. 54). Im Sinne der Abstandsminimierung nach TSCHEBYCHEFF ergibt sich damit folgendes gemischt ganzzahlige nichtlineare Programm:

(NLP_{PAM})	$\min y$
u.d.N.	$y \geqq t^P\tau\left(64{,}21 - \mu_u^P(\mathbf{x}^P, x_j^A)\right) - My_j \qquad (j = 1,2,3)$ $y \geqq t^A\left(3{,}84 - \mu_u^A(\mathbf{x}^P, x_j^A)\right) - My_j \qquad (j = 1,2,3)$ $\mu_u^A(\mathbf{x}^P, x_j^A) \geqq \mu_u^A(\mathbf{x}^P, x_{\tilde{j}}^A) - My_j \qquad (j \neq \tilde{j};\ j,\tilde{j} = 1,2,3)$ $\sum_{j=1}^{3} y_j \leqq 2$ $\mathbf{x}^P \in X^P, \quad y \in \mathbb{R}_+, \quad y_1, y_2, y_3 \in \mathbb{B}$
wobei	$t^P + t^A = 1 \quad (t^P, t^A > 0)$ und M hinreichend groß

Für drei ausgewählte Zielgewichte enthält die Tabelle 4.6 die bezüglich (NLP_{PAM}) kompromißoptimalen Lösungen, die im übrigen alle effizient, aber nicht wesentlich effizient sind. Abbildung 4.14 veranschaulicht die Ergebnisse graphisch. Basiert ein Kompromiß z.B. auf $t^P = t^A = 1/2$, bedeutet dies sowohl für Herrn Prinzig mit $\mu_u^P = 39,12$ GE als auch für Herrn Angert mit $\mu_u^A = 2,33$ NE eine 39%ige Einbuße in bezug auf das jeweilige individuelle Optimum, d.h. beide Vertragspartner geben im gleichen Umfang (Verhältnis) nach.

t^P	$\mathbf{x}^{P*}$	x^{A*}	$\mu_u^P(\mathbf{x}^{P*}, x^{A*})$	$\mu_u^A(\mathbf{x}^{P*}, x^{A*})$
3/10	$(18,39;18,39)^T$	x_1^A	28,11	2,91
1/2	$(9,82;26,69)^T$	x_2^A	39,12	2,33
2/3	$(4,78;25,30)^T$	x_3^A	47,33	1,81

Tabelle 4.6: Kompromißoptimale Lösungen im Prinzipal-Agent-Modell

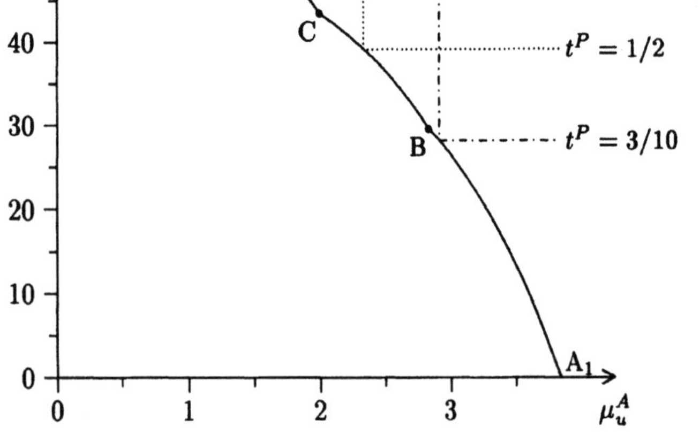

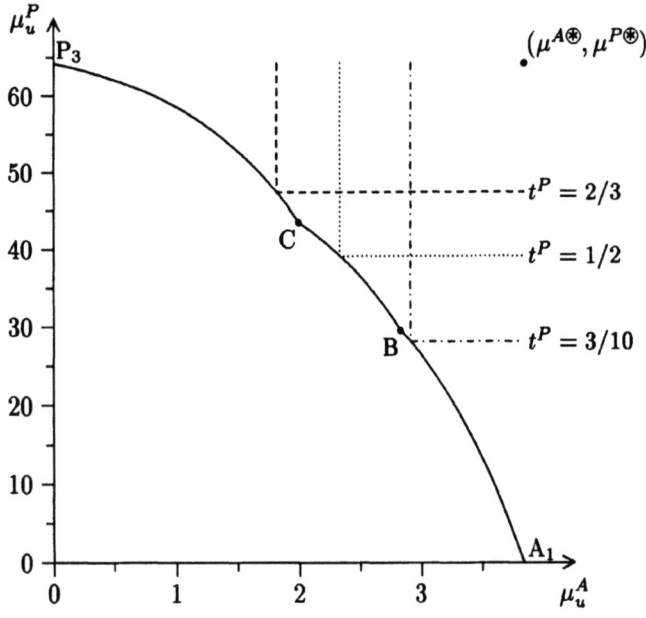

Abbildung 4.14: Abstandsminimierung im Prinzipal-Agent-Modell

Die hier untersuchten Kompromisse auf Basis der Abstandsminimierung entsprechen aus spieltheoretischer Sicht Lösungen von kooperativen Spielen. Neben der Abstandsminimierung existiert noch eine Vielzahl weiterer Lösungskonzepte zur Analyse derartiger kooperativer Spiele,[31] so daß hier lediglich ein Lösungsvorschlag exemplarisch ausführlich unterbreitet wird. Abschließend sei zur spieltheoretischen Einordnung des hier vorgestellten Interessenkonfliktes darauf hingewiesen, daß es sich bei dem Konflikt zwischen Prinzipal und Agent einerseits um ein nichtkooperatives Spiel handelt, da beide Vertragspartner über den Arbeitseinsatz des Agenten keine verbindliche Absprachen treffen können, und andererseits auch um ein kooperatives Spiel, da in bezug auf die Entlohnung beide Spieler einen verbindlichen Vertrag abschließen können.

4.3.5.2 Klassisches Prinzipal-Agent-Modell

Die bisherigen Erläuterungen zur Prinzipal-Agent-Theorie gehen davon aus, daß Prinzipal und Agent zu Vertragsbeginn versuchen, ihren jeweiligen Nutzen zu maximieren, d.h., die Betrachtung basiert auf zwei Extremierungszielen, was zur Formulierung entsprechender vektorieller Entscheidungsmodelle führt. Die klassischen Ansätze der Prinzipal-Agent-Theorie unterstellen mindestens einen Entscheidungsträger, der sich mit einem allgemein bekannten Anspruchsniveau, das dann als *Reservationsnutzen* bezeichnet wird, zufrieden gibt.[32] Häufig bezieht sich dies auf die Kenntnis des Anspruchsniveaus des Agenten. Vor Vertragsbeginn begnügt sich der Agent im Rahmen von Vertragverhandlungen mit einem Anspruchsniveau im Sinne eines Satisfizierungszieles. Erst nach Vertragsabschluß maximiert der Agent seinen Nutzen durch die Wahl einer geeigneten Aktion. Falls der Agent nicht das bekannte Anspruchsniveau erreicht, schließt er keinen Vertrag mit dem Prinzipal ab. In Hinblick auf die möglichen Verhandlungslösungen über die Entlohnung des Agenten ist seine Position im Vergleich zu den bisherigen Betrachtungen geschwächt. Der Prinzipal nutzt in diesem Fall das zusätzliche Wissen über den Reservationsnutzen des Agenten zu seinem persönlichen Nutzen aus.

---

[31] Vgl. u.a. HOLLER/ILLING 1993, S. 32, 183ff.

[32] Vgl. u.a. HOLMSTROM 1979.

Im Sinne der vektoriellen Entscheidungstheorie handelt es sich um das im Abschnitt 2.3 kurz skizzierte Kompromißmodell der Zieldominanz auf der Basis einer unteren Schranke (vgl. S. 47). In diesem Kompromißmodell maximiert der Prinzipal seinen erwarteten Nutzen unter Berücksichtigung einer unteren Schranke, dem Reservationsnutzen des Agenten. Würde die Ermittlung einer kompromißoptimalen Lösung unter Einbeziehung des Reservationsnutzens des Agenten mittels einer Zielgewichtung durchgeführt, so müßte das Zielgewicht des Prinzipals hinreichend groß gewählt werden, um die Lösung des klassischen Ansatzes zu erhalten. Wie im vorangehenden Abschnitt bereits ausgeführt, kommt im Zielgewicht die Verhandlungsstärke, hier insbesondere die des Prinzipals, zum Tragen. Auf dieses die Berechnung einer Kompromißlösung unnötig verkomplizierende Vorgehen wird hier verzichtet.

In dem Kompromißmodell zur Lösung des Zielkonfliktes zwischen den beiden Vertragspartnern, Herrn Prinzig und Herrn Angert, ist in der Strategienmenge X^{AS} des Herrn Angert nun neben den Anreizbedingungen auch eine Teilnahmebedingung aufzunehmen, die Herrn Angert einen erwarteten Nutzen in Höhe des Reservationsnutzens $\overline{\mu}_u^A$ garantiert ($\overline{\mu}_u^A > 0$). Nur wenn er ein Anspruchsniveau von $\overline{\mu}_u^A$ erreichen kann, nimmt Herr Angert am Spiel teil. Unter diesen Voraussetzungen vereinfacht sich die Formulierung des klassischen Prinzipal-Agent-Modells zu:

(KPAM2)	$\max \left\{\mu_u^P(\mathbf{x}^P, x^A) \in \mathbb{R}_+ \middle| x^A \in X^{AS};\ \mathbf{x}^P \in X^P\right\}$
mit	$X^{AS} := \left\{x^A \in X^A \middle| x^A \in \underset{x'^A \in X^A}{\operatorname{argmax}}\left\{\mu_u^A(\mathbf{x}^P, x'^A) \middle| \mu_u^A(.) \geqq \overline{\mu}_u^A\right\}\right\}$ $X^A := \left\{x_1^A, x_2^A, x_3^A\right\}$ $X^P := \left\{\mathbf{x}^P \in \mathbb{R}^2 \middle| x_i^P > 0 \quad (i = 1,2)\right\}$

Wüßte Herr Prinzig, daß der Reservationsnutzen von Herrn Angert – aufgrund des Arbeitslosengeldes von 1 GE und Nebeneinkünften von 3,95 GE – bei ($\ln 4,95 =$) 1,6 NE liegt, dann bietet er ihm einen Vertrag mit $x_1^P = 3,86$ und $x_2^P = 20,42$ GE an. Dieses Angebot würde Herr Angert akzeptieren und zur Wahl von Aktion x_3^A bewegen (vgl. in Abb.

4.13, S. 176, Punkt F).[33] Der erwartete Endwert nach Entlohnung mit 51,22 GE garantiert die Realisierung des Investitionsobjektes. Nur wenn der Reservationsnutzen von Herrn Angert größer als 3,84 NE ist, sieht Herr Prinzig von der Anschaffung der neuen Maschine und damit von der Einstellung des Herrn Angert ab.

4.3.6 Informationssymmetrie

Abschließend folgen noch einige Anmerkungen zum sogenannten *First-Best-Fall*, in dem das Entscheidungsproblem bei einer symmetrischen Verteilung der Informationen untersucht wird. Im Unterschied zum bisher betrachteten Hidden-Action-Fall, oder auch *Second-Best-Fall*, ist im First-Best-Fall der Arbeitseinsatz für den Prinzipal nachvollziehbar, weil er den Agenten z.B. direkt beobachtet oder die dem Produktionsprozeß zugrundeliegende Produktionsfunktion und damit die Realisation der zufallsabhängigen Störgröße kennt. In diesem Fall kann der Prinzipal dem Agenten die gewählte Aktion ex post nachweisen. Dadurch löst der Prinzipal noch immer kein Entscheidungsproblem bei vollkommener Information, denn die Realisation der Zufallsvariablen β_{x^A} läßt sich nicht mit Sicherheit ex ante angeben, aber er verfügt nun über die gleichen Informationen wie der Agent. Die Informationen zwischen den beiden Entscheidungsträgern sind symmetrisch verteilt. Dieses Zweipersonen-Entscheidungsmodell stellt folglich ein Spiel mit symmetrischen Information dar.

Das vektorielle (Ersatz-)Modell bei einer symmetrischen Informationsverteilung unterscheidet sich von (VPAM) nur durch die Vernachlässigung der Anreizbedingungen. Der Prinzipal weiß, daß sich der Agent für eine Aktion aus der Menge X^A entscheidet, er muß ihn jedoch nicht zu einer bestimmten Entscheidung motivieren. Strategien- und Alternativenmenge des Agenten sind im First-Best-Fall äquivalent:

[33] Aktion x_2^A ermöglicht ebenfalls das Erreichen des Reservationsnutzens, ist jedoch für Herrn Prinzig mit einem ungünstigeren Ergebnis verbunden; bei Indifferenz fällt der Agent eine Entscheidung im Sinne des Prinzipals.

(VPAM$_{FB}$)	$max \left\{ \begin{pmatrix} \mu_u^P(\mathbf{x}^P, x^A) \\ \mu_u^A(\mathbf{x}^P, x^A) \end{pmatrix} \in \mathbb{R}_+^2 \;\middle|\; x^A \in X^A;\ \mathbf{x}^P \in X^P \right\}$
mit	$X^A := \left\{x_1^A, x_2^A, x_3^A\right\}$ $X^P := \left\{\mathbf{x}^P \in \mathbb{R}^2 \middle| x_i^P > 0 \quad (i = 1, 2)\right\}$

Bei einer symmetrischen Verteilung der Informationen ist keine ergebnisabhängige Entlohnung erforderlich. Wie bereits bei der vom Agenten präferierten Aktion x_1^A erläutert, verlangt der risikoscheue Agent bei einer ergebnisabhängigen Entlohnung die Zahlung einer Risikoprämie, die den erwarteten Nutzen des Prinzipals verringert. Effizient können im Hinblick auf eine bestimmte Aktion daher nur ergebnisunabhängige Entlohnungen sein. Die Durchsetzung der vom Prinzipal präferierten Aktion wird durch die Androhung einer Strafe gewährleistet. Der Prinzipal erzwingt hierbei durch eine entsprechende Vertragsgestaltung in einem sogenannten Forcing-Contract vom Agenten die Wahl einer bestimmten Aktion.

Um alle bezüglich (VPAM$_{FB}$) effizienten Alternativen zu ermitteln, bietet sich wiederum eine zweistufige Vorgehensweise an. In einem ersten Schritt lassen sich unmittelbar die optimalen Entlohnungen für die unterschiedlichen Aktionen angeben und damit direkt im zweiten Schritt die effizienten Alternativen bestimmen.

Für die aus Sicht des Agenten mit dem geringsten Aufwand verbundene Aktion x_1^A wurde das Ergebnis bereits graphisch illustriert (vgl. Abb. 4.12, S.175). Die Anreizbedingungen sind bei dieser Alternative des Agenten redundant, so daß die ermittelten effizienten Entlohnungen diese Eigenschaften auch im First-Best-Fall erfüllen. Da sich die Bestimmung der effizienten Entlohnungen bei den beiden anderen Aktionen nicht unterscheidet, stellt Abbildung 4.15 auf dem Streckenzug $A_1B'C'P'_3$ direkt alle im First-Best-Fall effizienten Alternativen dar.

Bei der Betrachtung von Abbildung 4.15 fällt auf, daß der Kurvenzug A_1BCP_3 nie oberhalb von $A_1B'C'P'_3$ verläuft. Für einen gegebenen Er-

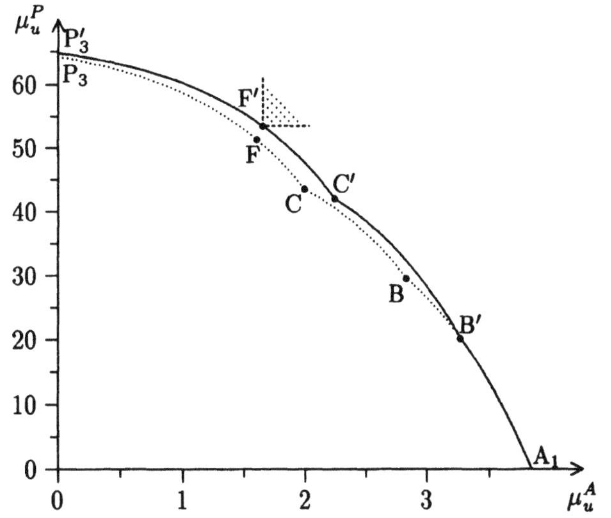

Abbildung 4.15: Effiziente Entlohnungen bei Informationssymmetrie

wartungsnutzenwert des einen Entscheidungsträgers erreicht der andere Spieler im First-Best-Fall mindestens das bei einer asymmetrischen Informationsverteilung erreichbare Ergebnis. Da dies nicht nur für den Prinzipal, sondern auch für den Agenten gilt, bedarf es noch einer kurzen Anmerkung, weshalb sich beide nicht im Hidden-Action-Fall auch auf einen First-Best-Vertrag einigen.

Vergleicht man z.B. die beiden Punkte F und F′ in Abbildung 4.15, so sieht F′ bei Wahl von x_3^A eine Entlohnung von $x_1^P = x_2^P = 14,15$ GE vor, mit der Herr Prinzig und Herr Angert einen höheren Erwartungsnutzenwert (53,35 GE bzw. 1,65 NE) als im Punkt F (51,22 GE bzw. 1,60 NE) erreichen. Wenn Herr Prinzig den ergebnisunabhängigen Vertrag auch im Hidden-Action-Fall anbietet, wird Herr Angert behaupten, er habe die Aktion x_3^A gewählt. Falls es zu einer Zahlung der Konventionalstrafe aufgrund zu hoher Maschinenausfälle kommt, wird sich Herr Angert auf von ihm nicht zu verantwortende zufallsabhängige Störungen berufen. Tatsächlich entscheidet sich Herr Angert für die Aktion x_1^A, die ihm bei dieser Entlohnung einen Nutzenwert von 2,65 NE garantiert. Herr

Prinzig kann bei einer asymmetrischen Verteilung der Informationen die Argumentation von Herrn Angert nicht widerlegen, da für ihn die Wahl einer Aktion nicht nachvollziehbar ist, und muß somit Herrn Angert wie vereinbart entlohnen. Der erwartete Endwert nach Entlohnung sinkt in diesem Fall auf für Herrn Prinzig ungünstigere $(46,50 - 14,15 =)$ 32,35 GE. Um dieses Verhalten zu unterbinden, muß Herr Prinzig auf die im vorangehenden Abschnitt beschriebenen Verträge zurückgreifen.

Ausgehend von der Effizienzlinie bei einer symmetrischen Verteilung der Informationen lassen sich auch hier Kompromißlösungen auf der Grundlage der Abstandsminimierung oder im Sinne des klassischen Prinzipal-Agent-Modells formulieren. Da sich die grundsätzliche Vorgehensweise von der in den entsprechenden Abschnitten vorgestellten nicht unterscheidet, wird im folgenden auf die explizite Herleitung der Ergebnisse für das eingeführte Beispiel verzichtet.

Modellverzeichnis

(DEM)	Deterministisches Entscheidungsmodell	20
(VEM)	Vektorielles Entscheidungsmodell	34
(MEM)	Multikriterielles Entscheidungsmodell	35
(TEST)	Testprogramm zur Überprüfung der Effizienz	43
(KM)	Kompromißmodell	46
(KM_{ZG})	Zielgewichtungsmodell	49
($KM_{AB\infty}$)	Kompromißmodell auf Grundlage der L_∞-Norm	53
(KM_{GP})	Goal Programming-Kompromißmodell	58
($VEM^{\mathbf{d}}$)	Vektorielles Entscheidungsmodell mit Zielvektor **d**	59
(SEM)	Stochastisches Entscheidungsmodell	64
(SEM_z)	Entscheidungsmodell mit stochastischer Zielfunktion	69
(ER_z)	Ersatzmodell bei stochastischer Zielfunktion	78
(ER_I)	Ersatzmodell zur Informationswertbestimmung	97
(SEM_X)	Entscheidungsmodell mit stochastischer Alternativenmenge	103
($VSEM_X$)	Vektorielles Entscheidungsmodell mit stochastischer Alternativenmenge	110
(ER_X)	Ersatzmodell bei stochastischer Alternativenmenge	116
(UEM_z)	Entscheidungsmodell mit unsicherer Zielfunktion	124
(UER_z)	Ersatzmodell bei unsicherer Zielfunktion	124
(UER_I)	Ersatzmodell zur Informationswertbestimmung bei unsicherer Zielfunktion	127
(VSEM)	Vektorielles stochastisches Entscheidungsmodell	131
(VVSEM)	Transformiertes vektorielles stochastisches Entscheidungsmodell	132
(KERM)	Kompromißersatzmodell	139
(PORT)	Portfolio Selection-Modell	144
(PAM)	Prinzipal-Agent-Modell	167
(VPAM)	Vektorielles Prinzipal-Agent-Modell	172

Beispielverzeichnis

Verzeichnis aller Beispiele, die mehrmals aufgegriffen werden:

Planung des Produktionsprogramms der Firma Hammerbach:

1.7 Alternativenmenge 8

1.9 Nicht konvexe Alternativenmenge 12

1.12d Gesamtdeckungsbeitragsmaximierung 18

1.14 Entscheidungsfindungsprozeß 23

2.5 Effiziente Alternativen 40

2.6 Effizienztest 43

2.8 Zielgewichtung 51

2.10 Abstandsminimierung 55

2.11 Goal Programming 60

Ziele der Firma DERB & CO.:

1.10c Fixierungsziel 16

1.12a Approximierungsziel 18

1.15 Entscheidungsmodell mit Zielvariable 26

1.16 Abstandsfunktion 28

Transportproblem der PUMP AG:

1.12c Extremierungsziel 18

1.13 Entscheidungsfindungsprozeß 22

Katjas Weg zur Universität:

2.1 Problemstellung 33

2.3 Zielraumdarstellung 38

2.4 Effiziente Alternativen 39

2.7 Zielgewichtung 50

2.9 Abstandsminimierung 54

Frau Vertis Kauf eines Personal-Computers:

3.2 Grundmodell der Entscheidungstheorie 70

3.4 Stochastische Dominanzen bezüglich (SEM_z) 75

3.6 Ersatzmodelle (ER_z) 88

3.8 Informationswert 98

3.13 Entscheidung bei Ungewißheit 127

Planung des Produktionsprogramms der KRAUT KG:

3.1 Stochastisches Entscheidungsmodell 64

3.3 Perfekte Lösung bezüglich (SEM_z).................... 72

3.5 Stochastische Dominanzen bezüglich (SEM_z) 76

3.7 Ersatzmodelle (ER_z) 92

3.9 Stochastische Alternativenmenge 105

3.10 Perfekte Lösung bezüglich (SEM_X).................. 111

3.11 Stochastische Dominanzen bezüglich (SEM_X) 113

3.12 Ersatzmodelle (ER_X) 121

4.1 Vektorielles stochastisches Entscheidungsmodell 134

4.2 Kompromißersatzmodelle 141

Verzeichnis ausgewählter Symbole

ALT	Alternative
d	Abstandsfunktion
d^+, d^-	Abweichungsvariablen
g	Funktion einer Nebenbedingung
h	Hilfsvariable
i, j, k, l, m, n	Laufindizes
M	hinreichend große Zahl (big M)
p_0	Gewichtungsfaktor
t	Zielgewicht
u	Nutzenfunktion
x	Entscheidungsvariable (Alternative)
X	Alternativenmenge
z	Ziel, Zielfunktion
Z	Zielraum (Zielmenge)
α, β, γ	Zufallsvariablen
δ	unsichere Größe
$\kappa, \lambda, \mu, \nu, \sigma$	Verteilungsparameter
ψ	Kompromißzielfunktion
ω	Ersatzzielfunktion
$\mathbb{B}$	Menge der beiden Zahlen 0 und 1 ($\mathbb{B} := \{0, 1\}$)
$\mathbb{N}_0$	Menge der natürlichen Zahlen einschließlich 0
$\mathbb{R}$	Menge der reellen Zahlen
$\mathbb{R}_+$	Menge der nichtnegativen reellen Zahlen
$\mathbb{R}_{++}$	Menge der positiven reellen Zahlen
$\mathbb{R}_+^N, \mathbb{B}^N, \mathbb{N}_0^N$	N-faches cartesisches Produkt der Mengen $\mathbb{R}_+, \mathbb{B}, \mathbb{N}_0$
$\emptyset$	leere Menge

(a, b)	geordnetes Tupel von a und b (Vektor)
$\{a, b\}$	Menge mit den Elementen a und b
$[a, b]$	abgeschlossenes Intervall
$]a, b]$	links offenes und rechts abgeschlossenes Intervall
$\mathbf{x}$	Spaltenvektor ($\mathbf{x} := (x_1, \ldots, x_N)^T$)
$\mathbf{o}$	Nullvektor
$\mathbf{x} \leqq \mathbf{y}$	es gilt $x_n \leqq y_n$ für $n = 1, \ldots, N$
$\mathbf{x} \leq \mathbf{y}$	es gilt $x_n \leqq y_n$ für $n = 1, \ldots, N$ und $x_n < y_n$ für mindestens ein $n \in \{1, \ldots, N\}$
$\|\|\mathbf{x} - \mathbf{y}\|\|_p^{\mathbf{t}}$	Abstand gemäß gewichteter L_p Norm zwischen $\mathbf{x}$ und $\mathbf{y}$
$P\{\gamma \leqq s\}$	Wahrscheinlichkeit für γ kleiner gleich s ($s \in \mathbb{R}$)
$F_\gamma(s)$	kummulative Verteilung von γ ($F_\gamma(s) := P\{\gamma \leqq s\}$)
p_ℓ	Wahrscheinlichkeit für Ereignis γ_ℓ der (diskreten) Zufallsvariable γ ($p_\ell := P\{\gamma = \gamma_\ell\}$)
$\hat{\gamma}$	Realisation der Zufallsvariablen γ

Literaturverzeichnis

ARROW, K.J.: The Economics of Agency, in: PRATT, J.W.; ZECKHAUSER, R.J. (Hrsg.): Principals and Agents: The Structure of Business, Boston, Mass.: Harvard Business School Press 1985, S. 37-51.

BAMBERG, G.: Statistische Entscheidungstheorie, Würzburg: Physica 1972.

BAMBERG, G.; COENENBERG, A.G.: Betriebswirtschaftliche Entscheidungslehre, 8. Aufl., München: Vahlen 1994.

BAMBERG, G.; COENENBERG, A.G.; KLEINE-DOEPKE, R.: Zur entscheidungsorientierten Bewertung von Informationen, Zeitschrift für betriebswirtschaftliche Forschung 28 (1976), S. 30-42.

BEN ABDELAZIZ, F.; LANG, P.; NADEAU, R.: Pointwise Efficiency in Multiobjective Stochastic Linear Programming, Journal of Operational Research Society 45 (1994), S. 1324-1334.

BERNOULLI, D.: Exposition of a New Theory of the Measurement of Risk (engl. Übersetzung von: Specimen theoriae novae de mensura sortis, Comentarii Academiae Scientiarum Imperialis Petropolianae 1738), Econometrica 22 (1954), S. 23-36.

BINMORE, K.: Fun and Games, Lexington: Heath 1992.

BITZ, M.: Entscheidungstheorie, München: Vahlen 1981.

BUCHNER, R.: Grundzüge der Finanzanalyse, München: Vahlen 1981.

BURGER, E.: Einführung in die Theorie der Spiele, Berlin: de Gruyter 1959.

CHARNES, A.; COOPER, W.W.: Management Models and Industrial Applications of Linear Programming, Vol. 1, New York: Wiley 1961.

COHON, J.L.: Multiobjective Programming and Planning, New York: Academic Press 1978.

DEBREU, G.: Representation of a Preference Ordering by a Numerical Function, in: THRALL, R.M.; COOMBS, C.H. (Hrsg.): Decision Processes, New York: Wiley 1954, S. 159-165.

DINKELBACH, W.: Zur Frage unternehmerischer Zielsetzungen bei Entscheidungen unter Risiko, in: KOCH, H. (Hrsg.): Zur Theorie des Absatzes, Wiesbaden: Gabler 1973, S. 35-59.

DINKELBACH, W.: Effiziente Alternativen in stochastischen Entscheidungsmodellen, Diskussionsbeitrag Nr. A8101, Fachbereich Wirtschaftswissenschaft, Universität des Saarlandes, Saarbrücken 1981.

DINKELBACH, W.: Entscheidungsmodelle, Berlin: de Gruyter 1982.

DINKELBACH, W.; LORSCHEIDER, U.: Entscheidungsmodelle und lineare Programmierung: Übungsbuch zur Betriebswirtschaftslehre, 3. Aufl., München: Oldenbourg 1994.

DYCKHOFF, H.: Ordinale versus kardinale Messung beim Bernoulli-Prinzip, OR Spektrum 15 (1993), S. 139-146.

DYER, J.S. et al.: Multiple Criteria Decision Making, Multiattribute Utility Theory: The Next Ten Years, Management Science 38 (1992), S. 645-654.

EICHBERGER, J.: Game Theory for Economists, New York: Academic Press 1993.

EISENFÜHR, F.; WEBER M.: Rationales Entscheiden, Berlin: Springer 1993.

ELTON, E.J.; GRUBER, M.J.: Modern Portfolio Theory and Investment Analysis, 4th ed., New York: Wiley 1991.

ERMOLIEV, Y.; WETS, R.: Stochastic Programming, an Introduction, in: ERMOLIEV, Y.; WETS, R. (Hrsg.): Numerical Techniques for Stochastic Optimization, Berlin: Springer 1988, S. 1-32.

EWERT, R.; WAGENHOFER, A.: Interne Unternehmensrechnung, 2. Aufl., Berlin: Springer 1995.

FABER, M.M.: Stochastisches Programmieren, Würzburg: Physica 1970.

FEICHTINGER, G.; HARTL, R.F.: Optimale Kontrolle ökonomischer Prozesse, Berlin: de Gruyter 1986.

FISHBURN, P.C.: Utility Theory for Decision Making, New York: Wiley 1970.

FISHBURN, P.C.; VICKSON, R.G.: Theoretical Foundations of Stochastic Dominance, in: WHITMORE, G.A.; FINDLAY, M.C. (Hrsg.): Stochastic Dominance – an Approach to Decision Making Under Risk, Lexington: Lexington Books 1978, S. 37-113.

FRANKE, G.; HAX, H.: Finanzwirtschaft des Unternehmens und Kapitalmarkt, 3. Aufl., Berlin: Springer 1994.

FREUND, R.J.: The Introduction of Risk into a Programming Model, Econometrica 24 (1956), S. 253-263.

GEOFFRION, A.M.: Stochastic Programming with Aspiration or Fractile Criteria, Management Science 13 (1967), S. 672-679.

GROSSMAN, S.J.; HART, O.D.: An Analysis of the Principal-Agent Problem, Econometrica 51 (1983), S. 7-45.

GÜTH, W.: Spieltheorie und ökonomische (Bei)Spiele, Berlin: Springer 1992.

HAGELSCHUER, P.B.: Theorie der linearen Dekomposition, Berlin: Springer 1971.

HART, O.; HOLMSTROM, B.: The Theory of Contracts, in: BEWLEY, T.F. (Hrsg.): Advances in Economic Theory Fifth World Congress, Cambridge, Mass.: Cambridge University Press 1987, S. 71-155.

HOLLER, M.J.; ILLING, G.: Einführung in die Spieltheorie, 2. Aufl., Berlin: Springer 1993.

HOLMSTROM, B.: Moral Hazard and Observability, The Bell Journal of Economics 10 (1979), S. 74-91.

HORST, R.: Nichtlineare Optimierung, München: Hanser 1979.

HWANG, C.L.; MASUD, A.S.M.: Multiple Objective Decision Making - Methods and Applications, Berlin: Springer 1979.

IGNIZIO, J.P.: Goal Programming and Extensions, Lexington: Lexington Books 1976.

IJIRI, Y.: Management Goals and Accounting for Control, Amsterdam: North-Holland 1965.

ISERMANN, H.: Strukturierung von Entscheidungsprozessen bei mehrfacher Zielsetzung, OR Spektrum 1 (1979), S. 3-26.

JAHN, J.: Some Characterizations of the Optimal Solutions of a Vector Optimization Problem, OR Spektrum 7 (1985), S. 7-17.

KALL, P.: Stochastic Linear Programming, Berlin: Springer 1976.

KALL, P.: Analysis für Ökonomen, Stuttgart: Teubner 1982a.

KALL, P.: Stochastic Programming, European Journal of Operational Research 10 (1982b), S. 125-130.

KATAOKA, S.: A Stochastic Programming Model, Econometrica 31 (1963), S. 181-196.

KIENER, S.: Die Principal-Agent-Theorie aus informationsökonomischer Sicht, Heidelberg: Physica 1990.

KLEINE, A.: Entscheidungstheoretische Aspekte der Principal-Agent-Theorie, Heidelberg: Physica 1996.

KRAMER, G.: Entscheidungsproblem, Entscheidungskriterien bei völliger Ungewißheit und Chernoffsches Axiomensystem, Metrika 11 (1966), S. 15-37.

KRELLE, W.: Präferenz- und Entscheidungstheorie, Tübingen: Mohr 1968.

KRUSCHWITZ, L.: Finanzierung und Investition, Berlin: de Gruyter 1995.

KÜRSTEN, W.: Präferenzmessung, Kardinalität und sinnmachende Aussagen, Zeitschrift für Betriebswirtschaft 62 (1992), S. 459-477.

KUHN, H.W.; TUCKER, A.W.: Nonlinear Programming, in: NEYMAN, J. (Hrsg.): Proceedings of the Second Berkeley Symposium on Mathematical Statistics and Probability, Berkeley, Calif.: University of California Press 1951, S. 481-492.

LAUX, H.: Risiko, Anreiz und Kontrolle, Berlin: Springer 1990.

LAUX, H.: Entscheidungstheorie - Grundlagen, 3. Aufl., Berlin: Springer 1995.

LEE, S.M.: Goal Programming for Decision Analysis, Philadelphia: Auerbach 1972.

LINKE, M.: Relative Portfolio-Optimierung unter Berücksichtigung von Benchmarks und Liabilities, Bergisch-Gladbach: Eul 1996.

LOISTL, O.: Kapitalmarkttheorie, München: Oldenbourg 1991.

LORSCHEIDER, U.: Dialogorientierte Verfahren zur kurzfristigen Unternehmensplanung unter Unsicherheit, Heidelberg: Physica 1986.

LUCE, R.D.; RAIFFA, H.: Games and Decisions - Introduction and Critical Survey, New York: Wiley 1957.

MAG, W.: Grundzüge der Entscheidungstheorie, München: Vahlen 1990.

MARKOWITZ, H.M.: Portfolio Selection - Efficient Diversification of Investments, New York: Wiley 1959.

MENGES, G.: Statistische Entscheidungstheorie, in: Handwörterbuch der Mathematischen Wirtschaftswissenschaften, Band 2, Wiesbaden: Gabler 1979, S. 209-222.

MÜSCHENBORN, W.: Interaktive Verfahren zur Lösung linearer Vektoroptimierungsprobleme, Frankfurt a.M.: Lang 1990.

NASH, J.F.: Non-Cooperative Games, Annals of Mathematics 54 (1951), S. 286-295.

NEUMANN, J. VON; MORGENSTERN, O.: Spieltheorie und wirtschaftliches Verhalten, Würzburg: Physica 1961.

NEUS, W.: Ökonomische Agency-Theorie und Kapitalmarktgleichgewicht, Wiesbaden: Gabler 1989.

NITZSCH, R. VON: Entscheidung bei Zielkonflikten, Wiesbaden: Gabler 1992.

POENSGEN, O.H.: Teamtheorie, in: Handwörterbuch der Betriebswirtschaft, 4. Aufl., Stuttgart: Poeschel 1976, Sp. 3845-3852.

RASMUSEN, E.: Games and Information - An Introduction to Game Theory, Cambridge, Mass.: Basil Blackwell 1989.

RAUHUT, B.; SCHMITZ, N.; ZACHOW, E.-W.: Spieltheorie, Stuttgart: Teubner 1979.

RIESS, M.: Effizienzkonzepte und nutzentheoretische Ansätze zur Lösung stochastischer Entscheidungsmodelle, Heidelberg: Physica 1996.

ROGLIN, O.: Die stochastische Dominanz als Entscheidungsprinzip, Wirtschaftswissenschaftliches Studium (WiSt) 11 (1982), S. 484-487.

ROY, A.D.: Safety First and the Holding of Assets, Econometrica 20 (1952), S. 431-449.

SALIGER, E.: Betriebswirtschaftliche Entscheidungstheorie, 3. Aufl., München: Oldenbourg 1993.

SCHMIDT, R.H.; TERBERGER, E.: Grundzüge der Investitions- und Finanzierungstheorie, 3. Aufl., Wiesbaden: Gabler 1996.

SCHNEEWEISS, C.: Planung 1 – Systemanalytische und entscheidungstheoretische Grundlagen, Berlin: Springer 1991.

SCHNEEWEISS, H.: Das Grundmodell der Entscheidungstheorie, Statistische Hefte 7 (1966), S. 125-137.

SCHNEEWEISS, H.: Entscheidungskriterien bei Risiko, Berlin: Springer 1967.

SCHNIEDERJANS, M.J.: Goal Programming: Methodology and Applications, Boston: Kluwer 1995.

SERF, B.: Portfolio Selection auf der Grundlage symmetrischer und asymmetrischer Risikomaße, Frankfurt a. M.: Lang 1995.

SIEBEN, G.; SCHILDBACH, T.: Betriebswirtschaftliche Entscheidungstheorie, 4. Aufl., Düsseldorf: Werner 1994.

SPREMANN, K.: Agent and Principal, in: BAMBERG, G.; SPREMANN, K. (Hrsg.): Agency Theory, Information and Incentives, Berlin: Springer 1987, S. 3-37.

SPREMANN, K.: Investition und Finanzierung, 3. Aufl., München: Oldenbourg 1990.

STEUER, R.E.: Multiple Criteria Optimization: Theory, Computation, and Application, New York: Wiley 1986.

STEUER, R.E.; CHOO, E.-U: An Interactive Weighted Tchebycheff Procedure for Multiple Objective Programming, Mathematical Programming 26 (1983), S. 326-344.

TAMIZ, M.; JONES, D.F.; EL-DARZI, E.: A Review of Goal Programming and its Applications, Annals of Operations Research (Switzerland): Applied Mathematical Programming and Modelling II, 58 (1995), S. 39-53.

TAMMER, K.: Relations Between Stochastic and Parametric Programming for Decision Problems with a Random Objective Function, Mathematische Operationsforschung und Statistik, Ser. Optimization 9 (1978), S. 523-535.

TAMMER, K.: Über den Zusammenhang von parametrischer Optimierung und Entscheidungsproblemen der stochastischen Optimierung, in: LOMMATZSCH, K. (Hrsg.): Anwendungen der linearen parametrischen Optimierung, Basel: Birkhäuser 1979, S. 76-91.

UHLIR, H.; STEINER, P.: Wertpapieranalyse, 3. Aufl., Heidelberg: Physica 1994.

WEBER, M.: Entscheidungen bei Mehrfachzielen, Wiesbaden: Gabler 1983.

WEBER, R.: Entscheidungsprobleme bei Unsicherheit und mehrfacher Zielsetzung, Königstein: Hain 1982.

WENDELL, R.E.; LEE, D.N.: Efficiency in Multiple Objective Optimization Problems, Mathematical Programming 12 (1977), S. 406-414.

WENGLER, F.: Spieltheoretische Ansätze zur Lösung multikriterieller Entscheidungsmodelle, Frankfurt a.M.: Deutsch 1989.

WENZEL, F.: Entscheidungsorientierte Informationsbewertung, Opladen: Westdeutscher Verlag 1975.

WOLF, H.: Die Ermittlung effizienter Lösungen zur stochastischen linearen Optimierungsaufgabe, OR-Spektrum 7 (1985), S. 81-90.

ZIMMERMANN, H.: Performance-Messung im Asset Management, in: SPREMANN, K.; ZUR, E. (Hrsg.): Controlling (Grundlagen - Informationssysteme - Anwendungen), Wiesbaden: Gabler 1992, S. 49-109.

ZSCHOCKE, D.: Modellbildung in der Ökonomie, München: Vahlen 1995.

Index

α-Effizienz, 113

Abstandsfunktion, 28
Abweichungsvariable, 57
Alternative, 1
  (μ, κ)-effiziente, 87
  (μ, ν)-effiziente, 88
  (μ, σ)-effiziente, 85
  effiziente, 39
  optimale, 19
Alternativenmenge, 1
  stochastische, 103
Anspruchsniveau, 16
Approximierungsziel, 17, 28
Artenpräferenz, 29, 45
Aspirationsmodell, 85
Attribute, 46
Ausfallrisiko, 87, 151

Benchmark, 158
BERNOULLI-Prinzip, 79
Bewertungsverfahren
  multiattributive, 45
Binärvariable, 5, 10, 153

Chance-Constrained-Modell, 117

Dominanz, 39
  stochastische
    ersten Grades, 75
    nullten Grades, 74, 111, 133

Effizienz, 39
Effizienzlinie, 150, 177
Entscheidungen
  bei Risiko, 63
  bei Ungewißheit, 62, 123
  bei unvollkommener Information, 62
Entscheidungsfindungsprozeß, 21
Entscheidungsmatrix, 68
Entscheidungsmodell
  multikriterielles, 35
  deterministisches, 20
  skalares, 20
  stochastisches, 63, 103
  vektorielles, 34, 153, 157
    stochastisches, 110, 131
Entscheidungsprinzipien
  klassische, 78
Entscheidungsproblem, 1
Entscheidungsregel, 78
Entscheidungsträger, 1
Entscheidungsvariable, 1
Ersatzmodell, 78, 82, 115
Ersatzzielfunktion, 78, 117
Erwartungswert
  vollkommener Zusatzinformation, 97

Erwartungswert-Varianz-Modell, 84
Erwartungswertmodell, 82, 117, 140
Extremierungsziel, 18

Fat-Solution-Modell, 117, 140
First-Best-Fall, 185
Fixierungsziel, 15, 25
Fraktilmodell, 86

Goal Programming, 48, 56
Grundmodell
  der Entscheidungstheorie, 67

Hidden-Action-Fall, 166
Höhenpräferenz, 29
HURWICZ-Modell, 126

Idealzielpunkt, 36
Informationswert, 96, 127

Kompensationsmodell, 119, 140
Kompromißersatzmodell, 139
Kompromißmodell, 46
  auf der Grundlage
    spieltheoretischer Verhandlungslösungen, 48
    lexikographischer Ordnung, 47
    von Abstandsfunktionen, 47, 52
    von Skalarisierungsfunktionen, 48
Kompromißzielfunktion, 45

LAPLACE-Modell, 126
Lösung
  individuell optimale, 36
  optimale, 19, 21
  perfekte, 37, 110
  wesentlich effiziente, 50
  zulässige, 8
Lösungsmenge
  optimale, 19

Maximax-Modell, 125
Maximin-Modell, 125
Mehrfachlösung, 19
Mißerfolgserwartungswert, 87, 155, 158
Multiattribute Decision Making, 45
Multiobjective Decision Making, 45

NASH-Gleichgewicht, 162
Nebenbedingungen, 3
Nebenbedingungsverletzung, 103
Nutzenfunktion, 29, 31, 166

Portfolio, 143
  (μ, κ)-effizientes, 153
  (μ, ν)-effizientes, 157
  (μ, σ)-effizientes, 149
  Maximalrendite-, 148
  Minimalvarianz-, 148
Portfolio-Modell, 143
Portfolio Selection, 143
Prävalenzverfahren, 45
Prinzipal-Agent-Theorie, 14, 163

Reservationsnutzen, 183
Risikoprämie, 81, 176

Risikoprofil, 70

Satisfizierungsziel, 16, 27, 104
SAVAGE-NIEHANS-Modell, 126
Schadstoffminimierung, 135
Second-Best-Fall, 185
Shortfall Risk, 87, 151
Sicherheitsäquivalent, 80
Spiele
mit asymmetrischer Information, 163
Spieltheorie, 162

TSCHEBYCHEFF-Norm, 53

Ungleichungssystem
simultanes lineares, 9
Unterlassensalternative, 1

Verfahren
interaktive, 48
Verlustwahrscheinlichkeit, 86, 151

Wahrscheinlichkeitsdominanz, 74, 169

Ziel, 15
komplementäres, 37
konkurrierendes, 37
Ziel-Portfolio, 159
Zieldominanz, 47
Berücksichtigung
unterer Schranken, 47
Zielfunktion, 19
stochastische, 68
Zielgewicht, 48
Zielgewichtung, 47, 119, 140
Zielgewichtungsmodell, 48, 140
Zielisoquante, 40
Zielkonflikt, 37
Zielmenge, 20
Zielraum, 36
Zielvariable, 24
Zulässigkeitswahrscheinlichkeitsmodell, 117
Zusatzinformation
vollkommene, 96, 127
Zustandsdominanz, 73, 170

MIX
Papier aus verantwortungsvollen Quellen
Paper from responsible sources
FSC® C105338

If you have any concerns about our products,
you can contact us on
ProductSafety@springernature.com

In case Publisher is established outside the EU,
the EU authorized representative is:
Springer Nature Customer Service Center GmbH
Europaplatz 3, 69115 Heidelberg, Germany

Printed by Libri Plureos GmbH
in Hamburg, Germany